国家出版基金项目
NATIONAL PUBLICATION FOUNDATION

音學備考

夏敬觀◎著

山西人民出版社
山西出版傳媒集團

圖書在版編目(CIP)數據

音學備考 / 夏敬觀著. —太原: 山西人民出版社, 2014.12
(近代名家散佚學術著作叢刊 / 許嘉璐主編)
ISBN 978-7-203-08800-4

Ⅰ. ①音… Ⅱ. ①夏… Ⅲ. ①漢語—音韵學—研究 Ⅳ. ①H11

中國版本圖書館 CIP 數據核字(2014)第 234762 號

音學備考

主　　編　許嘉璐
著　　者　夏敬觀
責任編輯　馮靈芝

出 版 者　山西出版傳媒集團·山西人民出版社
地　　址　太原市建設南路 21 號
郵　　編　030012
發行營銷　0351－4922220　4955996　4956039
　　　　　0351－4922127(傳真)　4956038(郵購)
E－mail　sxskcb@163.com　發行部
　　　　　sxskcb@126.com　總編室
網　　址　www.sxskcb.com

經 銷 者　山西出版傳媒集團·山西人民出版社
承 印 廠　山西出版傳媒集團·山西人民印刷有限責任公司

開　　本　700mm×970mm　1/16
印　　張　21.75
字　　數　136千字
印　　數　1—3000冊
版　　次　2014年12月　第1版
印　　次　2014年12月　第1次印刷
書　　號　ISBN 978-7-203-08800-4
定　　價　48.00圓

《近代名家散佚學術著作叢刊》編委會

出版説明

近代名家散佚學術著作叢刊選取一九四九年以後未再刊行之近代名家學術著作共一百二十册，編例如次：

一、本叢書遴選之著作在相關學術領域具有一定的代表性，在學術研究方向、方法上獨具特色。

二、爲避免重新排印時出錯，本叢書原本原貌影印出版。影印之底本皆經專家組審定，原書字體大小，排版格式均未做大的改變，原書之序言、附注皆予保留。

三、本叢書分爲八大類，以作者生卒年編次。

四、爲使叢書體例一致，本叢書前言後記均采用繁體字排版。

五、個别頁碼較少的版本，爲方便裝幀和閱讀，進行了合訂。

六、少數學術著作原書内容有個别破損之處，編者以不改變版本内容爲前提，部分進行修補，難以修復之處保留缺損原狀。

七、原版書中個别錯訛之處，皆照原樣影印，未做修改。

八、所選版本之抽印本頁碼標注，起始至所終頁碼均照原樣影印，未重新編排標注新頁碼。

由於叢書規模較大，不足之處，殷切期待方家指正。

總序/

披沙瀝金，以爲鏡鑒

◇許嘉璐

多年來有一個問題始終在我腦中盤桓：爲什麽在十九世紀末到二十世紀初，在短短的幾十年裏，中國的各個學術領域竟涌現了那麽多大師級的人物？這是中國近代史上一個極爲重要的現象，我認爲，如果不能給出令人滿意的答案，我們撰寫的近代學術史將是不完整的，甚至是缺乏靈魂的。後來我知道，著名人類學家克羅伯曾提出過一個問題：爲什麽天才成群地來？看來這種現象的出現並非中國所獨有，思考其所以然的也大有人在。而在那一次世紀之交中國的情况，似乎應驗了「天才成群地來」這個令克氏久久不解的疑問。錢學森先生曾從相反的方向提出了相同的疑問：爲什麽我們這個時代出現不了杰出人才？後來人們稱這個問題爲「錢學森之謎」。

要回答這些疑問不是件容易的事。與其迅速地囫圇地探尋，不如先多了解那些讓中國近代學術（應該包括人文科學和自然科學）史上閃耀着光輝的大師們的作品和自述，從而在腦海里盡量「復原」他們所處的環境和在那種環境下的心理路徑，從中或許可以得到一些啓示。

有一點是顯然的，這就是他們雖然都已遠離塵世而去，但是他們獨立思考的品性、求知治學的真誠、困厄窮愁中對節操的堅守，恐怕是他們共同的主觀因素，一直影響到現在，而且將會永遠留存下去。

就思想界、學術界而言，二十世紀上半葉是一個新説和舊説碰撞，中學和西學融匯的大時代。那時的學人極爲重視言行操守，同時具備現代知識分子的理想信念；他們的學術研究十分純净，絶少功利因素；他們的視界開闊，以包容的心態和嚴謹的風格造就了成果的大氣與厚重。至於在客觀因素一面，他們實際是在用工業化時代的事實解說着太史公所說的名山之作「大抵聖賢發憤之所爲作」，困厄苦難使得他們「皆意有所鬱結」。這種鬱結，幾乎和個人的名利毫無牽涉，他們永遠不能釋懷的，是民族的存亡、國運的興衰、民衆的福禍和文脈的續斷。

那個時代也是近代歷史上最大規模的中西古今學術調適、創新的時期，學術方法上的交互滲透和融合、創新亦可謂「於斯爲盛」。斯時之學人是要在封閉的屋墻上鑿出窗子的勇士，是使人能夠看看外部世界的第一批導夫先路者，或者可以說，他們是在「意有所鬱結」時「彷徨」和「吶喊」的「狂人」。

相對於那時的哲人們，後來者是幸運兒。現在的形勢是，近三十年來學界空前繁榮，衆多學科有了長足之進，其中很重要的一點是學界有了更新穎、更廣闊的國際視野，似乎接續上了百年前的學壇盛事。但細想想，「古」與「今」還是有差別的。其异，主要不在於世界情勢、學術進展、工具改善這些客觀存在，而在於在廣泛吸收各國優長的同時，自身文化的主體性越來越受到重視，換言之，「拿來主義」已經延長了「拿來」的程序，加上了試用、甄別、篩選、吸收、融合、成長。就我孤陋所見，在當今地球上，面向所有異質文明，努力汲取我之所缺，其範圍之大和心態之切，似乎無出中國之右者。從這個角度說，我們已經超越了前輩。但是事情還有另外一面，學術，特別是人文學科，其職業化、「沙龍化」和功利性，以及隨之而來的浮躁病却嚴重了。從這個角度說，是不是我們已經後退得夠可以的了？而這是不是我們這個時代出不了大師的原因之一呢？

民國學術界的特點之一是極爲注重對傳統的反省、批判與繼承。他們對傳統文化盡最大的努力進行整理和研究。一方面，由於戰亂頻仍，民不聊生，學者們擔起了讓中華文化薪火相傳的歷史責任；另一方面，他們要通過對中國傳統文化的整理、挖掘來重振民族自信心。這一時期對傳統文化進行整理的全面而深入是前所未有的，舉凡文字學、語言學、經濟學、法學、哲學、政治制度、書法繪畫、金石學……規模之宏大，研究之精微，令人嘆爲觀止。

民國學術推動了現代學科體系的建立。在對傳統文化整理和研究的基礎上，吸收西方的文化思想和理念，推動和建立了中國現代學科體系。例如，在對語言文字和音韵學成果進行整理、研究的基礎上開始着手規範之，建立了國語學；深入研究書法、國畫，將其融入了現代美術學科；在廢除舊有學制後逐步建立起小、中、大學較完整的科目和學科體系。

民國學術也改變了傳統學術方式，建立了新的研究範式。以現代科學考古爲發端，科研的實踐和成果使中國知識界真正認識到在實驗、比較基礎上的邏輯分析對學術研究的重要，推進了中國學術的一大演變。至於我們常説的打破士大夫傳統、走出書齋到田野鄉村和市民中進行調查研究、結束了經學時代、以歷史眼光檢視儒學和諸子等等，都是確立新學術範式的努力。這一轉變，也標誌着中國學術界脱胎换骨，全面進入了現代，爲此後的學術發展奠定了堅實的基礎。當然，西方啓蒙運動以來，在「現代性」和「現代化」裏潛伏着的缺陷和謬誤也傳到了中國，這些不能不在前哲的著作裏留下痕迹。這並不奇怪。類似的情況，古往今來孰能免之？猶如今天的我們，誰敢自稱我之所見就是永恒的真理？在這個問題上兩個時代所異者，或許就在昔時大家創立新説或譯註西學著作，往往是懷着對學術和前哲的敬畏而爲之，故而常常誤不在我；當今則往往出於對學問和他人的輕蔑，或以所研究的對象爲謀己的工具，因而難辭主觀之咎吧。翻閱他們的心血之作，這些復雜的狀況可以顯見，可以視之爲我們的一面鏡子。

滄海桑田，世事變幻，歷史的動盪和時代的遮蔽，使當年許多大師的一些極有價值的學術著作被棄於故紙堆中，不能不令人有遺珠之憾。爲此，山西人民出版社不惜以數年之艱辛，披沙瀝金，編輯出版這套近代名家散佚學術著作叢刊，凡一百二十册，計文學、史學、政治與法律、美學與文藝理論、民族風俗、宗教與哲學、經濟、語言文獻共八大類别。所選皆爲作者之純學術著作，無論是其見解、精神，抑或是其時代烙印，都是後輩學人可資借鑒的寶貴財富。他們出版這套叢書，意在讓世人不忘來程，知篳路藍縷之不易，爲民族文化的傳承再增薪木。

出版社的初衷，與我近年來所思所慮近似，故願略述淺見於書端，以與策劃者、編輯者和讀者共勉。

二〇一四年七月六日

改定於自安東回京途中

前言／二十世纪学术大厦散落的珍贵基石

◇李明君

二十世紀前期，注定是中國學術研究跨入現代科學發展風雲際會的時代，它基本上奠定了本世紀學術大厦的基礎。

進入二十一世紀後，當我們站在輝煌學術大厦的頂端，躊躇滿志地回眸近百年學術成果的時候，在大厦的上空，似乎迴旋着一種久已消逝的聲音；在大厦的背後，似乎散落着一些久已塵封的基石——它們，便是一些散佚的二十世紀前期的學術著作。這些在當時乃至後來都産生過重大影響的名家學術著作，一九四九年以後，基本上没有在大陸再版，因而逐漸沉没在忘卻的海洋裏。

七八十年之後，當我們拂去灰塵，重新審視這些散佚的學術著作時，才發現它們的價值是如此的珍貴，成果是如此的豐厚，研究是如此的深入，而傾注的情感又是那麼的深沉。重讀這些經典，仿佛是聆聽這些儒雅的學者給我們講述民國學術的蹉跎歲月，唤醒了我們久已淡忘的歷史記憶。

一、西學東漸與承前啓後

二十世紀前期，西風東漸，中西文化交流擴大，新知識、新觀念大量涌入我國。倡導科學精神與采用科學研究方法，不僅衝擊了中國原有的知識體系和思想觀念，更爲現代學術思想的更新和研究拓展了空間。

這一時期的學術研究集中地體現在繼承、清理傳統學術的「承續先哲將墜之業」和「開拓學術之區宇，補前修所未逮」（陳寅恪王靜安先生遺書·序）兩個方面。學者們既是傳統學術的繼承者，又是現代學術的開拓者。

二、清理拓荒與學術奠基

辛亥革命之後，社會文明進步，文化教育普及，學術研究也力求使高深的學問向普及的大衆化知識轉化。故而，其時以基礎的和通論性的著作爲多見。

例如，邵鳴九的國音沿革六講、胡以魯的國語學草創、羅常培的國音字母演進史、吴貫因的中國文字之起源及變遷以及王力的漢字改革等即屬此類。

而論點集中的專題性論著，如王力的南北朝詩人用韵考、王光祈的中國詩詞曲之輕重律、白滌洲關中入聲之變化等，則以其研究深入和範疇擴展而更有價值。

這些學人以杰出的膽略、識見、才華，以及對本學科知識的通體了解，破除成見，大膽創新，開創了二十世紀學術發展的新局面。

三、學出多門與新式教育

這些學者們知識豐厚，見解獨到，憑藉着傳統文化的根底和新鋭的西方現代學術觀念，意氣風發地縱横文壇，在多個領域都有建樹。

他們大多具備深厚的國學修養：如夏敬觀爲清光緒年舉人，工詩善詞，兼治經學。盧冀野是曲學大師吴梅的門生，錢玄同爲國學大師章太炎的弟子。

而新式的學校教育和出國留學則直接學習西方科學的理論和方法，爲中國的學術研究注入了新的活力。

本編的作者們大多留學於歐美東洋，有過親炙現代學術導師和受現代學術訓練的經歷。如沈兼士、胡以魯、吳貫因等曾留學日本，王力留學法國，周傳儒有過英國劍橋、德國柏林大學的求學經歷，而王光祈則客居德國十多年，於政治經濟學與音樂學多有研究。

這些學者們歸國以後，或執教於高等學府教書育人，或投身於科研機構潛心工作，爲以後的著書立說進行知識的儲備。

本編中周傳儒、羅常培、顧實的著作即是在大學講義的基礎上創作的，白滌洲的關中入聲之變化也是在陝西關中四十二縣方言調查的基礎上撰成的。由於這些著作經過教學實踐和實地考察，因而研究成果扎實，學術含量深厚。

本編不少作者除音韻研究術有專攻之外：邵鳴九在傳統經學、幼兒教育、日本教育、地方行政教育、院校學科管理方面著述甚多；王光祈有音樂、戲劇、美術、國防、外交、政治方面的譯作論著幾十種；盧冀野於古代戲曲、詞曲、詩歌、小說、散曲、舊體詩等方面也著述豐厚。

民國學者知識廣博，師出多門，不囿一業，是一種非常普遍的現象。

四、資料功夫與科學解釋

王國維先生曾說：「古來新學問起，大都由於新發見。」（王國維最近二三十年中中國新發見之學問）掌握新資料，采用現代科學理論研究新問題，是二十世紀前期學術研究的鮮明特點。

民國初年，地不愛寶，考古新材料如殷墟甲骨、敦煌遺書、西陲簡牘相繼出現，爲現代學術研究提供了豐富的資料基礎。學者們充分利用考古新資料和西方現代音韻學研究的理論及方法，使語言文獻學的研究得到長足的發展。

例如，周傳儒的甲骨文字與殷商制度就利用了殷墟考古出土的甲骨文資料，魏建功的十韻彙編資料補並釋則利用了國内外的敦煌石窟、高昌古城發現的古韵書新資料。

而胡以魯采用現代人類學、心理學、生理學理論對語言的發生、變化以及口舌發音的科學解釋，王光祈將我國「平聲」之字與近代西洋語言之「重音」與古希臘文字之「長音」的比較，以及白滌洲采用幾十幅圖表反映關中方言入聲變化規律的研究，都令人耳目一新。

這些學者們在研究問題時采用的資料之豐富、理論之新穎、考察範圍之廣袤、考釋方法之縝密，都是傳統研究者所難以達到的。

五、良好的學術環境與端正的學術風氣

經過了六七十年的時空距離，我們似乎不得不承認一九二七年至一九三七年的這十年，雖然社會動盪、戰亂時起，但卻是中國學術發展環境、學者精神狀態與物質待遇都相對優越的年代。這十年間，中外學術交流頻繁，科學研究興盛，學術成果豐碩。本編作品，基本上都撰成或出版於這十年。

這期間學術研究的繁榮與發展主要表現在以下諸方面：

（一）前輩學者對新學者的推崇獎掖

民國初期，前輩學者對青年學子的獎掖成爲風氣：梁啓超就盛贊清華國學院學生王力的中國古文法爲「精思妙悟，可爲斯學辟一新途徑」。章太炎也稱譽胡以魯的新著爲「精微畢輪，黄中通理，其用心可謂周矣」（章炳麟國語學草創序）。而當時的胡以魯才僅僅是個留日歸國的本科學士。

（二）學術觀點表達自由，學術争論視爲雅事

學術争論是提高保持學術活力、學術質量，維護學術尊嚴的重要形式。學術争論提倡百家争鳴，以理服人。

學者周祖謨針對音韵學研究中固守舊説的現象，認爲「學者求知，貴得其真，豈可專己守殘，隨聲附和」（周祖謨古音有無上去二聲辨·字辨第五）。顧實也以「發明古籍之奧藴，是正世儒之訛謬」（重考古今僞書考·蔣維喬序）的膽略，重考清代辨僞名著古今僞書考。

學者邵鳴九針對有人視唐代三十六字母與北宋廣韵爲金科玉律的觀點，風趣地説：從周到秦「若説這一千年之中，標準音一些也没有變，姬昌和嬴政竟可促膝而談，相説以解，恐怕没有這種情理」（邵鳴九國音沿革六講）。

那個時候，不僅學術評價實事求是，而且學者之間相互尊敬，有着良好的學術氛圍。例如，沈兼士就「極爲感謝」李方桂、林語堂、魏建功等人對其「右文説」的專函討論，認爲「諸説均足訂補鄙見之不足」（沈兼士右文説在訓詁學上之沿革及推闡附識），體現了一種學人的雅量。

吴貫因針對拼音字母必將取代漢字的時論，力排衆議，認爲「全廢漢字，前途尚覺遼遠」（吴貫因中國文字之起源及變遷）。現代漢字發展證明他的預見是正確的。

（三）學風嚴謹，資料來源清楚

嚴謹的學風與註明資料來源，是學術品德高尚的表現。白滌洲在著作中附録的關中入聲變讀聲調譜部首索引，是自古以來傳統文獻所鮮見，而現代學術著作不可或缺的書籍檢索構成。

魏建功、邵鳴九、王力等學者在引用他人論述時，均説明來源，標明作者的時代、書名、篇章，對引文亦如實迻録，低兩格排印，以示鄭重。既不掠人之美，又無曲解原義。

（四）學風端正，著述言簡意賅

本文作者曾經統計了語言文字編的八九本著作的頁碼與字數：其中頁碼最多、書籍最厚者是胡以魯的國語學草創，一百四十七頁，頁碼最少、書籍最薄者爲王光祈的中國詩詞曲之輕重律僅四十一頁；而書籍字數最多者爲七萬三千多，最少者則不足二萬。

雖然這些書籍都很薄，但在撰寫中卻用力甚勤：學術内容豐厚，書籍章節完備，文字表述精準，毫無浮滑不實的繁言蔓詞和故作深奥的賣弄之嫌。

面對這些沉甸甸的精深之作，反觀時下動輒幾十萬言的「皇皇巨著」，學術水平的高下自然不難判斷。

六、憂患意識與書生報國

「位卑未敢忘憂國」這種偉大的愛國情懷，每當國家危難之時，無論在傳統文人還是在現代知識分子身上都表現得那麽深沉。

的確，在國難之時，挺身而出，積極參與，是一種非常可敬的愛國行爲。即如中國詩詞曲之輕重律的著者王光祈，就積極參加過四川的保路運動和北京的「五四」遊行、籌辦過「少年中國學會」，是一位熱情的社會活動家。廣中原音韵小令定格的著者盧冀野，抗戰期間創作的中興鼓吹曾分贈前綫將士，起到了鼓舞士氣的作用。

然而，就知識分子群體來説，絶大多數人則不可能奔赴疆場，那麽像明末清初的「易堂九子」那樣，「兄弟戚友保聚一地，相與從容講文論學於乾撼坤岌之際」（陳寅恪贈蔣秉南序），就是一種更爲深重地延續文脈、保存國粹的愛國行爲。即如抗戰期間的西南聯大、中央研究院的學者們，在艱苦的條件下，或考察研究，或教學著述，無疑是一種文人的報國方式。

學者王力就將做學問與抗戰聯繫起來，他説：「前方將士正在浴血苦戰的時候，我們這班文人還安享着國家的俸給，清夜捫心，實在慚愧。若對於國家當前的問題，也不肯本平日所學，貢獻所知，則國家養士何用？」（王力漢字改革·自序）知識分子的愛國真情表露無遺。

而像劉半農那樣在考察方言途中染病逝世，像白滌洲那樣，在家中連喪五位親人之後還忍痛遠赴西北進行考察，不久也因病而逝的報國行爲，就更加感人至深，令人嘘唏。

書生報國，鞠躬盡瘁，死而無悔，是那一代知識分子共同的情操。

七、結集出版與刊物發表

出版印刷的興盛爲二十世紀前期的學術繁榮做出了突出的貢獻。民國時期許多優秀的學者如張元濟、高夢旦、王雲五等相繼入主出版，更多的學者如胡適、胡愈之、沈雁冰、葉聖陶等參與編輯。他們氣度豁達，慧眼識珠，出版專著，創辦刊物，編纂文庫，結集叢書，使許多學術新見解和研究新成果得到了及時、多元的表達，加速了學術研究的發展與傳播。

本編的著作大多初版即爲專著。也有一些學者如沈兼士、王力、周祖謨、白滌洲等的著述卻是先發表於刊物，後來才抽印成專著的。這些抽印本有過學術討論的積澱，水平自然可嘉。

二十世紀初，雖然白話文與新式標點曾遭到激烈反對，但它們還是以明了通暢的形式佔據了民國文本形式的主流。本編的作者們大都能較熟練地運用白話文進行寫作，有時「因欲與引证文字相符合」，而不得已采用文言文時還特地加以説明（邵鳴九國語學沿革六講·例言）。這種爲讀者着想的方法無疑促進了中國學術由高深奥妙向大衆「公器」的轉變。

民國書刊的排列雖因時代新舊交替而横、竪并存，但統一采用新式標點符號，則是學者們引領潮流，與時俱進思想的表現。

撫今追昔，當我們掀開這些泛黄的書頁，看着似曾相識的繁體字，竟萌生出一種撫摸民國學術體温的感動。

他們的貢獻無愧於那個時代，他們的著作堪稱爲學術經典。

是以爲序。

二〇一四年五月十五日於三亞學院

作者簡介

夏敬觀（一八七五年—一九五三年），字劍丞，號盥人、吷庵，江西新建人。晚清舉人，官提學使。擅長詩，年輕時學梅堯臣體，亦能作詞與繪畫。所著有忍古樓詩集、忍古樓詞、音學備考等。曾入張之洞幕府，辦兩江師範學堂，任復旦和中國公學監督。一九〇九年弃官，一九一六年任涵芬樓撰述，一九一九年任浙江省教育廳長，一九二四年辭職居滬，著書作畫以終。早年以詩詞名揚海內，晚年專攻山水花卉。

古聲通轉例證

目錄

卷一

卷二

經傳師讀通假例證

目錄

今韵析

目錄

卷一

陰部

卷二

卷二

陽部

卷四

古聲通轉例證卷一

第一部	第六部
支	耕
第二部	第七部
脂　歌	眞　元
第三部	第八部
之	蒸
第四部	第九部
蕭　侯	侵　東
第五部	第十部
魚	陽
第十一部	
談	

右古聲通轉部次表，一部至五部，陰聲也。一部通二部，二部通三部，三部通四部，四部通五部，五部通一部三部。六部至十部，陽聲也。六部通七部，七部通八部，八部通九部，九部通十部，十部通六部八部。一部與六部對轉，二部與七部對轉，三部與八部對轉，四部與九部對轉，五部與十部對轉。第十一部談，則收陰陽二聲各類之閉口聲短聲，不與何類對轉。

脂歌相通，而不能合爲一類者，以二類確爲畫然分界也。必同列爲第二部者，以脂與真對轉，亦與元對轉，歌與元對轉，亦與真對轉。真元必同列第七部亦然。且支通脂歌，脂歌通之，耕通真元，真元通蒸，韻之通協，不得隔部，假令脂爲第二部，歌爲三部，則支與歌通，乃隔部矣。然三百篇之用韻，未見有歌與蕭協，元與侵協也。

段玉裁孔廣森嚴可均輩，皆分蕭爲幽宵二類。其實古聲幽宵不分。就對轉之例求之，多出一宵類，於陽聲各類無配。孔氏以宵配侵，惟恃㝵從巢省。嚴氏以宵配談，亦惟恃焜讀若駒類之駒，及易林之協涉樂二證。駒類之駒，爲駒類之類，轉寫訛誤，寧非疑所當疑，涉樂則漢人短音相協之例也。

蕭侯相通，而不能合爲一類，必同列第四部者，與脂歌分界同部，其理相同。蕭侵對轉，侯東對轉，嚴氏已詳之矣。蕭亦與東對轉，則於鄭風山有扶蘇之協松龍充童，小雅車攻之協調同知之。充從育省聲，調從周聲，充調，蕭類聲也。侯亦與侵對轉，則於邶風擊鼓之協仲宋忡，小雅出車之協蟲螽忡降仲戎知之。宋從木聲，戎則小雅常棣之協務戎，爲侯類本韻。侯魚通協，故大雅常武協祖父戎。侯東對轉，故邶風旄丘協戎東同。宋戎侯類聲也。屈原離騷協調同，天問協龍游而後，漢人罕用此例爲協，僅東方朔七諫一效之，惑者且譏其誤學，無怪言韻學者忽視之，不加深究也。

魚之通支通之，陽之通耕通蒸，部次恰是三單位。後世作韻書者，以魚通支之也，廁二十二昔於二十一麥二十三錫之間，而以二十四職二十五德次之。麥錫者支類之入聲也，職德者之類之入聲也，昔則半支半魚，非無故也。以陽通耕蒸也，十二庚十三耕多廁以蒸類字，而十陽十一唐十二庚十三耕十四清十五青十六蒸十七登連次比列，非無故也。支脂歌之聲近，則支脂之相出入，而歌類聲多淪入支脂。之蕭侯聲近，則蕭侯相出入，而之類聲，多淪入蕭耕。真元聲近，則三類多相出入，而一先二仙爲真元之殿。蒸侵東聲近，則一東雜入蒸侵之字最多，而以二冬廁東鍾之間。凡此皆非無故也。故就韻書求之，亦可得其遷變之跡。

孔廣森謂除緝合九韻外，其餘部悉無入聲，但去聲之中，自有（長言）（短言）兩種讀法，每同用而稍別畛域，後世韻書，遂逐取諸陰部去聲之短言，改爲陽部之入聲。蒙則謂以偏旁求之，陰陽二聲，皆有短言。韻書以陽聲短言隨對轉部次，寄於陰聲各類中，故入聲中多對轉之字。古人短言，亦不盡從去聲出。三百篇所韻短言，固亦有協以平聲者。元人作中原音韻，悉以入聲配平上去。宋人詩餘，入作平，入作上，入作去。班班可考也。論古聲不當復以四聲擬之，故歌類無入聲，不足爲異。

古人有以短言與短言同協，不依部次之例，今韻書談鹽以下二十三韻所本也。就談類字求之，三百篇所韻，如秦風小戎協合軜邑，小雅雨無正協退遂瘁訊荅退，合荅邑本在脂類，詳經傳師讀通假例證，合字緩讀，則荅與對同，芔字緩讀，則爲世，世字急讀，則爲業，業字緩讀，則纚或作縰，亦取業聲，嚴可均實發其祕。六月協飭服熾急國，及聲本在之類，漢人亦多與之類同協，大戴禮武王踐阼篇戶銘協失志之及之泥至謀。小旻協猒猶集咎道，猒字由侵對轉入蕭，集從鄦聲，本在蕭類，詳經傳師讀通假例證。大雅常武協業作，班固典引亦協業作，之魚可通，故漢人亦協入之類，業本在魚類也。桑柔協君瞻，瞻本在元類，桑柔爲眞元通協，詳經傳師讀通假例證。商頌殷武協監嚴濫遑，嚴本在魚類，魚陽對轉，嚴遑爲協，監本在侵類，監濫爲協，乃隔協也。則皆與其本類同協。至小雅節南山協巖瞻惔談斬監，采綠協藍襜詹，魯頌閟宮協巖詹，小雅皇皇者華協隰及，采薇協業捷，無羊協濈溼，依原出之類，不可通協，則是短言與短言同協之例矣。然字數無幾，至漢人始漸廣。揚雄太玄賦協伏域之類燭侯類及今收談類日滅脂類極之類族蕭類集今收談類熵裂脂類甲今收談類俗侯類滅脂類谷岳足侯類石魚類宿樂蕭類曲侯類渴脂類蹢侯類當作躋極之類凡二十四韻，竟以之脂蕭侯魚談同協。漢人用韻，如此之類，不可悉舉。韻書別各類短言爲入，蓋亦本此。又漢人用韻，不惟各類短言混合同協，卽平聲亦有通押數類者。如班固泗水亭碑銘協豐龍東類風侵類亭耕類公東類傷王陽類忠中侵類秦眞類乘蒸類心侵類康陽類終侵類功東類明陽類榮耕類肱蒸類疆陽類升仍承興，蒸類竟以陽聲耕真蒸侵東陽六類同協。揚雄羽獵賦協俞（侯類）流（蕭類）滋（之類）巢（蕭類）諸（魚類）臺（之類）游雕（蕭類）追（之類）違（脂類）饒（蕭類）儲虞亡，（魚類亡由陽對轉入魚）竟以陰聲脂之蕭侯魚五類同協。（以上所引太玄賦羽獵賦泗水亭碑銘所用韻，本書雖依通協之例，分歛各類，實未允洽。）是則凡可通假，皆可通協矣。

通協例嚴。通假例寬。通協必依部次，不得隔部相協。如三韻之詩，韻出三類，必有主韻。邶風新臺協泚瀰鮮，必脂類之瀰爲主，支脂音近，泚始可協瀰，脂元對轉，鮮始可協瀰。（瀰從入得聲，既歸脂類，則不以爲之類聲。荀子禮賦協辭之塞偪，訊塞忌置，，訊爲眞類聲，既對轉入脂部，則不以爲眞類聲，故非隔部爲協也，略舉其例，於此。）通假之例則不然，霹可逕讀爲斯矣。支魚聲近，支類之鼏幦，可假魚類之幕。支耕對轉，支類之幦，可假耕類之冪支脂聲近，支類之鼏或作密。經師省言之，則脂類之篾或爲幕，幕冪或通用矣。魚與脂不相協爲韻，耕與魚不相協爲韻也。又如鄘風君子偕老，今本毛詩以翟協髢揥晳帝。翟可假狄，蕭魚聲近也。狄可協入支類，支魚聲近也。故知翟必作狄。支與蕭聲不相近，作翟者經師依通假字所改也。

韻以收聲爲準，故確有一定之類，與夫通轉之部次，字之通假，則除聲近部次外，又可以發音相同，卽爲音近。古音聲二字連用，鄭康成敍尚書大傳稱音聲猶有訛誤，周禮酒正注，則云糟音聲與酒相似，其他注云聲之誤也，則不加音字，似音字主於發音，聲字主於收聲。類類皆有發音相同之字，故類類皆可通假。反切之法，上一字擬其發音，下一字擬其收聲，其法不始於孫炎，實有所祖。如壽夢卽乘，舌殖卽殖，於菟卽虎，頭曼卽變，設諸卽諸，下一字皆爲其本類。訾婁卽叢，得來卽登。終古卽常，下一字爲其對轉之類。皆不失其本韻也。于諸爲實，涇侵卽竊，則上一字發音相同，下一字收聲出類矣。以說文(重文)(讀若)及(諧聲)之轉入他類者，與經傳師讀通假相比較。惟支通蕭，侯通耕，陽通元，說文有之，師讀闕證。歌通之，耕通陽蒸，侵真通侯，陽元通侯蒸，侵蒸通蕭，耕侵通侯，東通支脂蕭。陽通脂之，師讀有之，說文闕證。至支不通侯真，耕不通東蕭魚，蒸不通支歌侯魚，侵不通支歌魚，東不通歌魚，陽不通支，則爲說文及師讀所同。嚴可均作說文聲類出入表，於說文無出入者，虛其類規識之。謂非聲轉竟不可通，乃說文未見有此。吾於師讀通假亦云然。蓋通假之例多方，非如通協之有一定部次也。

許叔重作說文解字，博采通人，其稱易孟氏書孔氏詩毛氏禮周官春秋左氏論語孝經皆古文。是其重文讀若，皆得之於當世經師及古文經傳。今文授受在先，古文晚出，經師以今文音讀之。今古文作字，頗有異類。（劉向別錄云，古文或誤以見爲典，以陶爲陰，如此類多。）向所校中古文，固亦不免於譌誤。鄭康成，尚書大傳序云，（伏生爲秦博士，至孝文時，且百歲，張生歐陽生從其學，而授之，音聲猶有訛誤。）孔子國得古文尚書，而以今文讀之，豈能無失。或出之訛舛，固不能概以爲通假。說文傳至宋初，傳寫非人，已失許君之舊，二徐所校，實據多本，傳本既有異同，卽不免於增竄脫漏。其諧聲之轉入他類者，許君無說，則恃經傳之讀音以定之，惟經韻爲最確耳。釋文經宋開寶所改，所注反音，寧可盡信。至於韻書，更不可憑以論古聲矣。本書作經傳師讀通假例證，其有疑義，或類形近而譌者，隨字辨正。通假繁多，凡同類者不錄，僅錄異類，恐遺漏或猶不免。粗具涯略，期以證說文之聲轉而已。

陰聲 第一部支類

毛詩韻

適益適邶北門二章 翟◎，依攷文古本翟作狄，北堂書鈔引同。按簡兮協籥翟爵，翟音在蕭部。尚書禹貢「夏翟」，漢書作「夏狄」，顧命「狄設」，周禮內司服「揄狄」，「闕狄」，禮記玉藻「揄狄」，「屈狄」，樂記「干戚旄狄以舞之」，喪大記「狄人設階」，廣雅釋器「狄，羽也」。凡言翟，多以狄為之。髢◎，依周禮追師注，當作鬄。說文，鬄或作髢。徐鍇繫傳引詩作鬄。揥晳帝鄘君子偕老二章 瑱錫璧衛淇奧三章 支

觿觿知衛芄蘭一章 提辟揥刺魏葛屨二章 斯知陳墓門一章 甓鷊說文作鶃惕陳防有鵲巢二章 枝知檜隰有萇楚一章 鵙績豳七月三章 佽◎柴小雅車攻五章 蹐脊春秋繁露引作迹，支魚通協也。蜴小雅正月六章 斯提小弁一章 伎

雌枝知五章 易知祇◎何人斯六章 篪知斯七章 卑疷◎白華八章 帝易大雅文王六章 辟剔皇矣二章 績辟文王有聲五章 篪圭攜益易辟辟板六章 帝辟帝辟蕩一章 解位◎易辟韓奕一章 刺狄◎瞻卬五章 射◎斯周頌清廟 解帝魯頌閟宮三章 辟績辟適解商頌殷武三章

羣經韻

益繫（易下經益上九）易適（繫辭上下無常四句）晳役（左傳襄十七年宋謳）紫繫睨（哀十三年乞糧辭）

周秦韻文

支壞◎壞◎支（國語周語彪傒引詩）危◎埤（晉語醫和引所聞）隘狄◎敵迹◎適（荀子知賦）疵知（同上）隘績（楚辭離騷）離◎知（九歌）知螭◎（九章）解締（同上）積擊策蹟適悐◎適蹟益釋◎（同上）訾斯兒（卜居）軶◎蹟（同上）嗌役瀝惕（大招）

佳規施◎卑移◎（同上）適惕策益（宋玉九辯）知譽◎（同上）積益（高唐賦）帝地◎僻辟易畫（秦瑯琊臺刻石）

漢人韻文

（許書所博采通人之說，有司馬相如，淮南王安，董仲舒，京房，劉向，劉歆，楊雄，爰禮，尹彤，逯安，王育，莊都，歐陽喬，黃顥，譚長，周成，官溥，張徹，甯嚴，桑欽，杜林，衛宏，徐巡，張林，宋弘，班固，傅毅，賈逵，○，復（鈇姓），凡二十九人。而許君從賈逵受古學。逵傳父徽業。徽從劉歆受左氏春秋，兼習國語周官，又受古文尚書於塗惲，學毛詩於謝曼卿。塗惲受尚書於胡常，常受於庸譚，譚受於都尉朝，朝受於孔安國。劉歆受春秋左氏傳於翟方進，尹咸，咸受於尹更始，更始受於張禹，禹受於貫長卿，長卿受於貫公，貫公受於賈誼。謝曼卿受毛詩於陳俠，俠受於徐敖，敖受於解延年，延年受於貫長卿長卿受於毛公。師承所自，則又有孔安國，都尉朝，庸譚，胡常，塗惲，賈誼，貫公，貫長卿，張禹，尹更始，尹咸，翟方進，毛公，解延年，徐敖，陳俠，謝曼卿，賈徽十八人。許敘稱孝宣皇帝時，召通倉頡讀者，張敞從受之，，涼州刺史杜業，沛人爰禮，講學大夫秦近，亦能言之。按通倉頡讀者，齊人，失其姓名。張敞授子吉，吉授杜業，業授吉子竦，竦授業子林，是為小學淵源之所自。綜敚諸人，有韻文傳於今者，為賈誼，司馬相如，淮南王安，董仲舒，張敞，劉向，劉歆，揚雄，班固，傳毅，數人。今以許君所稱者為限，兩漢韻文不及遍采。至淮南內外篇，非必用韻之文，亦不采錄。

擊眦擊地◎司馬相如子虛賦

棣◎支上林賦

跡◎辟劉向九歎

柴荷◎同上

嬖智同上

系◎帝高祖頌

卑鞮劉歆遂初賦

枝蟎◎揚雄蜀都賦

柴垙同上

獲◎磧同上

李◎支同上

易役長楊賦

規帝至◎羽獵賦

踼衰◎河東賦

佳眉◎反離騷

辟迹◎解嘲

禮◎易同上

地◎卦解難

僻績益州箴

支犀◎交州箴

食◎易大司農箴

籬◎岐光祿勳箴

差◎虋同上

績僻廷尉箴

化◎易懷◎博士箴

帝懈元后誄

斯支離◎同上

垓◎策太玄經閑

規知童

擊刺同上

役益鬄增

枝羅◎耎

鬄瘲◎易夷

繫纚樂

適辟唐

辟易常

規訾度

積石◎減

禍◎解唫

離◎婗瞢

圭他◎窮

傂蹄止。傂作傂。當

翮適將

逷蹶◎太經玄錯

定◎提太玄攡

璧辟太玄棿

嘖適礥測

知差◎差測

適避銳測

解刺傒測

盛◎溢馴測

迹◎辟易班固東都賦

誼◎避累◎幽通賦

系◎帝高祖頌

歷櫟北征頌

霓磧敵迹◎阸◎同上

規齊◎十八侯銘

移◎涯支漢書敘傳

彌◎支同上

策陟◎析弈旨

帝地◎載◎典引

宜◎枝傅毅雅琴賦

戲◎卑

扇賦　谿◎崖◎歌◎　七激　畫◎澤◎池◎　同上

支類	經韻	周秦韻文	漢人韻文	經傳師讀	說文
對轉耕		見耕類	定盛	詳例證	詳例證
通脂	位佽	壞軶	棣系谿至	詳例證	詳例證
			眉禮犀懷埃		
			瘣蟩累陒齊		
			彌陟		
通歌	祇痃髢	危離螭施地	地他池荷歌	詳例證	詳例證
		移	離螭纚袲差		
			化羅禍宜誼		
			移		
通之			李食載	詳例證	詳例證

通魚	射狄	悐狄釋迹譽	迹獲石戲澤	詳例證	詳例證
通蕭				無	詳例證

陰聲

第二部脂類

毛詩韻

萋飛喈周南葛覃一章歸私衣三章嵬隤罍懷卷耳二章虆綏樛木一章實室桃夭二章掇捋芣苢二章袺襭三章枚飢汝墳一章肄棄二章尾燬燬邇三章祁歸召南采蘩三章蕨惙說草蟲二章薇悲夷三章伐茇甘棠一章敗憩二章。憩，說文作愒。拜說三章七吉摽有梅一章塈謂三章脫帨吠野有死麕三章微衣飛邶柏舟五章出卒述日月四章噎噎寐嚏終風三章雷寐懷四章闊說擊鼓四章闊活五章厲揭匏有苦葉一章瀰鷕二章菲體違死谷風一章遲違邇畿薺弟二章潰肄塈六章微歸式微一二章同葛節日旄丘一章泲禰弟姊泉水二章臺邁衞害三章◎敦遺摧北門三章喈霏歸北風二章煒美靜女二章荑美三章泚◎瀰鮮◎新臺一章逝害二子乘舟二章日室栗漆瑟鄘定之方中一章指弟蝃蝀一章體禮禮死相鼠三章紕四畀干旄一章濟閟載馳二章頎◎衣妻妹姨私衛碩人一章蕡脂蠐犀眉二章活濊發揭孽韓詩作鱥，脂元對轉也。

朅四章說說氓三章遂悸芄蘭一二章同朅桀伯兮一章日疾二章厲帶有狐二章穗醉王黍離二章實噎三章

月佸桀括渴君子于役二章懷歸揚之水一二三章同藟弟葛藟一二三章同葛月采葛一章艾歲三章室穴日

大車三章懷畏鄭將仲子一二三章同衣歸丰四章栗室即東門之墠二章淒喈夷風雨一章達闕月子衿三章日

室室即齊東方之日一章月闥闥發二章晞衣東方未明二章崔綏歸歸懷南山一章桀怛◎甫田二章唯水

敝笱三章濟瀰弟載驅二章季寐棄魏陟岵二章弟偕死三章外泄逝十畝之間二章逝邁外蹶唐蟋蟀二章

漆栗瑟日室山有樞三章比弟佽杕杜二章一七吉無衣一章日室葛生五章漆栗瑟耋秦車鄰二章淒

晞湑躋坻蒹葭二章穴慄黃鳥一二三章同棣檖醉晨風三章衣師無衣一二三章同逝邁陳東門之枌三章遲

飢衡門一章肺晳東門之楊二章萃訊◎墓門二章。釋文本又作誶，則在本類。衣悲歸檜素冠二章韠結一三章實

室隰有萇楚三章發揭怛◎匪風一章閱雪說曹蜉蝣三章祋芾候人一章薈蔚隮飢四章七一一結鳲鳩一章

蓍師下泉三章火衣發烈褐歲豳七月一章火衣二章遲祁悲歸同上火葦三章子◎室鴟鴞一章歸悲

衣枚東山一章實室二章畏懷同上垤室窒至三章飛歸四章實室五章衣歸悲九罭四章尾几狼跋一章

◦几，說文手部引作擥，則脂眞對轉；已部引作已，則與之通協◦
騑遲歸悲小雅四牡一章騑歸二章韡弟常棣一章威
懷二章薇歸一二三章同烈渴采薇二章騤依腓五章依霏遲飢悲哀六章旆瘁出車二章遲萋喈祁
歸夷六章實日杕杜一章萋悲萋悲歸二章至恤偕近◎邇四章鱧旨魚麗二章旨偕五章纍綏南有嘉魚
三章泥弟弟豈蓼蕭三章晞歸湛露一章棲騤六月一章涖率采芑一二三章嘽◎焞◎漢書韋元成傳引作推，則在本類◦
雷犺◎威四章矢兕醴吉日四章艾晰噦庭燎二章飛躋斯干四章師氏維毗荀子宥坐引作庳，則與支通協◦迷
師節南山三章惠戾屆闋夷違五章結厲滅威正月八章徽徽哀十月之交一章徹逸八章滅戾勩雨無
正二章退遂瘁訊◎荅◎新序及賈山至言引荅作對◦退四章出瘁五章血疾室七章訿◎哀違依底小旻二章艾
敗四章邁寐小宛七章嘒淠屆寐小弁四章威罪巧言一章麋階六章頽懷遺谷風二章蔚瘁蓼莪二章恤至
三章烈發害五章律弗卒六章匕砥矢履視涕大東一章舌揭七章淒腓歸四月二章烈發害三章薇
桋哀六章喈湝悲回鼓鐘二章尸歸婦◎遲弟私楚茨五章穉火大田二章萋祁私穉穧穗利三章茨
師瞻彼洛矣一章珌室二章秣艾鴛鴦一章摧綏四章舝逝渴括車舝一章幾幾三章旨偕設逸賓之初筵一章
禮至二章抑怭秩三章尾豈魚藻三章淠噦駟屆二章維葵膍戾五章惕瘵邁菀柳二章撮髮說都人

士二章實吉結三章厲蠆邁四章愛謂隰桑四章外邁白華五章卒沒出漸漸之石二章世世大雅文王二章妹
渭大明五章滺漆漢書地理志師古注，水經漆水注，文選晉紀總論注引鄭箋皆作漆沮，則與下寘父爲韻，而首二句不韻矣。穴室
緜一章拔兌駾喙八章濟弟旱麓一章藟枚回六章疾殄◎思齊四章翳栵皇矣二章拔兌對季季三章類
君◎比四章茀仡伐肆絕忽拂八章淢◎匹文王有聲三章。韓詩淢作洫，則在本類。月達害生民二章旆穟四章
栗室五章惟脂軷烈歲七章葦履體泥行葦一章弟爾几二章匱類既醉五章抑秩匹假樂三章位塈
四章依濟几依篤公劉四章密即六章罍歸泂酌二章溉塈三章萋喈卷阿九章愒泄厲敗大民勞四章蹶
泄板二章懠毗迷尸屎葵資師五章壞畏七章類懟對內蕩三章揭害撥世八章疾戾抑一
寐內四章舌逝六章駿夷黎哀桑柔二章資疑◎維階三章毖恤熱五章僾逮六章隧類對醉悖十二
章利適戾十五章推雷遺遺畏摧雲漢三章郿歸崧高六章舌外發烝民三章駿喈齊歸八章幭戹
韓奕二章回歸常武六章惠厲瘵疾屆瞻卬一章奪罪罪說二章鴟階三章類瘁五章幾悲六章替引◎召旻
五章竭竭害六章越天◎周頌清廟命密◎昊天有成命位矢周頌時邁威之◎我將秭醴妣禮皆豐年追綏威
夷有客活達傑載芟濟積◎秭醴妣禮同上挃栗櫛室良耜師介酌嗣◎師同上飛歸魯頌有駜二章茷

噦大邁泮水一章卹枚回依害遲閟宮一章大艾歲害五章撥達達越發烈截商頌長發二章違齊
遲躋遲祇圍三章旆鉞烈曷櫱達截伐桀六章

羣經韻

大利易上經坤六二血穴需六四師尸師六五視履尾履六三係維隨上六胇矢噬嗑九四稊妻大過九二
死棄離九四退遂利下經大壯上六遂饋家人六二曳掣劓睽六三咨洟萃上六藟陒困上六蔾妻困六
三實疾即鼎九二厲貝震六二娣履歸妹初九實血歸妹上六沛沫豐九三次資旅六二濟尾未濟內外
義◎謂彖下傳家人發大害象上傳坤外敗需吉失同上竄掇訟吉失同上吉失比吉失室小畜外
大際泰害敗害晢大有吉失隨謂內臨貴類悖頤際大歲坎外害象下傳咸害大末說
同上失節家人位愛謂同上實節蹇內貴同上位退悖解悖貴鼎實節同上位快逮旅外大
位害渙吉節未濟契察夬繫辭下傳上古結繩以下大廢其道甚大二句位氣說卦傳天地定位二句逮悖氣物
水火相逮以下外內類退雜卦傳發䋄䋄發周禮考工記工人為柎而發四句廢世大戴禮武王踐阼篇丹書害大楹銘
寔貴杖銘死牝易本命篇高者為生四句撥蹶越禮記曲禮上衣毋撥以下頹壞萎◎檀弓上孔子歌西巡◎祭義日出於東四句

悖佛學記其施之也悖二句違遲悲孔子閒居書五起居外泄左傳隱元年鄭武姜歌罪罪桓十年引周諺尾幾文十七年十

引古人言類異◎成四年引史佚之志蔽萃匱成九年引詩節節節成十五年子臧引志水瑰歸懷成十七年子叔嬰齊歌

世怠◎昭三年讒鼎銘器罪昭七年楚僕區之法淮坻師昭十二年晉侯投壺詞尾裔哀十七年繇辭達适突忽論語微子

篇周八士衰◎追同上接與歌慧勢孟子公孫丑篇引齊人言察歡決盡心篇

周秦韵文

骨猾捽國語晉語伐驪戎兆懷歸違哀徵依妃◎國人誦改葬共世子蔽祭藝越語范蠡引所聞贏縮以爲常節結一

戰國策蘇秦說秦惠王利地同上伐竭害察大蔽厲世逝泄惠列女傳柳下惠妻柳下惠誄水尾視同上楚處

莊姪言隱事體禮荀子禮賦日室知賦廢敗世利害泰蠶賦刈穢楚辭離騷艱◎替同上節服◎同上蔽折同上

艾害同上幃祇同上茲◎沬同上雪末絕九歌裔濊逝蓋同上帶逝際同上雷蛇◎懷歸同上節日同上

歸懷同上繼味飽◎天問鼈達同上越活同上死體同上弟害敗同上摯說同上懷肥同上底雉同上會

殺同上依譏同上汰滯九章慨邁同上歲逝同上抑替同上濟示同上忽匹同上喟謂愛類同上發達

同上至比同上懷悲遠遊一逸同上厲衞同上涕弭同上妃◎歌◎夷蛇◎飛佪同上梯稽脂韋卜居瑟慄

宋玉九辯衰◎歸同上歸悲同上歸棲同上衰◎肥同上濟至死同上哀悲偕毀虺◎蕢◎欷同上月達同上帶

介慨邁穢敗昧同上沬穢招魂日瑟同上地◎末風賦慄欷同上怛◎熱䁾卒同上世厲大言賦維夷

同上大世同上蓋外同上偉備◎貴類位備◎小言賦比累水高唐賦會石礚厲澮霈邁喙竄摯

同上蓋會藹沛帶籟會氣鼻志◎淚瘁磑隤追同上出失同上物出同上室一畢同上螭◎諧哀

同上悽欷發忽血實同上日旆蓋逝會害逮滯歲同上說退登徒子好色賦雪貝蔡同上絕決失

術釣賦悴費同上佚節發結一出疾笛賦

漢人韻文

慨濞碎墜戾潰逝穢熠憒害淚惠遂位氣敗賈誼旱雲賦節沒同上慄怫結同上大敗世

賈誼鵩賦鬱崒司馬相如子虛賦騏◎浰至同上詘態◎同上蔡蕙蓋蕤綏忽髴同上栧蓋貝籟喝沸會

礚外燧隊裔同上界外芥瑋類崪記◎計位大同上渭澮內上林賦埼◎湃汩瀄折洌溉盭

浥◎瀨沛墜礚淈沸沫疾懷歸囘同上廆礨壘靡◎豸同上烈越茀芴忽同上犛麋題犀同上

地◎追裔施◎同上危◎坻水豸氏◎豕同上雞鷊◎同上隸至同上失說同上瀨世勢絕哀秦二世賦休逝

同上 夷師危◎歸 大人賦 厲濞逝 同上 依悲遲衰◎私衣 美人賦。按賦意淺薄恐非相如所作。 衣肌脂懷

囘辭◎ 同上 逝末晰內 封禪文 譓贊二 同上 祇遺 同上 棲妃◎諧誰飛悲 琴歌 歸齊薇迷 董仲舒士不遇

賦 訖物 史游急就篇 雉尾死視兕膂履 同上 訖出 同上 囘頹礚沛 劉向九歎 厲逝 同上 違悲 同上 察

晏◎夷迥 同上 懷依 同上 怫結屑 同上 儀◎濿 同上 集◎日 同上 西紛◎ 同上 坲悴 同上 鬱悴 同上 蕙斐 同上 美

夷死 同上 血廢 同上 開壓◎ 同上 懷頹 同上 汩疾鬱忿◎ 同上 離◎哀 同上 悲頹 同上 衣夷 同上 闈緯 同上 喟

傺 同上 鬱日泣◎戾 同上 悴袂 同上 次悲 同上 謁闕 同上 馳◎指 同上 滅日 同上 折蔽 同上 輵發 同上 昧貴

杖銘 戾燧 劉歆遂初賦 履眡 同上 別桀 同上 厲逝 同上 齊遺 同上 梯依棲瀰泥 甘泉宮賦 徽依 燈賦 夷眉

揚雄蜀都賦 崒崔嵬 同上 碣濞 同上 瀨沛隧 同上 瀣卒 同上 美葦拖◎ 同上 輵類齊槩 同上 惚沕列出

鬣畢別 同上 綏纚◎開旋 甘泉賦 駭◎囘 同上 威危◎馳◎囘蕤蛇◎妃◎眉資 同上 祈天◎ 同上 歸黎開諧

礚厲沛世 同上 卉對依追 同上 月烈內外 羽獵上 月沓◎ 同上 絕滅 同上 火披◎駟帥輵厲礚岌◎

外 同上 豨磬櫱 同上 蕤飛蛇◎犀陂◎會藹綴內外 同上 怠◎違 同上 節業◎ 同上 一二外內切 長楊賦

詘乏◎業◎密 同上 衛渭發軼 同上 蠡國◎ 同上 耆夷 同上 綏珍◎ 同上 機違 同上 日滅極◎ 太玄賦 熵裂甲◎

同上渴躋◎極◎同上衣胝肌遲之◎逐貧賦眉危◎懷徽輻泥夷酒賦波◎纍反離騷[illegible]賴同上馳◎師同上

邁瀨衣遺同上滅絕實熱實解嘲結逸七國。同上資師同上筆詘同上師眉同上滅絕實熱室

同上類◎沫氣位同上儆烈制律同上尸希囘解難徽耆同上資懷契出濿劇秦美新契世事◎同上一

極◎栗實同上替弊冀州箴維階同上達齊青州箴師遲同上位類揚州箴慄溢◎日奪鉞桀荊州箴

大敗豫州箴戾沛雍州箴衰◎衣同上別偪◎幽州箴際外交州箴哲慄密舌折尚書箴外衛光祿勳箴

律卒內敗衛尉箴夷推維同上歸齊太僕箴謂劓害割泰敗謁廷尉箴位貴祭太常箴季世

噬崇遲少府箴室日將作大匠箴階洫室卒同上貴遂同上內外蓋城門校尉箴希依懷乖階同上

差◎至指上林苑令箴濟娣繼地◎元后誄始◎彙太玄經周外火同上拔折礥泥雌◎施◎閑至卹少徵

類戾兕矢同上雌◎失乖同上危◎梯上外大狩逝大同上徵儀◎羨夷徵同上折抈括血同上跌

室差纍虆同上蓍資脂童兕美同上虆犀同上銳二銳一達同上利至同上銳敗同上出達達

達屈同上割賴同上銳退耎膝節肆拂同上節術歾同上徽階從脂夷釋利死同上類厲格

貳內夷夷利同上幾悲資樂喈嚌衰◎同上掣敗務敗隊同上外決斷[illegible]穢同上脫活同上決

闊鉞同上器毅毅毅類同上喈蟎◎來衰◎尸同上缺折伐血同上比次密比恤同上比死同上禮

几親位事◎同上外內斂拔折蹶彊內穢睟几牝旨居蘖絕同上介裔害竈委◎毀同上內

外蓋大蔑外同上開階差◎廓扢失室同上外內同上密歡文逵匕矢同上體禮禮纍飛逃

內利唐睽訾◎同上飛歸同上疾詰常疾失同上差◎階度奪必同上菲尾同上死遺同上衰◎微滅

儀◎階同上乂位同上疾衃至同上血骨唫體毀同上鬼禮昧聚鼻彙同上閉開歸積禍◎罪同上

非裔同上舌聿飾水牝同上追飛同上磑離◎非疑妣視覗內外同上蓋害同上內外既內悲

階同上泥嬖夷同上衣櫜去類匱晦迷資瞢雪鄰窮物殺絕割贅穢同上日割同上骨血

同上介螮堅跌一物闕穴室同上折缺偈同上逝尸失德◎失劇繘頓同上刮器馴豸直◎施◎

難內外勤鼻弊同上次餼利養脫發同上微肥違玄衝類彙同上出入◎集◎同上推衰◎非同上齊

懷悲同上位詘同上外內退太玄經錯鷙二同上室實二一同上類氣太玄攡位氣同上美體太玄瑩

氣類文退貴位同上氣類卒太玄經棿衣示同上制際同上貝弊賴同上國秩同上物彙同上列氣

同上述術同上微資階玄圖繫◎繼義◎際會同上日物溢◎滅缺同上對斷太玄告位氣同上味彙同上

川西班固西都賦畿視同上階開闈扉同上室越列同上位貴同上藝異◎同上躋楣階迷稽低同上

厲竄穢蹷折噬殺同上隤摧夷同上齊徊同上缺滅絕室血東都賦鐵日出同上隊帥同上實

物渫節同上煜◎律佾畢同上暨醉氣退同上畢說氣世同上禮濟制外同上美有◎竹扇賦濟階

懷幽通戲寐髴墜察對迷綏祇◎同上徹開同上。漢書徹作徹。徹輝◎漢頌論功歌詩靈芝歌外內歲世

最計謚答賓戲實日同上會勢貴頹世賴同上貴墜同上志◎氣闊貳同上哲烈東巡賦氣轡同上

闕日北征頌裔外界竭世封燕然山銘追機十八侯銘罽◎威飛垂◎同上威違桓◎邇同上始◎昧契綴

典引末蘖缺業◎喆式◎同上內髴蒽◎同上瑞畿同上烈竭律同上世制敗敘傳一忽律出徹乖幾

同上末烈同上滅缺別烈同上伐烈同上詘節栗同上說敗沛害大同上慨說敗大害同上節哲

桀同上濟禮同上師威害呲伐大裔同上昧佛世害同上實詘黜同上威賁貌鯢◎同上缺發七

術同上制殺惠謂同上貴世同上遂世妹害衛同上世絕述說弈旨衛制決勢敗威奇◎姿同上

概類氣同上列察傅毅洛都賦偉靡◎同上褱睎夷同上節跌折絕歿曶蛻◎畢列悅舞賦越沫奪

滅絕發末同上泆術日同上劂制滯雅琴賦師闈竇將軍北征頌水火七激退飛歸同上逝歲悴同上

冏懷威巍明帝誄◎溢卒弼室北海王誄逮墜溉味迪志詩逸日迄卒同上遲輝◎五言詩冉冉孤生竹

脂類	經韻	周秦韻文	漢人韻文	經傳師讀	說文
對轉眞	頎近訊敦殄君引巡犺天命焞	艱	紛岔天珍輝川	詳例證	詳例證
對轉元	鮮怛嘽	怛	晏頒桓	詳例證	詳例證
通支	泚訾積	見支類	溢雌繫謚鯢蜺訾	詳例證	詳例證
通歌	義衰萎	蛇地弛歌衰螭	奇埼靡壓魘地施馳拖氏祇蛇危義鷸儀衰離螭纚披陂波差垂委禍罷	詳例證	詳例證
通之	子婦減疑之嗣異怠	服冀備志茲妃	騏態始怠記妃辭駭國之事極偪直德入異有志式葸	詳例證	詳例證
通蕭		飽一屈原天問閔妃匹合厥身是繼胡爲嗜不同味而快鼂飽疑		詳例證	詳例證

通　侯

轉寫誤倒當作畾飽快)

蹶(揚雄太玄賦協伏域)之類)燭(侯類)及(談類)日滅(脂類)極(之類)族(幽類)集(談類)燐裂(脂類)甲(談類)俗(侯類)滅(脂類)谷岳足(侯類)石(魚類)宿樂(幽類)曲(侯類)渴(脂類)蹶(侯類)極(之類)以脂之幽侯魚談六類雜協強爲分析本多未安而渴蹶極三韵尤難求其合短音字至漢人始漸廣而以短音通協至五六類之多乃漢人擬例獨

詳例證

詳例證

	通魚	入談
		答
蹋字不可短讀雜入韵中尤難索解考踿蹋字古祇作跱躇公羊傳宣六年躇階而走釋文音丑略反與踱同一本作辵今韵亦收躇字於十八藥蓋即說文躢字太玄賦其後人轉寫所改耶）	見魚類	涺集泣沓岌業之甲㵶煠
	詳例證	
	詳例證	

陰聲

第一部歌類

毛詩韵

皮紽蛇召南羔羊一章沱過過歌江有汜三章爲何爲何爲何邶北門一二三章離施新臺三章。說文，戚施引作𪓰鼀・則與脂通協。河儀他鄘柏舟一章珈佗河宐何君子偕老一章皮儀儀爲相鼠一章猗磋磨衛淇

奧一章　阿薖歌過考槃二章　左瑳儺◎竹竿三章　離靡王黍離一二三章同　羅爲羅吪兔爰一章　麻嗟嗟施丘中
有麻一章　宜爲鄭緇衣一章　加宜女曰雞鳴二章　吹和蘀兮二章　何何齊南山三四章同　左我唐有杕之杜一章　何多
何多何多秦晨風一二三章　差原◎麻娑陳東門之枌二章　池麻歌東門之池一章　陂荷何爲沱澤陂一章　縭
儀嘉何豳東山四章　錡吪嘉破斧二章　何何伐柯一章　鯊多小雅魚麗一章　多嘉四章　椅離儀湛露四章　莪阿
儀菁菁者莪一章　駕猗馳破車攻六章　何羆蛇斯干六章　羆蛇七章　地裼◎瓦儀議羅九章　阿池訛無羊二章
猗何瘥多嘉嗟節南山二章　河他小旻六章　羅何何小弁一章　掎杝佗六章　何多何巧言六章　禍我可
何人斯二章　嵬◎萎怨◎谷風三章。嵬，釋文亦作嵬，則在本類。　議爲北山六章　塵◎疷無將大車一章　左宜裳裳者華四章　羅
宜鴛鴦一章　何嘉他頍弁一章　傲◎郵俄傞賓之初筵四章。說文女部引傞作娑，則又與支通協。　嘉儀同上　阿難◎何
隰桑一章　阿何綿蠻一章　波沱他漸漸之石三章　峨宜大雅棫樸二章　阿池皇矣六章　賀佐下武六章　何嘉儀既醉四章
沙宜多嘉爲鳧鷖二章　阿歌卷耳一章　多馳多歌十章　儀嘉磨爲抑五章　嘉儀八章　可詈歌桑柔十六
章　皮羆韓奕六章　山◎河周頌般　犧宜多魯頌閟宮三章　祈◎河宜何商頌玄鳥

羣經韻

離歌嗟易上經離九三沱嗟六五和靡中孚九二罷歌六三過離小過上六爲嘉象下傳革義何鼎何過何小過地宜繫辭下傳仰則觀象於天四句化宜神而化之二句脞隋墮尙書皐陶謨賡歌頗義洪範嘉宜士冠禮字辭義過大戴禮武王踐阼篇弓銘緌衰禮記檀弓下成人語皮多那皮何左傳宣二年宋謳何多羅襄八年引詩隨騧論語微子篇周八士

周秦韻文

他化楚辭離騷橤纚同上離虧同上差頗同上可我同上化離同上馳蛇同上被離爲九歌何虧爲同上河波池阿歌同上河波螭同上阿羅同上爲化天問加虧同上施化同上多隳何同上歌地同上宜喜同上。一作嘉則在本類。嘉嗟施何同上衰嵬◎九章儀虧同上化爲同上過地同上儀爲同上馳蛇遠游靡波同上移波釃爲漁父罷靡施爲大招化何宋玉九辯瑕◎加同上蛇池荷波陁羅籭爲招魂羅歌荷酡波奇離同上

漢人韻文

我可賈誼鵩賦沙羅弔屈原文差虧◎司馬相如子虛賦陀河同上池移沙同上堤◎鵝施鵝加池同上池螭

離(上林賦)夥靡砢(同上)巍嵯峨錡崎(同上)蘺夷◎莏(同上)涯◎陂波(同上)地河駝羸(同上)倚佹䙳◎砢
纚(同上)蠝◎蛫(同上)歌和波歌(同上)化義帝(同上)峨差㵃◎(哀秦二世賦)麗倚(大人賦)馳離離魁◎河沙
(同上)奇垂施(美人賦)衰危(封禪文)多和(董仲舒春秋繁露止雨祝)蛇和鵝披(劉向九歎)婓◎峨蠡◎嵯(同上)何
㴸(同上)峨歌(同上)離灑(同上)迻巍(同上)奇蛇池(劉歆鐙賦)差峗(揚雄蜀都賦)倚崎施偒◎倚岢地嶭◎(同上)
椅捼靡菲◎(同上)鱓◎蛇鱺◎(同上)多麻梔◎蘺斯◎伽(同上)變◎化(甘泉賦)施沙厓◎(同上)宜貫◎儀非◎(羽獵賦)
羅波(同上)擊◎破過地(同上)衰池河厓◎陂(同上)碕螭鼉蠵◎(同上)麗靡(同上)加夷◎馳(長楊賦)虧◎危(同上)
加沙家◎羅呵何(逐貧賦)波壘◎(反離騷)馳師◎(同上)蛇歌(同上)戈儀(解嘲)隨策◎奇隤◎知◎爲(同上)多崖◎
危隳(冀州箴)蹉戈阿(并州箴)差宜隳(大鴻臚箴)和宜(太史令箴)波其◎(太玄經礥)禍我(傒)施頗儀(爭)羅
蛾䁥◎(衆)羅離(應)施和(同上)化和(迎)灑和(竈)火禍(同上)差施(文)離昆◎(昆)化施(唫)變◎化(翕)
地過(內)蹉嘉賀(睿)和楕(窮)瑣禍(成)差離(闕)爲衰壘◎(童測)爲危(釋測)和嘉多(夷測)過佐嘉
(睟測)危毀◎爲(減測)化爲(堅測)科劘(太玄攡)離踦(太玄瑩)地化(同上)化宜(同上)施誼德◎(同上)麗侈(班固西都
賦)河波(同上)化螯◎歌庶◎(同上)螭羆崖◎(同上)池涯◎隄◎猗波(同上)麗侈(東都賦)可禍(幽通賦)波華◎(答賓

戲何鄭十八侯銘歌沱家◎漢書敘傳福禍同上貨化同上宜施歌傅毅舞賦華◎波羅同上羈垂竇將軍北征歌

離皮日◎七激阿蘿宜陂五言詩冉冉孤生竹萎爲同上

歌類	經韻	周秦韻文	漢人韻文	經傳師讀	說文
對轉眞	麎祈		昆	詳例證	詳例證
對轉元	難儺原怨山		骫䩑變貫鄭	詳例證	詳例證
通支	裼	見支類	堤隄庢崖涯辭觽蠵椸斯鼙知策	詳例證	詳例證
通脂	嵬	嵬	纍螭夷魁師非非斐蠡偈隤聵毀日	詳例證	詳例證
通之	僛	喜	其德福	詳例證	無
通蕭			見蕭類	詳例證	詳例證
通侯				詳例證	詳例證
		虧瑕（歌魚通協始於楚辭漢書王式	虧鑈家螌庶華	詳例證	詳例證

通魚

傳服虔注引大戴禮驪駒詩驪駒在門僕夫俱存驪駒在路僕夫整駕當是歌眞對轉以門存駕爲協如小雅無將大車協塵疷之例段玉裁以路駕爲協謂爲漢以後歌魚二類合用之始非是且大戴禮所引詩不必其爲三百篇之刪逸或是漢人之詩如公冠篇雜孝昭冠辭是其例也

陰聲

第三部之類

毛詩韵

得服側周南關雎三章菜采友四章否母葛覃三章苢采苢有芣苢一章苢苢二章三同趾子麟之趾一章沚
事召南采蘩一章革緎食羔羊二章子哉子哉子哉殷其靁一二三章同側息二章汜以以悔江有汜一章矣
李子何彼襛矣二章裏已邶綠衣一章絲治訧三章霾來來思終風二章思來雄雉三章子否否友匏有苦葉
四章沚以谷風三章久以旄丘二章子耳四章淇思姬謀泉水一章異貽靜女三章側特慝◎鄘柏舟二章麥北
弋桑中二章雨◎母蝃蝀二章齒止止俟相鼠二章麥極子尤思之載馳四章蚩絲絲謀淇丘期媒期
衛氓一章極德四章思哉六章淇思之竹竿一章右母二章。宋本作遠兄弟父母，唐石經同。背痗伯兮四章側服
有狐三章李玖木瓜三章期哉塒來思王君子於役一章涘母母有葛藟二章麥國國食丘中有麻二章李子
子玖三章子里杞母鄭將仲子一章飾力直羔裘二章來贈◎女曰雞鳴三章食息狡童二章洧士褰裳二章晦已
子喜風雨三章佩思來子衿二章畝母齊南山三章克得得極四章鍼思盧令三章襋服魏葛屨一章哉其
矣之之思園有桃一二章同棘食國極二章子已止陟岵一章屺母二章輻側直穡億特食伐檀二章
麥德國國直碩鼠二章翼棘稷食極唐鴇羽二章好◎食好◎食有杕之杜一二章同棘域息葛生二章期之
秦小戎二章采已涘右沚蒹葭三章有梅止裘◎哉終南一章棘息息特黃鳥一章思佩渭陽二章鯉子陳衡

門三章已矣墓門一章翼服息曹蜉蝣二章翼服候人二章梅絲絲騏鳲鳩二章棘忒忒國三章耜趾子
畝喜豳七月一章貍裘◎四章穋麥◎六章克得伐柯一章止杞母小雅四牡四章騏絲謀皇皇者華三章福食德
天保五章疚來采薇三章翼服戒棘五章牧來載棘出車一章杞母杕杜三章來疚四章鯉有魚麗三章有時
六章來又南有嘉魚四章臺萊基期南山有臺一章杞李子母子已三章棘德湛露三章載喜右彤弓二章沚
子喜菁菁者莪二章飭服熾急◎鹽鐵論繇役，引作戒。爾雅釋言悈，急也，以同聲爲訓。國六月一章則服里子二章翼服
服國三章喜祉久友鯉矣友六章芑畝止試采芑一章止騏翼奭服革二章止試三章有俟友
右手吉日三章海止友母沔水一章士止祈父二章思期思白駒三章葘特富異我行其野四章翼棘革斯干
四章仕子已殆仕節南山四章特克則得力正月七章輻載意十章時謀來矣十月之交五章士宰史
氏◎四章里痗八章德國雨無正一章。劉安世云，韓詩有雨無極篇，比毛詩篇首多雨無其極，傷我稼穡二句。仕殆使子使
友六章止否膴◎韓詩作腜謀小旻五章克富又小宛二章采負似三章梓止母里在小弁三章祉已巧言二章
蜮得極則何人斯八章箕謀巷伯二章食北六章丘詩之七章恥久恃蓼莪三章德極四章來疚大東二章
載息三章子來子服子裘◎子試四章梅尤四月四章紀仕有六章鳶鮪四月七章。說文引作鳶，鳶在魚類，

三家詩異文也，則爲之魚通協。嚴可均以禮記曲禮協鳶埃，五經文字鳶或作戴，禮記，中庸，左傳，爾雅釋文，漢書五行志，地理志，梅福傳，戴字凡六見，弋𢦏皆之類音，張協七命協鳶鮮弦軒緐煙旋，始轉讀悅，專反爲證，謂鳶鮪二字爲協，今從之。按左傳昭十五年以鼓子戴鞮歸，國語晉語作鼓子苑支，蓋苑字對轉讀鞻，如晨風之宛，而與戴音相近也。杞子事母北山一章息國四章息直福

小明五章棘稷翼億食祀侑福楚茨一章祀食福式稷勑極億四章備戒位◎告◎止起五章時之

之六章理畝信南山一章翼彧穡食三章畝止薿止士甫田一章止子畝喜右否畝有敏三章戒

事耜畝大田一章螣◎釋文字亦作蚉，說文虫部引作蟘，則在本類。賊二章止子畝喜祀黑稷祀福四章右有

有似裳裳者華三章翼福鴛鴦二章期時來頍弁二章友喜車舝一章棘極國青蠅二章能又時賓之初筵二章福

德四章否史恥怠五章識又同上息匿◎極菀柳一章牛哉黍苗二章翼德白華七章食誨載緜蠻一二三章同

側極三章時右大雅文王一章已子二章翼士國三章止子億服四章德福五章翼福國大明三章涘止

子五章膴◎飴謀龜時茲緜三章止右理畝事四章直載翼五章載備祀福旱麓四章母婦思齊一章

式入四章德造◎士五章悔祉子皇矣四章德色革則七章亟來囿伏靈臺一章式則下武三章德服四章

北服文王有聲六章芑仕謀子八章祀子敏止生民一章祀子二章字翼三章匐嶷食四章秠芑秠畝

芑負祀六章時祀悔八章背翼祺福四章德福既醉一章時子五章士士子八章子德假樂一章福億

二章紀友士子四章理有篤公劉六章茲饎子母泂酌一章翼德翼則卷阿五章止士使子七章息國

極慝◎德民勞三章克服德力蕩二章國德德側四章式止晦五章時舊◎七章告◎則抑二章友子六章

賊則李子八章絲基九章子否事耳子十章子止謀悔國忒德棘十二章穡食桑柔六章賊國

力七章里喜能忌十章極背克力寇◎十五章紀宰氏◎右止里雲漢七章事式崧高二章德直國八章

則德烝民一章德則色翼式力二章子止里韓奕四章棘極理海江漢三章子似祉四章子已德國

六章翼克國常武五章塞來六章有收◎瞻卬二章誨寺三章忒背極慝◎倍識事織四章富忌五章茂◎止

召旻四章富時疚茲里里哉舊◎七章牛右周頌我將子周◎時邁德之時邁稷極思文鮪鯉祀福潛祀

子雝祉母同上之思哉士茲子止敬之以婦士耜畝載芟耜畝活◎良耜紑俅◎基牛鼒絲衣晦

熙酌駓騏伾期才魯頌駉二章始有子有駜德則泮水四章德服馘五章稷福穋◎麥國穡閟宮一章

子祀耳忒稷三章熾富背試五章喜母士有祉齒八章有殆子商頌玄鳥里止海同上子士長發

國福殷武四章翼極五章

羣經韵

字字易上經屯六二否否喜否上九子克大有九三災牛災无妄六三龜頤頤初九纆棘得坎上六來思

下經咸九四福母晉六二翼食明夷初九食來祀困九二食惻福井九三趾否子鼎初六革塞食鼎九三期時歸妹九四丘思渙六四忒服象上傳豫治事始蠱◎道久臨忒服觀◎道已始象下傳恆子婦

家人福則震戾食息豐志富載疑象上傳小畜克則直克得同人志備祐大有牧得服則服

得國謙得德則蠱疑尤喜志賁災尤載剝志富災之試災无妄災尤志喜大畜災志

備事否志疑象下傳遯食則得意息國則明夷待尤之蹇志志疑喜祐志損事來之志

之志辭來益志喜疑事志富升得直福困惻福井之志革之尤鼎福則震得戒

同上災志事豐災尤旅疑治巽疑志兌塞極節憊疑時來久既濟事試治災治文言傳乾

革得極則同上來能謀能繫辭下傳象事知器以下起止始時災來怠食色伏飭雜卦傳久離◎止

同上喜起熙書皋陶謨帝舜歌極極福極極得極洪範五皇極以下色得福極而康而色以下側直極極

無反無側以下德直克克直克克克克福食食食國忒六三德以下服德服士冠禮始加緇布冠祝辭服

德福再加皮弁祝辭服德三加爵祝辭時來之醮辭備字字辭事嗣士昏禮醮子命司職大戴禮哀公問五義篇若天之
司二句理釐里始保傅篇易曰正其生以下直黑曾子制言蓬生麻中四句負趾否同上行則爲人貢三句失◎志之及◎
之泥◎至◎謀武王踐阼戶銘時財時武王踐阼牖銘服德同上劍銘寲士五帝德篇其色郁郁四句直得子張問入官篇枉而
直之二句時財能公冠篇祝雍祝成王冠辭服志職式極成王冠頌食福考工記祭侯辭極國則嘉量銘思辭哉
禮記曲禮上首節埃鳶同上前有塵埃二句職極服則禮運禮行於郊以下裘◎箕學記始釐里經解引易得翼國孔子
閒居言五起起海子同上友右左傳閔二年卜辭姬旗丘僖十五年晉嫁伯姬筮辭子止僖二十五年衛禮至銘每謀
僖二十八年晉輿人誦思來宣二年宋城者謳裘◎駘子使襄四年魯人誦誨殖嗣襄三十一年鄭輿人誦子產杞子鄙
恥已士昭十二年南蒯鄉人歌蘊謀之哀五年萊人歌已殆論語微子篇楚狂接輿歌賚富堯曰篇食食息慝◎孟子
梁惠王篇今也不然節基時公孫丑篇引齊人言來直翼得德滕文公篇引放勳言福極德直力服急◎直德毒◎
忒食告◎則慝◎職鞹◎爾雅釋訓穠穠福也以下

周秦韻文

置置德服國語晉語公子縶引所聞稷植疑基叔詹引諺服國鄭語宣王時童謠德力食殛越語范蠡對越王王其且

馳騁弋獵節紀止范蠡引所聞羸縮以爲常節起始范蠡對越王人事不起二句怠人災之范蠡引所聞極翼國服

福吳越春秋范蠡與越王爲吳王壽極翼側福國文種固陵祖道祝祠福德翼力塞極文臺進祝酒詞德國塞億

極同上台裘◎之母列女傳臧孫辰在齊遺魯公書飾服竊◎晏子春秋楹書飾惑起理備態戰國策蘇秦說秦惠王理

起服息辭治同上佩絲異媒求喜同上荀子爲書謝春申君采理不似海荀子禮賦辭之塞偪訊◎塞

忌置雲賦絲治蠶賦起已理同上事翼極起已母裏理箴賦子里莊子沙丘石槨銘能佩楚辭離騷在

菑同上畝芷同上服則同上菑悔同上時態同上息服同上茲詞同上極服悔醢同上待期同上佩詒

在理同上之之同上異佩同上疑之同上媒疑同上極翼同上來思九歌極息側同上辭旗同上狸旗

思來同上極識天問汜里同上子在同上在里同上跐在止同上謀之同上止殆同上得殛同上億極

同上止子同上牛來同上極得同上子婦同上尤之期之同上市姒側佑同上惑服同上牧國同上識

喜同上戒代同上祐喜同上服直九章肬之同上志咍同上恃殆志態同上尤之同上以醢同上極得

同上持之同上時丘之同上期志同上北域側得息同上思媒同上默鞠◎同上鄙改同上怪態同上采

有同上眙詒同上詒志同上之時期同上佩異態竢出◎同上能疑同上詩疑竢治之否欺思之

尤之同上牛之同上之疑辭之戒得佩好◎代意置載備異再識同上服國志喜同上異喜
同上友理同上恃止同上默得同上紀止右期同上怪來遠游息德同上得則同上疑浮◎同上翼食卜居
意事同上絶測凝◎極大招海理阯海士暴◎同上思事意異宋玉九辯息軾得惑極直同上食得
德極同上之之同上止齒祀醢里招魂里止同上食得極側同上止里久同上都◎鬐駓牛災同上
怪備代同上代意同上嘻思大言賦海止同上裘◎來諷賦治詞之同上構姬思旗高唐賦集◎入止
畝同上喜意記異識志神女賦美◎備◎麗◎究同上飾翼極式色同上國里子登徒子好色賦耳齒痔
子色同上色德矣同上海有釣賦阜◎起右笛賦靡◎子齒起徵◎子鬱◎子理士同上翼域同上士友
久同上姬臺芝期姬高唐對理始止起久紀秦嶧山刻石飭服極德式革治誨志事嗣戒
泰山刻石始紀子理士海事富志字載意琅邪臺刻石德極福殖革賊式同上起海始紀理
已德服極則意式之罘刻石意旗疑尤治罘之罘東觀刻石息服域碣石門刻石

漢人韵文

理止起似駭有賈誼旱雲賦德福同上之災期鵩賦息翼臆息同上伏域同上福纆極同上謀時

同上息則極同上惑億息同上止已同上之裁哉惜誓息直同上國賊同上志植弔屈原文久咎◎同上臺
持之司馬相如子虛賦極北上林賦態來同上鷊◎翼同上梅陶◎同上來態同上起耳同上意色同上服郁
同上得食哀秦二世賦旗娭疑大人賦止母使喜同上子齒止茲來美人賦燎◎丘恧封禪文來哉
圃◎喜態來封禪文時祀祉有同上黑訥◎惑董仲舒士不遇賦異字厠意喜史游急就篇尤來劉向九歎
辭時同上志事同上止里同上極息同上詬◎醢同上治疑同上詞之同上久首◎同上識思同上置態同上
之之同上之時同上北得同上逐◎服同上簏◎囿同上尤之同上已紀意側同上疑詞同上極側劉歆遂初
賦士子同上臺怠同上態怪意喜同上棫檍甘泉宮賦芝珠◎揚雄蜀都賦碧棘◎同上牛旄◎雞◎同上起里
同上代械具◎同上之爾◎祀戒同上芝蚪◎甘泉賦能意同上頤旗同上福極同上輜旗河東賦罘旗虡◎
羽獵賦事來同上德茲基同上流◎滋同上罘之茲同上德甲◎惑長楊賦之邑◎旗記同上伏息同上弋
域同上伏域燭◎及◎太玄賦嗤辭德則飾惑得逐貧賦直脂極息同上辭綦反離騷流◎丘同上有
改同上士紀已母解嘲默極同上辭基熙解難紂◎祐劇秦美新喜蠶試同上域德克趙充國頌極石◎牧
青州箴久咎◎兖州箴思孳謀籌◎揚州箴龜饒◎荆州箴起子祀史豫州箴德國北井州箴該恢交州

箴則國職(司空箴)力敕◎嚻◎覆◎側(同上)植敕◎(大司農箴)極力職(大鴻臚箴)敕◎職(衛尉箴)止市(廷尉箴)德

側(執金吾箴)葸時理災(同上)臺恢(將作大匠箴)記紀司(太史令箴)軌◎士(博士箴)紀士稷(同上)伏殖給◎(上林

苑令箴)該來(元后誄)祉福海德(同上)德克(太玄經礥)丘牛(同上)得式(少)究◎富(同上)臺才(上)菑基(同上)

嵬飴坏(干)匐德(狩)直翼(羨)息殖(增)默得(同上)克戴(增)耒悔(交)時菑(耎)否母(進)以耳

(同上)時否(格)嘻期(樂)務◎事(務)冒◎職力(事)來釐◎(同上)事字(同上)事食(同上)事救◎(同上)事誨(同上)耳

止(同上)德代(更)否耳(斷)食恥(同上)志喜(裝)北食(同上)淄頤(裝)時菑(斂)德力(彊)塞意(盛)墨

德(同上)恃有(同上)法◎墨則(法)極稷(應)來得(遇)食力(竈)恢基(廓)子婦(同上)墨式稷(常)德食

(同上)貸復◎(度)極福(永)凝辭(唫)督◎嗇(同上)得默(守)志玆(翕)否基(積)食力(同上)黑職飾(飾)飾

服(同上)時辭疑(同上)德國(視)翼賊(同上)婦國測(內)得北(去)止咎◎(止)俟止(同上)否已(成)改殆

(同上)賊得測(失)食匿◎(同上)否止(將)力食克(勤)丘荄(養)謀財(玄衝)事喜僨(同上)得福息(同上)得

刻(太玄經錯)血◎時玆(同上)時謀(太玄攡)思事(同上)理始(同上)刻戒(太玄瑩)革得(同上)革則(同上)時基理

紀(同上)理事理事道◎(同上)極勑化(文)息德卽◎極域(同上)式飾(太玄棿)時力食穡(同上)翼德(同上)

已始同上有紀玄圖則德克中測力得礥測意事悔羨測晦道◎童測得服期試治傒測基之從測保◎
悔樂測理已務測治疑謀恥理斷測志事裝測能材荄親測謀時基來尤基彊測極得則克睟測
克德盛測理子則賊遇測意事至德賊竈測基來大測則祿◎禮測有以守測來招◎積測以止止測幾◎
徵◎改祿◎失測德持劇測塞輆時治之難測德福勤測國得同上首◎已贊測載起班固西都賦殖邑◎國
里有同上里所◎在同上馬◎鳥◎海里同上寺司同上囿事同上覆◎息同上治事志東都賦子始德同上
洽◎服同上邑◎翼極同上囿富同上階◎辭位◎詩詩如◎時裁之同上職福同上戒再俟在幽通賦已
始同上伏逼得同上已汜趾軌◎同上姬災同上息縮◎忒惑福鵩同上載代同上色域同上直翼竹扇賦
息力億同上事服德舊◎答賓戲救◎載同上之辭同上立國同上國覿◎同上奧◎囿同上服億邑◎域
北征頌直曲◎邑◎惑十八侯銘則翼絕◎典引域躍◎同上德及◎同上服牧同上邑◎德同上備囿同上事福辭
同上則德弈旨否已同上級◎服同上治事備同上識意悔喜備事同上穆◎默德漢書敘傳翼克直服
邑◎德同上造◎宰海同上祉子茂同上報◎代戒同上史時起始同上則國北同上載導◎代同上子起
同上海子祀國稷同上默革德國同上色德同上直色服德同上有始采首◎同上牧志試學◎治

同上達◎職食慝◎德國同上子嗣同上作◎克德國同上子仕已已予同上敏理仕同上緇仕同上色

直直式守◎志同上子敏理里同上司祺疚同上理紀始同上試吏異思同上德服覆式同上福

戚◎覆◎德意代嗣同上軌◎市傅毅洛都賦時鋪◎鑣◎同上侍態舞賦俟理起齒儗峙趾已同上翼息

側七激囿旅◎同上德國集◎墨極載代備明帝誄有母耳軌◎同上代載北海王誄則德同上則士紀

迪志詩則忒式測稷息力極同上能才疑辭尤之許慎說文解字敘

之類	經韻	周秦韻文	漢人韻文	經傳師讀	說文
對轉蒸	贈滕	徵凝	徵	詳例證	詳例證
通脂	位活失泥至	穧出美鬱訊（由眞對轉入脂脂之通協）	訥血即絕幾階位鬻達禰雞龘（見太玄經事當作嫠）	詳例證	詳例證
通歌	氏離	麗靡	見歌類	詳例證	無
通蕭	道裘俅穋告造收茂周好毒鞠舊	裘求鞠浮究阜好暴	陶蚪流籌咎紂復覆軌究冒救戚督首道導學守保犓奧縮竂逐燎鑣饒躍招旄鳥穆造報	詳例證	詳例證

通侯	寇		詬籠珠具燭務祿覿曲敕	詳例證	詳例證
通魚	膴暱匽雨	都	碧圖盧石鋪旅馬如匿匽所作	詳例證	詳例證
通支			見支類	詳例證	詳例證
入談	及集急	集	鰨立洽甲邑及級集法給		

陰聲 第四部蕭類

毛詩韻

鳩洲逑（周南關鴡一章）流求（二章）芼樂（五章）逵仇（兔罝二章）休（韓詩外傳作不可休思，則作休息者，毛詩之誤。蓋以休求爲韻，二思字乃助辭也。）求（漢廣一章）藻潦（召南采蘋一章）昴裯猶（小星二章）包誘（野有死麕一章）舟流憂游（邶柏舟一章）悄小少摽（柏舟四章）冒好報（日月五章）暴笑敖悼（終風一章）手老（擊鼓四章）夭勞（凱風一章）軓◎牡（匏有苦葉二章）（從毛傳。考工記注，禮記正義，唐石經作軓，幽侵對轉也。淺人以失協改從九。）舟游求救（谷風四章）慉讎售鞠覆育毒（五章）籥翟爵（簡兮三章）漕悠游憂（泉水四章）埽道道醜（鄘牆有茨一章）旄郊（干旄一章）祝六吉（干旄三章）悠漕憂（載馳一章）綽較謔虐（衛淇奧三章）陸軸宿告（考槃三章）敖郊驕鑣朝勞（碩人四章）勞朝暴笑悼

氓五章滺舟游憂竹竿四章刀釋文說文作舠朝河廣二章報好木瓜一二三章桃瑤木瓜二章憂求王黍離一二三章
苗搖黍離一章樂樂君子陽陽一二章陶翿敖君子陽陽二章翛歗歗淑中谷有蓷二章孚造憂覺兔爰二章蕭
秋采葛二章好造鄭緇衣二章狩酒酒好叔于田二章鴇首手阜大叔于田三章消麃喬搖清人二章軸陶
抽好清人三章手魏好遵大路二章酒老好女曰雞鳴二章好報三章漂要蘀兮一章瀟膠瘳風雨三章樂謔
櫟溱洧一二章茂道牡好齊還二章倒召東方未明一章告鞠南山三章驕忉甫田一章滔儦敖載驅四章桃殽
謠驕魏園有桃一章苗勞郊郊號碩鼠三章休慆憂休唐蟋蟀三章栲杻埽考保山有樞二章鑿◎襮沃
樂揚之水一章晧繡鵠憂揚之水二章聊條椒聊一二章匊篤二章褎究好羔裘二章六燠無衣二章周游
有杕之杜二章皁手狩秦駟驖一章鑣驕三章收輈小戎一章皁手二章櫟駁樂晨風二章袍矛仇無衣一章簋
飽權輿二章缶道翿陳宛立三章菽椒東門之枌三章巢苕忉防有鵲巢一章佼勞月出一二三章皎僚窈糾悄
月出一章晧懰懮受慅二章炤燎夭紹慘。三章。五經文字作慘，則在本類。遙朝忉檜羔裘一章膏曜悼
三章飄嘌弔匪風一章苗膏勞曹下泉一章蕭周二章萋蜩豳七月四章薁菽棗稻酒壽六章茅綯七章
蚤韭八章譙翛翹搖嘵鴟鴞三章蠋◎宿東山一章銶遒休破斧三章陸復仇九罭三章蒿昭恌傚敖小雅

鹿鳴二章裒求常棣二章埽簋牡舅咎伐木二章壽茂天保六章柔憂采薇二章郊旐旄出車二章留酒魚麗一二
三章罩樂南有嘉魚一章栲杻壽茂南山有臺四章草考湛露二章櫜好醻彤弓三章舟浮休菁菁者莪四章儺老
猶醜采芑四章好阜草狩車攻二章苗囂旄敖車攻三章調同◎五章戊禱好阜阜醜吉日一章嗷勞驕
鴻雁三章苗朝遙白駒一章蓫宿畜復我行其野二章苞茂好猶斯干一章。鄭箋猶當作瘉，則與侯通協。矛醻
節南山八章高局◎正月六章沼樂炤慘。虐十一章殽酒十二章卯醜十月之交一章勞囂七章憂休八章流
休雨無正五章厭◎猶集◎韓詩外傳作就。咎道小旻三章道草擣考首小弁二章醻究七章盜暴巧言三章廟
猶四章好草巷伯五章受昊六章蒿勞蓼莪一章鞫畜育復腹蓼莪四章號勞北山五章酒咎六章奧蹙菽
戚宿覆小明三章鼛洲妯猶鼓鍾三章飽首考楚茨六章酒牡考刀毛膋信南山五章早好莠大田二章
觩柔敖求桑扈四章首阜舅頍弁三章鷮教車舝二章的爵賓之初筵一章藻鎬魚藻一二三章首酒三章教傚
角弓二章鹿消驕七章浮流髦憂角弓八章苗膏勞黍苗一章沃樂隰桑二章幽膠隰桑三章茅猶白華一章首
酒瓠葉二三章首炮酒醻四章高勞朝漸漸之石一章首罶飽苕之華三章草道何草不黃四章臭孚大雅文王
七章燎勞旱麓五章廟保思齊三章濯翯沼躍靈臺三章求孚下武二章欲◎禮記引作猶，則在本類。孝文王有聲三章

夙育稷◎ 生民一章 道草茂苞褎秀好 生民五章 揄◎ 說文引作舀，則在本類。儀禮有司徹注引作抗，則為蕭東對轉。 蹂叜

浮 七章 俶告 既醉三章 舟瑤刀 公劉二章 曹牢匏 四章 游休酋 卷阿二章 休逑呶◎憂休 民勞二章。周禮大司徒。

疏作以謹讙嘵，則在本類。 寮囂笑蕘 板三章 虐謔蹻耄謔熇藥 四章 祝究 蕩三章 酒紹 抑三章 讎報

六章 昭樂慘◎藐教虐耄 十一章。吳棫曰，開元中修五經文字，我心慘慘，為懆懆。 柔劉憂 桑柔一章 削爵 墨子尚賢

篇引告女憂卹，誨女予爵，孰能執熱，鮮不以濯，則失協。 濯淑溺 桑柔五章 寶好 六章 迪復毒 十一章 盜寇◎ 十六章

藐蹻濯 崧高四章 寶保 五章 考保 烝民三章 道考 韓奕一章 到樂 五章 浮滔游求 江漢一章 首休壽考 六章

游騷 常武三章 苞流 五章 收瘳 瞻卬一章 優憂 六章 穆廟 周頌清廟 走◎廟 同上 收篤 維天之命 肅穆 雝 牡考

同上 壽考 同上 老壽保 載見 受劉 武 子◎造疚◎考孝 閔予小子 鳥蓼 小毖 苗麃 載芟 糾趙 周禮考工記注引作

掴 蓼朽茂 良耜 觩柔教休 絲衣 周嶽◎ 般 樂樂樂 魯頌有駜一二三章 牡酒 二章 藻蹻蹻昭笑教 泮水

二章 茆酒酒考道醜 三章 陶囚 五章 觩搜 七章 球旒休絿柔優遒 商頌長發四章

羣經韻

告瀆◎告 易上經蒙 道咎 小畜初九 輹目 同上九二 咷笑 同人九五 肉毒 噬嗑六三 酒缶牖咎 坎六四 首醜 離上

九裕◎咎下經晉初六狩首明夷九三逐復睽初九復夙解號笑萃初六陸復育漸九三巢笑咷旅上
九酒咎首未濟上九道久◎彖上傳臨道咎造久◎首象上傳乾咎道同人考道咎蠱道醜道觀咎道
考復復久◎醜咎大過咎道久◎離咎道象下傳睽咎道醜咎解咎道咎夬咎飽醜道保漸
咎道節咎道既濟柔憂求雜卦傳柔憂同上好道書洪範無有作好二句游救大戴禮武王踐祚篇盥盤銘憍
逃觴豆銘矛羞矛銘柔求子張問入官篇優而游之二句皓壽將軍文子篇常以皓之二句猶臭左傳僖四年繇辭讎保
僖五年士蒍引所聞目腹復宣二年宋謳饜目成十六年筮辭州道草擾獸牡襄四年周箴湫攸昭十二年巢遙
勞驕昭二十五年童謠臯覺蹈憂哀二十一年齊歌奧竈論語爲政篇王孫賈問流休孟子梁惠王篇晏子引夏諺流
憂同上引晏子言撓逃朝公孫丑篇北宮黝節濯暴滕文公篇引曾子言

周秦韻文

就憂狃咎國語晉語引商銘狃咎輿人誦惠公報臭國人誦改葬共世子考守越語范蠡引所聞牡道究同上愁
聊戰國策蘇秦說秦惠王淑穆荀子知賦首壽考牡蠶賦小剽繚箴賦遊求楚辭離騷好巧同上遙姚同上同◎
調同上留茅同上流啾同上邈樂同上猶洲脩舟流九歌笑窕同上蕭憂同上道考天問育腹同上到

照上同龍◎遊上同首在◎守上同嫂首上同流求上同竺燠上同告救上同憂求上同仇讎保道九章好就上同復蹙上同浮懮上同救告上同悠憂上同莽◎草上同流昭幽聊由廚◎上同憂求游上同求流上同任◎醜上同聊悠上同游浮遠游留由上同燿鶩上同撟樂上同昭遽◎逃遙大招滫悠膠宋上同秀霤畜囿◎上同寥嶛宋玉九辯秋楸悠愁上同教樂高上同約效上同舟流遊憂小言賦巢遊流高唐賦附◎首授志◎覆究神女賦鈎洲浮釣賦寶道老好受保楚◎茂笛賦。按賦用宋意送荆卿事，當非宋玉所作。

漢人韻文

浮休舟浮憂疑◎賈誼鵩賦暴躁悼旱運賦草保淮南王八公操削髾司馬相如子虛賦鴇玉◎目司馬相如上林賦鬻◎鬻從米聲，此當是鬻字之譌。陸築上同抱楙上同虯旗◎游上同腦倒上同燿宙上同浮猋上同首柳上同約弱削上同鑠藐側◎上同獸廟上同州流遊浮髮髾搖大人賦調浮上同蘸消求上同獸庖獸沼封禪文覆油游育蓄上同邈速◎董仲舒士不遇賦爵樂鶴濯葯史游急就篇銚鐈上同紐耳◎齒◎肘手上同曹聊流膠牢號留仇上同毳露◎劉向九歎蕭愁上同游流游流上同肉築上同珠◎旄上同

流洲同上救究同上憂洲同上受瘦寞◎樂同上求流同上陸宿同上浮霧◎舉◎同上周劉高祖頌牢嘈
劉歆遂初賦濮◎湫揚雄蜀都賦流州同上閻◎流同上救收同上燭◎繡幅◎同上交肴勞臊同上宿遂同上道
草鎬杳羽獵賦黿宮◎旒同上巢林◎同上臺◎游彫同上巧御◎長楊賦林◎浮同上弱樂同上勞高號同上
州游覈靈賦⿰角翏淡◎甘泉賦旄梢河東賦輿◎蹠橋嶻同上宿樂曲◎太玄賦戮腹同上舟浮休求留
逐貧賦驕高崤朝同上茅皋反離騷搜禺◎解嘲區◎繇同上島少同上陸服冀州箴朝笑兗州箴調茅
荊州箴州巢豫州箴州流陸隩益州箴稻飽同上陸鬻◎幽州箴悠流并州箴廟逃呶◎光祿勳箴瘳聊
繇大司農箴醜孳皁太僕箴求報悔◎太常箴爪保執金吾箴虐酷同上遊戮猷將作大匠箴少保城門校尉
箴樂籥國◎太樂令箴游豬◎憂上林苑令箴究富◎太玄經少道保戾高削增醜軌銳腹目達流苞
同上交毅交柔休縮耎縮復同上旭醜從目腹同上惡◎淑肉同上淑逐同上號嘎◎夷奧淖樂
樂九道更頭足◎餘◎毅軌道裝臊毅密篤睦親肉戚同上竈背◎居陸腹食◎法妖覺迎
郊刀大小少同上峭築同上彪昭文首九同上肉復唐道咎永軌後◎同上市◎軌昆覆救同上
牖有◎守守有◎同上守首殆◎同上猶好孚聚舊孚疑腹粥◎沈莠有◎內愁幽晦目腹劇紗

州堅縮逐成藥酌失膏勞馴勞豪同上腹肉復養休憂玄衝道保老同上好裕◎太玄經錯弱
約同上好醜太玄攡昬道同上好好表太玄瑩脩奐文杼◎柚燠太玄棿幽柔流同上造醜同上友◎
道守玄圖勞高消饒交逃高同上流浮太玄告饒之◎同上道寶同上造受中測守首道醜戾測道
好保道干測道有◎盛測守道唐測道久◎保永測如◎皓親測矯咎同上醜咎久◎去測昭道晦測高勞逃
晦測笑要造度測皁首班固西都賦署◎孝同上樂屬◎爵擢闔◎同上鳥獸覆同上爚激同上酌爵同上舟
旗◎流浮同上鵠目繳樂同上滌作◎東都賦鑠樂肅同上沼獸囿◎同上樂竹同上詩◎秋由流同上謠
廬◎幽通賦戮蹙同上補◎道茂同上周幽龜◎謠條流同上處◎表同上樂法◎答賓戲逌囚同上仕◎狩表
同上周劉高祖頌掃寇◎封燕然山銘號昊首修曜典引周首劉同上基◎周熙◎幽區◎頤◎道同上郊沼
草樹◎同上道寶同上老藪◎同上校號竇將軍北征頌候◎邈同上郊首紀◎昬漢書敘傳朽舊鴟首鳥同上趾◎
首咎同上耀效教同上天楚◎紹同上矯朝同上耽◎湫同上優郵◎浮同上老考恥◎同上道好同上褒學
同上表舅宰◎同上輈斿傅毅洛都賦妙好奧七激教驅◎同上彫求流同上流遊嬉◎同上照曜明帝誄勖
復迪志詩考道同上誥學同上

蕭類	經韻	周秦韻文	漢人韻文	經傳師讀	說文
對轉侵	軓慘	任	林宮耽	詳例證	詳例證
對轉東	同	龍同		詳例證	詳例證
通之	稷子久疚	在囿志	疑旗基幅富市臺殆悔背食有友囿龜耳齒之久恥仕頤熙紀趾宰嬉詩側國	詳例證	詳例證
通侯	蠋瀆走嶽揄裕欲局鑿寇	附廚	玉霧濮燭屬曲禺足後裕區驅藪樹寇速候珠	詳例證	詳例證
通魚	怓	莽楚遽	舉輿閭豬署御呶惡餘杼嗄盧處楚如作補露寶	詳例證	詳例證
通歌			郵	詳例證	無
入談	厭集		淡闔法		

聲陰

第四部侯類

毛詩韻

谷谷周南葛覃一二章蔞駒漢廣三章角族麟之趾三章角屋獄獄足召南行露二章樕鹿束玉野有死麕二章

笱後邶谷風三章姝隅蹰靜女一章。韓詩外傳踟蹰作躊躇，則與魚通協。束讀讀辱鄘牆有茨三章驅侯載馳一章殳◎

驅衛伯兮一章濡侯渝鄭羔裘一章曲藚玉玉族魏汾沮洳三章樞榆婁驅愉唐山有樞一章芻隅逅逅

綢繆二章驅續轂馵玉曲秦小戎一章屋轂七章駒釋文作驕株陳株林二章味媾曹候人三章駒濡驅諏

小雅皇皇者華二章。淮南子修務訓引諏作謨，則與魚通協。務戎常棣四章。按戎字古音在侯類。常武魚侯通協；出車侯侵對轉；旄丘

侯東對轉。豆飫◎文選魏都賦注引韓詩作醧，則在本類。具孺六章谷木伐木一章穀祿足天保二章枸楰耇後

南山有臺五章顒公◎六月三章。顒從禺聲，在侯類。說文從禺聲字凡十六，今收鍾韻者三。廣韻鰅亦收噳俱切，莊子齊物論協于喁虛，與

魚通協也。轂玉鶴鳴二章谷束玉白駒四章轂粟轂族黃鳥一章餱具無羊二章瘉後口口愈侮◎正月二章

祿僕祿屋二章屋轂祿椓獨十三章粟獄卜轂小弁五章木谷六章笱後八章樹數口厚巧言五章

濁轂四月五章奏祿楚茨六章霂渥足轂信南山二章裕瘉角弓三章駒後饇取五章木附猷◎屬六章綠

◎匊局沐采綠一章束獨白華一章隅趨緜蠻二章附後奏侮◎大雅緜九章樸槱◎趣棫樸一章禡◎附侮◎皇矣八章

句鍭樹侮◎行葦六章主醹斗耇七章祿僕既醉七章厚主卷阿二章渝驅板八章。後漢書楊秉傳，引作敬天之威，不敢驅馳，則爲脂歌通協。隅愚抑一章漏覯七章鹿穀谷桑柔九章谷穀垢十二章後鞏◎後瞻卬七章嶽后

周頌時邁牟育◎夏◎思文穀耦噫嘻后後周頌雝後功◎武角續良耜后后商頌玄鳥

羣經韻

寇媾易上經屯六二寇媾六四寇媾下經睽上九木谷覿困初六鮒漏井九二足餗渥鼎九四木桷漸六四

蔀◎釋文鄭薛作菩。斗豐六二蔀◎斗主九四屋家◎戶◎覿上六聚聚象下傳萃樹數擊辭下傳不封不樹二句晝

誅遇雜卦傳族睦◎書堯典以親九族二句咶口大戴禮武王踐阼篇機銘侯侯考工記梓人祭侯辭渝揄左傳僖四年繇辭

儒邾襄四年魯人歌卜卜昭三年引諺僂傴俯走侮◎口昭七年引正考父銘主藪昭七年引武王告諸侯鴝辱昭二十五年引童謠

誅侯襦同上鴝哭同上竇踰哀十七年衞繇辭濁足孟子離婁篇引孺子歌

周秦韻文

濁足戰國策蘇秦說秦惠王詬厚楚辭離騷驅屬同上屬數天問厚取同上欲祿同上木足九章屬轂遠游駒

兒◎軀卜居固◎鑿宋玉九辯谷口風賦

漢人韻文

谷木族瀆足樕毒◎祿朴斲愨屋足篤◎渥木（淮南王安屏風賦）俗拘俱（賈誼鵩賦）縞◎轂綯曲谷

（司馬相如子虛賦）谷瀆隝◎（上林賦）渚◎藕（同上）谷閣◎屬宿◎（同上）楼卜（同上）舍◎具（同上）亡◎俱（同上）足獨（同上）徒◎

木覺◎祿辱角逼◎俗束谷（董仲舒士不遇賦）鍪鏶◎鉏◎（史游急就篇）篠◎篝簍（同上）髃主乳呂◎柱聚鉤

鏃錊杸◎（同上）超◎羭豬◎雛駒趨芻（同上）觸獨讀曲燭祿蜀錄辱（同上）鶵榆（劉向九歎）瀆麓（同上）俗

濁（同上）腐詬（同上）辱足（劉歆遂初賦）鷇禦◎（揚雄蜀都賦）穀濁旅◎（同上）腴兜（同上）輿◎驅（羽獵賦）趣欲（同上）部

武◎（同上）與◎險觸（同上）注怖◎脰（同上）獲◎聚（同上）與◎兪（同上）區◎濡笑◎（長楊賦）務禦◎（同上）隅侯（同上）族集◎（太玄

賦）俗滅◎谷岳足石◎（同上）窶聚（逐貧賦）隅侯（反離騷）捷◎足（同上）投◎漚（同上）女◎耦（同上）爵◎祿轂（解嘲）轂

族（同上）塗◎候（同上）遇侯驅（同上）殊◎如（同上）鼓斲（解難）後觀◎（同上）緒◎走（兗州箴）區侯（司空箴）穀斛（大司農箴）

附主（宗正卿箴）穀麓（上林苑令箴）獨斛學◎（元后誄）谷木曲蔟敕（同上）樞隅（太玄經周）沐瀆谷（少）谷木

轂（上）足穀（紂）足瀆（羮）侏儒（童）角足穀（傒）澤嶽足（從）侮◎詢（釋）穀梏◎（同上）目◎角擈（格）口

後（爭）務綸（務）樞符（事）穀祿（穀）柱主（同上）口後（密）屬侮◎（親）厚走（同上）厚斗（同上）襦珠鉤（迎）

䀎棓◎逅同上足屋迎遇諭遇角辱遇樸足文祿穀同上足祿唐祿哭沐同上序◎主永穀
數玉昆穀俗族唫腹◎穀翕角族同上聚禦◎聚聚喁口飾足獄祿窮口主劉木穀止
瀆木雞木角同上曲欲穀乏◎太玄衝區隅太玄攡卜瀆太玄瑩續黷太玄棿斛觸太玄棿角足
同上耦後主侮◎後奧測趣務事測祿足劇測主後將測初◎隅驅班固終南山賦腴區西都賦谷玉足屬
木蜀同上路聚表◎同上嶽洛◎東都賦鼓驅鶩同上禦◎湊同上符腴諸◎答賓戲豆陋◎務附鶩諭竇將
軍北征頌逐落◎同上旅◎主後十八侯銘舉◎誅典引藉◎渝同上初◎符昭◎漢書敘傳趙◎主同上霿妖◎同上如◎樞隅
諸◎同上殊禺甌區符驕◎隅同上霧雨◎傅毅洛都賦束曲縟促俗角曲傅毅舞賦屋綠七激轂玉同上

侯類	經韻	周秦韻文	漢人韻文	經傳師讀說文
對轉東	鞏功公		見東類	詳例證	詳例證
對轉侵	見侵類			詳例證	詳例證
通之	侮部		逼侮棓	詳例證	詳例證
通蕭	猷粥標睦育飫	見蕭類	毒篤覺學腹鴟縞笑妖爵表目驕昭趙宿鐎超梏	詳例證	詳證例

通魚	通脂	入談
殳禡家戶夏		
皛固		
渚覯緒諸旅閣洛落舍塗徒禦序皛投輿舉與藉初怖武石女如澤雨獲亡（由陽對轉入魚）陋（由陽對轉入魚）鉏篨呂投豬	滅	捷集乏法獵
詳例證	詳例證	
詳例證	詳例證	

陰聲 第五部魚類

毛詩韻

莫濩綌斁周南葛覃二章砠瘏痡吁卷耳第四章華家桃夭一章罝夫兔罝一章二三章同楚馬漢廣二章居御召南鵲巢一章筥釜采蘋二章下女三章露夜露行露一章牙家三章下處殷其雷三章渚與與處江有汜二章華車何彼襛矣一章葭豝虞虞騶虞二章一茹據愬怒邶柏舟二章石席三章羽野雨燕燕一章諸土處顧日月一章處馬下擊鼓三章下苦凱風三章羽阻雄雉一章雨怒谷風一章故露式微一章處與旄丘二章舞處簡兮

一章俁舞虎組二章虛邪且北風一二三章狐烏車三章虛楚鄘定之方中二章旟都組五予干旄二章落
若衛氓三章瓜琚木瓜一章且且王君子陽陽一二章楚甫揚之水二章蒲許三章滸父父顧葛藟一章蕭作鄭緇
衣三章野馬馬武叔于田三章馬組舞舉虎所女大叔于田一章射御二章路袪惡故遵大路一章車
華琚都有女同車一章蘇華都且山有扶蘇一章蘀伯蘀兮一二章楚女女揚之水一章闍荼荼且藘娛
出其東門二章著素華齊著一章圃瞿夜莫東方未明三章鱮雨敝笱二章簿鞹夕載驅一章洳莫度度路魏汾
沮洳一章岵父陟岵一章鼠黍女顧女士士所碩鼠一章鼠女女二三章莫除居瞿唐蟋蟀一章楚戶
者者綢繆三章杜滑踽父杕杜三章羽栩盬黍怙所鴇羽一章袪居故羔裘一章楚野處葛生一章夜居
四章苦下與采苓二章碩獲秦駟驖二章楚虎虎禦黃鳥三章澤戟◎作無衣二章渠餘乎輿權輿一二章鼓
下夏羽陳宛丘二章栩下東門之枌一章紵語東門之池二章顧予墓門二章馬野株林二章華家檜隰有萇楚二章
羽楚處曹蜉蝣一章穫蘀貉豳七月四章股羽野宇戶下鼠戶處五章瓜壺苴樗夫六章圃稼
七章雨土戶予鴟鴞二章据荼租瘏家三章野下東山一章宇戶二章羽馬四章渚所處九罭二章胡膚
狼跋一章胡膚瑕二章馬盬處小雅四牡二章下栩盬父三章華夫皇皇者華一章駱若度四章家帑圖乎

常棣八章許藇羜父顧伐木二章湑酤鼓舞暇湑三章固除庶天保一章作莫家故居故采薇一章盬
處三章華居四章華塗居書出車四章杜盬杕杜一章二章同湑寫語處蓼蕭一章茹穫六月四章鼓旅采芑
三章奕舄繹車攻四章午馬麌所吉日四章羽野寡鴻雁一章澤作宅三章野渚鶴鳴二章蘀石錯一章父
牙居祈父一章藿夕客白駒二章栩黍處父黃鳥三章野樗故居家我行其野一章祖堵戶處語斯干二章
閣橐除去芋三章魚旟無羊四章惡懌節南山八章雨輔予正月十章徒夫馬處十月之交四章圖辜鋪
雨無正一章夫夜夕惡二章都家七章土沮小旻一章扈寡小宛五章且辜幠巧言一章幠辜同上怒沮二章
作莫度兔獲四章舍車盱何人斯五章者謀◎虎巷伯六章雨懼女予谷風一章夏暑予四月一章下土
北山二章土野暑苦雨罟小明一章除莫庶暇顧怒二章處與女四章踖碩炙莫庶客錯度獲
格酢楚茨三章盧瓜菹信南山三章祖祜四章鼓祖雨黍女甫田二章碩苦大田一章洛洛洛瞻彼洛矣一二
三章華湑寫寫處裳裳者華一章白駱駱若三章扈羽胥祜桑扈一章柏奕懌頍弁一章譽射車舝二章女
舞三章岡◎湑寫四章楚旅賓之初筵一章鼓奏◎祖二章語羖四章蒲居魚藻三章筥予予馬予黼采菽一章
股下紓予三章餘旟盱都人士五章鱮鱮者采綠四章御旅處黍苗三章炙酢瓠葉三章虎野夫暇何草

不黃三章狐車四章冔祖大雅文王五章旅野女大明七章父馬滸下女宇緜二章徒家五章假瑕思齊四章

赫莫獲度廓宅皇矣一章琚柘路固二章怒旅旅祜下五章許武祜下武五章去呱訏路生民三章

席御酢斝炙臄咢行葦三章渚處湑脯下鳧鷖三章野處旅語公劉三章懌莫板二章怒豫八章呼

夜蕩五章度虞抑五章格度射七章宇怒處圉桑柔四章作獲赫十四章沮所顧助祖予雲漢四章

去故莫虞怒六章伯宅崧高二章馬居土五章碩伯八章下甫烝民一章若賦二章茹吐甫茹吐寡

禦五章舉圖舉助補六章祖屠壺魚蒲身且胥韓奕三章土訏甫噳虎居譽五章貊伯壑籍

六章車旟舒鋪江漢一章土◎祖父戎◎常武一章父旅浦土處緒二章業◎作三章武怒處虜浦所四章

茹畬明◎周頌臣工惡斁夜譽振鷺稌黍豐年瞽虡羽鼓圉奏◎舉有瞽沮魚潛祜嘏載見客馬且

旅馬有客下家訪落芰柞澤載芟女筥黍良耜繹繹賚下繹般。據釋文崔集注本，時周之命，下有於繹思句，

是採齊魯韓詩之本，毛詩無，則失韵。馬野者魯頌駉一二三四章駱雒繹斁作二章騢魚祛邪組四章下舞

有駜一章武祖祜泮水四章博斁逆獲七章黍秬土緒閟宮一章武緒野虞女旅父魯宇輔二章祖

女三章繹宅貊諾若七章嘏魯許宇八章柏度尺舄碩奕作碩若九章與鼓祖商頌那斁奕

客懌昔作夕恪（同上）祖祜所（烈祖）武楚阻旅所緒楚（殷武二章）一

羣經韻

雨處（易上經小畜上九）輿廬（剝上九）獲畬（无妄六二）華夫（大過九五）股馬（下經明夷六二）孤夫（睽九四）孤塗車

弧弧（上九）膚且（夬九四）膚且（姤九三）徐車（困九四）虩啞（震）虩啞（初九）索矍◎（上六）輔序（艮六五）處斧

（旅九四）下苦（巽九二）下斧（上九）土下（象上傳離）下與女（象下傳咸）下與（恆）作坼（解）所與（艮）魚虛（中孚）

處下（象下傳咸）下與（困）下舍與（井）雨暑女（繫辭上傳鼓之以雷霆以下）處語（或出或處以下）馬下（下傳服牛乘馬

以下）柝客（重門擊柝二句）處宇雨（上古穴居以下）居處（變通不居二句）度懼故（其出入以度三句）譽懼（二多譽二句）虎

覩下（文言傳乾）下舍（同上）薄射錯逆（說卦雷風相薄以下）居著（雜卦傳）故旅下寡處（同上）祖社女（書甘誓明

命賞於祖以下）女女赦（湯誓予其大賚汝以下）惡路（洪範無有作惡以下）怒斁敍（我聞在昔以下）敍廡（五者來備以下）雨夏

雨（庶民惟星以下）賈野旅（大戴禮曾子制言上篇近市無賈三句）馬下（五帝德篇春夏乘龍以下）魚徒（子張問入官篇故水至清

二句）度索◎（揆而度之二句）射莫（投壺篇命射辭）土雨所古祜（公冠篇祝天辭）上土雨者（下士祝辭）所女（考工記祭侯辭）

湑脯序祜（士冠禮再醮辭）楚俎（三醮辭）假甫（字辭）舍固（禮記曲禮上將適舍二句）戶下（將入戶二句）席諾（毋踏席以

下席怍尺將卽席以下武虎怒前朱鳥以下土榭戶豸酪帛朔禮運後聖有作節戶下俎鼓椵祖

下所祜玄酒在室節席帛豸魄莫腥其俎節宅壑作澤郊特牲大蜡辭旅廣◎鼓武雅語古下樂記子夏

對魏文侯夏露孔子閒居天有四時以下惡碩大學引諺舉士◎處所射譽射義引詩。按大戴禮投壺篇云，「曾孫侯氏，今日大射，四正具舉，大夫君子，凡以庶士，小大莫處，御于君所，以燕以射，則燕則譽，」則當以射，舉處所射譽爲韵，士字，不必爲協也。度

擇左傳隱十一年引諺瑕家閔元年引諺社輔閔二年卜辭父所筮辭去餘孤僖十五年筮辭孤弧姑逋家虛

伯姬嫁秦筮辭汙瑕垢◎宣十五年伯宗引諺詐虞宋盟楚書家夫襄四年引虞箴褚伍與襄三十一年鄭人誦羽野馬昭二十五年童謠索◎獲昭二十七年公子光引上國言豬豭定十四年宋野人歌虛瓜夫辜哀十七年衛侯夢渾良夫歌夜夏論語微子篇八士二叔豫助豫度孟子梁惠王篇引夏諺如余且爾雅釋天月名辜涂同上

周秦韵文

吾烏枯國語晉語優施歌詐賂輿人誦惠公黍麃叔詹引諺所禦野與越語范蠡引所聞作客范蠡對越王魚

餘列女傳臧孫辰在齊遺魯公書輔宇所史記晉世家介子推從者懸書宮門所下股土所野說苑引介子推從者懸書宮門下

者吳越春秋范蠡與越王爲吳王壽殳蘇殂夫屠都貙◎乎離別相去詞鉅矩禹寓荀子雲賦宇雨暑同上暑

雨父鸜賦與莽◎序暮度路楚辭離騷路步同上武怒舍故路同上索◎妬同上錯度同上予野同上狐
家同上輔土同上圃暮迫索◎同上具夜禦下予佇姑馬女同上下女同上固惡寤古同上女女
宇惡同上迎◎故同上舉輔同上女下同上車疏同上與予同上都居同上渚下浦女與九歌渚予下
同上浦者與同上下女予同上華居疏同上蕪下予苦同上鼓簴竽姱舞同上魚渚下浦予同上
下雨予同上若柏作同上馬鼓怒壄同上鼓舞與古同上度作天問錯洿故同上衢居如同上所
處羽同上射若同上故懼同上輔緒同上怒固同上釋白九章情◎路同上。情，疑或愫之訛。下所同上璐
顧圃同上如居雨宇同上薄薄同上蹠客薄釋同上如蕪同上姱怒同上作穫同上姑徂同上莽◎土
同上下筊舞同上故暮同上暮故同上錯懼同上度路同上度暮故同上處慮曙去同上紆娛居同上
語曙遠遊都如同上居戲霞除同上予居都閭同上路度同上顧路漠壑同上酪蕁薄擇大招姱
都娛舒同上作澤客昔同上假路慮同上廓繹客薄宋玉九辯錯路御去舉同上下處同上處躇
同上下若薄索同上慮鄗◎同上躍衙同上苦下輔予招魂託索◎石釋託同上宇壺同上絡呼居同上
舞下鼓楚呂同上簿迫白同上夜錯假賦故居同上薄博同上餘廬風賦口◎下怒迮莽◎同上客

席高唐賦阻雨暮下同上雨所同上普祖同上牾蹠同上柱◎下同上傅去附◎神女賦遽據處語曙同上短◎白赤登徒子好色賦土都同上袪華同上土戶夏者馬宇秦琅琊臺刻石平◎疑或爲宇訛阻撫序所矩碣石門刻石

漢人韵文

劇澤賈誼旱雲賦夏舍暇故度去鵩賦濡◎虛輿騑◎車墟惜誓謣索◎惡石同上壄下同上故瓠驢車弔屈原文語去同上故都下去魚蟻◎同上土下羽甫斗◎女淮南王八公操無覩澤司馬相如子虛賦吾砆圃若蒲蕪苴同上葭胡盧于圖同上御獸◎虛駼同上與怒懼同上輿娛如同上邪罘◎諸同上浦壄下怒上林賦渠盧同上扈野櫧櫨邪閭同上簿者陸櫓同上蘇虎馬同上去獸◎兔同上羽遽處仆◎同上略獲轢◎若藉谻伏◎藉谷◎澤寓虞鼓同上徒都同上塗虞戚◎雅胥圃同上庶獲同上都霞華大人賦徒車隅◎乎土居娛同上虛居同上虞居長門賦雨澤護慕封禪文華荄◎盧詫蒲萸◎凡將篇。見陸羽茶經。顧古董仲舒士不過賦脯雨澍◎春秋繁露請雨祝雨苦止雨祝雨社同上如乎張敞告絜舜教步路書。見藝文類聚九十七。奴屠都胡渠餘徐蘇胡奢期◎于於如疏吾朔◎餘史游

急就篇壺盧纑家斜暮鰕同上鋤租杷樗扶驢同上邪胡蘆華吾樓◎牙瓜枯盧同上石薄

劉向九歎慕故同上帛石同上語去同上迫釋同上暮度同上錯釋同上楚宇同上雒薄同上夫廬同上愬

語同上悟古同上圉壄同上梧湖同上顧故同上羽雨同上攄居劉歆遂初賦扶途同上惡落同上都紆

同上櫨梧揚雄蜀都賦徒野同上澤闔◎羽獵賦輿遮同上候◎射路武獵◎同上玃遽同上梧魚虞胎◎胥

同上饒◎儲虞亡◎同上斜罝莽◎隅◎阹胡豬胥餘圖長楊賦怒旅同上盧吾同上谷◎莽石弱◎同上度

虞同上虡舞胥祜雅同上庶獲同上繹錯度薄鄂甘泉賦輿弧河東賦肅◎如敘同上後◎步與同上

居處野逐貧賦語遐同上居虞同上壺酤車家呼酒賦下睹反離騷舉處同上梧華與許同上白

落解嘲鈇書廬同上吾渠夫同上熾◎伯懼舉同上餘傅漁同上寞宅同上白鵠同上骼◎索橐同上輿

祛睢盱牙嘔◎劇秦美新祚託同上石伯宅冀州箴度霸青州箴土武矩同上渚宇徐州箴恪作祚

同上邪都圖牙夫同上寓處紵土亳宅兗州箴墟書同上許瀦處揚州箴誤祚霸譯逆同上豫

御荆州箴拏距都處居墟宅如圖牙豫州箴宇野夏圖夫益州箴主○緒寓雍州箴胡都同上

阻都胡幽州箴懼摹交州箴墟辜隅○尚書箴伯籍錯宗正卿箴序緒同上居禦衞尉箴詐瘖同上宅

射太僕箴馬野魯同上謨基孤辜廷尉箴伯奕太常箴弔◎祖虜悟賂祧◎同上巫魚巫書同上圖

奢觚少府箴除去居將作大匠箴奢家同上路固柜虞城門校尉箴夏阻禦同上家恪射作度薄

宅元后誄盧輿渝◎太玄經周車虛礥砠除盧閑下上◎上鶴◎澤悲上初塗羨塗如同上虛邪

同上故塗同上幕客童鼠黍交疏扶進釋甲。釋釋射格石弈同上牙徒夷盧虛同上雅咋

戶樂懼虞同上赫臞爭孤壺事馬古更跙御更斧矩斷甲◎碩鑠◎同上牙弧毅下去裝

衢路賈同上車孥瑕眾膚齬親車荼姑家欽羽圉彊膚郭度居壺姑塗居序父同上

車壺家同上甫矩法辜邪同上上◎下應罟野同上下迎◎迎個雨遇角足同上慮鑪大迂觚

鋪同上戶虜廓惕◎烏壑逃股馬戶同上舍舍度度舍度同上取◎與久◎永黑◎白昆白黑◎角◎

同上予處唫雨脯同上杵舉雨暑守羽舉翕社野聚鳴烏狐疑客射同上弧無同上須姝

視羽女內宇所遽窮上◎下止戶蠱同上盧車疏同上軸◎輿同上木◎石同上緒彊◎堅劇若劇

虛豬襦同上上◎下將車遐同上吾呱杖◎勤踖却同上野下養儽賈養如初同上索故玄衝胥◎

餘故初太玄經錯索◎席同上與趣◎同上古後◎固赦塞◎故同上下與跙同上宇宙◎暑太玄攡夜索◎同上

下舉取◎與同上步數庶太玄瑩度誤同上虞慮同上舍素主◎府◎藏◎文馬下同上下阻怙同上家
遇◎數◎太玄棿甲◎戟◎戟◎恪同上夏度同上土下同上錯射同上索◎度同上書慮◎太玄告州◎部◎家玄圖緒
女矩同上盧度太玄告夜夏同上書盧同上蘧餘同上恕慮懼束◎克◎周測固舍閑測素悃爭測明◎多
衆測餘譽文測所予唐測故悃素守測與予舞助舉輔翕測惡度獲積測辜骫◎積測懼居去測宅較◎
迫語劇測輔逆勤測渠府◎傳班固西都賦錯閣同上暑野布同上榭獲裔◎藉胙同上屬◎業◎畝◎矩所
老◎舉同上緒宇五東都賦衢無幽◎同上武雅同上射御遇◎去同上澤作詔◎度素御務◎同上序武
同上序雨廡胥同上圖烏都同上寡禦予幽通賦五虎耦◎同上澤颯◎竹扇賦芝◎圖都漢頌論功歌詩靈芝
歌馭鶩◎夏答賓戲德◎著澤落薄同上輅素東巡賦易◎澤帛檡役◎北征頌鹿◎漠鍔封燕然山銘石
幄朔宅十八侯銘雅旅下後◎同上徒邪都家同上輔鼓瑯邪山祝文唐◎虞武典引恪亳繹同上業◎作
同上客弈略弈旨懼誅◎慮同上祖緒武楚旅舉漢書敘傳挐墓同上嘩◎業◎作同上楚旅土同上舉下
敘同上澤作樂◎同上法◎作藉同上無銖◎盧同上庵◎禹敘武舉同上作業◎樂◎法◎同上虎輔同上徒湖
同上旅楚呂矩斧同上魯社同上夫衢同上古下緒同上錯故同上夫都奴同上楚所同上疏據圉

慮同上舒侯車書儒◎同上夏社同上詛據序同上謨度路同上懊舉輔許同上法◎略薄祿◎作同上

度詐同上夏雅女鄗◎同上武怒野同上序表◎旅同上郭六◎職◎同上薄霍作度恪同上藪◎武女傅毅

洛都賦客策◎迫舞賦阻處雅琴賦素矩扇賦液坼七激攄御同上悟度同上舉處扇銘著傅恕明帝誄

懼布同上序緒迪志詩

魚類	經韻	周秦韻文	漢人韻文	經傳師讀	說文
對轉陽	廣明岡	迎障莽	唐亡莽上迎彊杖藏明	詳例證	詳例證
通蕭	見蕭類	見蕭類	獸戚肅老六較幽庖櫟樂饒弔桃朝鶴軸宙州詔鄗表鑠弱	詳例證	詳例證
通侯	奏垢戎	貙口附短柱	濡儒斗仆谷隅遇耦萸澍束鹿藪候後嘔主府角木晉趣數屬務鶩幄誅銖祿樓渝取	詳例證	詳例證
通支	索	索平（由耕對轉入支）情（由耕對轉入支）	索易役策惕	詳例證	詳例證

通之	戟（由元入之讀若棘䎘讀若戟）諜士	見魚類	罘伏胎熾職久黑塞戟部基畝德芝期克	詳例證	詳例證
通脂			騑奝	詳例證	詳例證
通歌			蟻萎骫（由元對轉入歌）	詳例證	詳例證
入談	業		闔獵業颯法曄甲		

古聲通轉例證卷二

陽聲第六部耕類

毛詩韵

縈成周南樛木一章丁城兔罝一章定姓麟之趾二章盈成召南鵲巢三章星征小星一章二章同盈鳴邶匏有苦葉二章盈鳴同上旌城鄘干旄三章青瑩星衛淇奧二章倩盼◎碩人二章清盈鄭溱洧二章鳴盈鳴聲齊鷄鳴一章庭青瑩著二章名清成正甥猗嗟二章菁睘◎釋文本亦作煢。則在本類。姓唐杕杜二章鳴苹笙小雅鹿鳴一章平寧生常棣五章丁嚶伐木一章鳴聲聲生聽平同上定聘采薇二章鳴旌文選魏都賦注引作旍，則與眞通協。驚盈車攻七章征聲成八章庭楹正冥寧斯干五章定生寧醒成政姓節南山六章領◎聘七章平寧正九章程經聽爭成小旻四章令◎鳴征生小宛四章冥頴無將大車二章領◎屏桑扈二章營成黍苗四章平清成寧五章青生苕華二章生楨寧大雅文王三章成生緜九章屏平皇矣二章營成靈臺一章聲聲寧成文王有聲一章正成七章靈寧生民二章涇寧清馨成鳧鷖一章鳴生卷阿九章藩◎垣◎屏翰◎寧城板七章人◎

刑聽傾蕩七章政王◎刑抑三章盈成十章牲聽雲漢一章天◎星嬴成正天◎寧八章營城成崧高四章平定爭甯江漢二章霆驚常武三章平庭六章天◎寧定瞻卬一章城城三章成禎周頌維清訓◎刑忘◎烈文成春◎臣工聲鳴聽成有瞽庭敬閔予小子馨寧載芟盈寧人◎良耜成淵◎聲平聲孫◎聲商頌那成平爭烈祖聲靈寧生殷武五章

羣經韻

盈平周易上經坎九五井井井井瓶下經井元◎天◎形成天◎命◎貞寧彖上傳乾元◎生天◎坤生貞盈寧屯成正淵◎訟生平彖下傳咸成成恒正定家人亨◎正命◎萃信◎正革成民◎節貞天◎中孚正民◎象上傳屯聽正需正敬訟正命◎臨正命◎正象下傳晉井正成井正聽艮精生繫辭下傳男女構精二句平傾危者使平二句亨◎情正精情天◎平文言傳乾正定雜卦傳姓明◎虞書堯典平章百姓二句正令◎士冠禮三加爵弁祝辭枉◎正大戴禮武王踐阼篇丹書聲旌投壺篇命射辭寧靈公冠篇下士祝辭經刑易本命篇東西爲緯以下清省爭禮記曲禮冬溫而夏凊三句成貞文王世子篇引語成生經清平寧樂記小大相成以下正定定聲紀綱既正以下霆形生孔子閒居地載神氣以下正清寧成生成政姓緇衣引詩梃扃令◎定春秋左傳襄五年引逸詩幸幸宣十

六年引諺清纓孟子離婁篇引孺子歌生嬴成寧正爾雅釋天祥

周秦韻文

聽誠刑生貞傾國語晉語國人頌改葬共世子成榮叔詹引諺生形征成刑越語范蠡對越王逆節萌生以下精形

正成名荀子賦知精榮寧平同上名均◎楚辭離騷情聽同上正征同上征庭旌靈九歌青莖成同上旍◎

星正同上冥鳴同上聽刑天問歷◎營成傾同上營盈同上寧情同上情正九章天◎名同上正聽同上星

營同上正盛正同上汩程同上。汩當是從冥省聲之汩乃隔協也。不與忽匹爲韻劉向九歎則用爲從曰之汩。征零◎成情

程遠遊榮人◎征同上耕名卜居清楹同上清輕鳴名貞同上清醒漁父清纓同上靜定大招盛命盛

定同上清清宋玉九辯平生憐◎聲鳴征成同上天◎名同上征生招魂生名形庭生冥情精小言賦

嶸熒精星形高唐賦嶸冥聲經同上平生菁并同上星聲傾莘同上生瑩形精神女賦榮聲

生登徒子好色賦生明◎榮存◎笛賦生形同上星停形高唐對清名情貞誠程清經令◎平傾銘秦會稽刻石

漢人韻文

成刑丁賈誼鵩賦名生同上生身◎弔屈原文清榮庭傾嶸生司馬相如上林賦莖榮同上蘭◎貞同上鳴經

同上形精恩◎同上冥零◎聲美人賦成聲封禪文榮成同上人◎成董仲舒春秋繁露請雨辭箏鳴聲庭醒令◎

生形清腥程輕史游急就篇盛令◎寧平榮成生丁同上名星劉向九歎情傾同上誠情同上庭城

同上正聽同上情庭同上冥情同上正神◎同上庭城同上庭楹同上聲情同上清榮同上征冥同上冥清

同上征平劉歆遂初賦情誠同上冥泠◎同上誠城寧寒◎清冥同上城庭甘泉宮賦庭涇揚雄蜀都賦領◎成

冥情聲同上熒形榮嚶鳴霆羽獵賦爭康◎長楊賦聲正平同上星霆同上清玲◎傾嶒嬰成甘泉賦楊◎榮同上涇沴◎河東賦營耕寧城平崝同上正貞反離騷苓◎榮同上靜廷解嘲定平陽◎同上形

聲解難莖成同上圻◎庭景劇秦美新精聲同上營征青州箴聖正平豫州箴寧傾同上平營同上嬴程

生大司農箴清庭經光祿勳箴刑寧廷尉箴令◎征太史箴楨寧成清經博士箴靈精禎成元后誄生

經顛◎盈傾衡◎同上生經寧成傾旌名同上精冥征庭銘同上形成生名貞太玄經首貞榮名

上正命◎干城餅同上正幸羨城青差猩榮交貞城同上廷貞釋爭冥爭形靈更貞名

毅熒傾盛楨正廓跰城逃冥征唐貞玲◎同上楨城度軨◎營同上庭冥永貞寧減聽誠

疑成名去貞令◎同上冥貞晦形貞堅靈形成成貞同上靈貞馴靜命◎同上正命◎同上生貞
同上嬴生嬴贊二生刑玄衝平傾同上定瑩情太玄攡聖命◎同上清平情同上冥盈同上生盈同上生
幷靈同上明◎靈太玄瑩靜政同上經形同上生成同上生形文嬴經情冥同上情靈誠同上姓正
絣情太玄棿聽成成經同上令◎刑同上精鳴生營靈貞玄圖營生經幷貞同上精榮精太玄告
貞幷中測謙◎成正聖盛聘敬靜少測正定爭戾測正定羨測名聽釋測正命◎務測幷誠迎測名貞
竈測傾正生營堂◎平廓測形正常測成正傾營寧貞度測丁平減測命正聚測定靜冥問◎誠命◎
信◎敬名疑測貞寧情榮內測信◎頻瞢測民◎正姓平生幸窮測榮成割測正淨馴測形生傾難測正
情命◎勤測情京班固西都賦精靈成同上城寧同上成形同上庭熒生同上榮生嶸莖英◎刑庭寧
同上牲靈東都賦清營生聲同上靈聲京◎幽通賦聲荆營榮程同上經形情同上聲聽答賓戲明◎
庭旌南巡頌輝◎明◎冥城徑庭竇將軍北征頌誠營幷寧十侯侯銘誠傾名楨同上征營平傾同上庭
靈聲寧封燕然山銘明◎榮高祖泗水亭碑銘清成典引性命◎同上政正弈旨行◎倖同上爭平同上經平明◎
漢書敘傳政命◎定同上名精靈庭成同上命◎政姓同上明精成形同上京◎正成名同上刑平明◎同上

聲盈梃成同上輕營聲盈同上青病◎姓命◎同上刑精經明◎同上平刑聲同上定盛城境同上刑成營生鳴聲情縈詠史詩精軨◎榮傅毅洛都賦聲形舞賦傾身橫◎幷驚輕清冥同上苓◎聲榮靈七激平清同上生荒◎同上冥明◎許慎說文解字敘藩◎靈同上

耕類	經韻	周秦韻文	漢人韻文	經傳師讀	說文
對轉支		歷	見支類	詳例證	詳例證
通眞	令命領盼人天訓淵孫信民春	令零旍均天人存憐	令命零軨苓玲領泠人沴神身恩圻顚輝問信民	詳例證	詳例證
通元	睘藩垣翰元		蘭寒藩[illegible]	詳例證	詳例證
通陽	亨亨（古亨享烹同字）明忘枉王	明	康陽楊行衡英京明病橫荒堂	詳例證	無
通蒸				詳例證	無
通侵				詳例證	無
通脂				詳例證	詳例證

通歌	通之	通侯	入談
			謙
詳例證	詳例證	無	
詳例證	詳例證	詳例證	

陽聲 第七部眞類

毛詩韻

詵孫振（周南螽斯一章）蓁人（桃夭三章）麟麟麟（麟之趾一二三章）蘋濱（召南采蘋一章）麕春（野有死麕一章）緡孫（何彼襛矣三章）淵身人（邶燕燕四章）洵（韓詩作夐，則與元通協。）信（擊鼓五章）薪人（凱風二章）榛苓人人人（簡兮四章）門殷貧艱（北門一章）洒◎浼殄（新臺二章，洒，韓詩作漼，浼韓詩作浘，亦脂，眞對轉也。）天人天人（鄘柏舟一二章）玼◎雲瑱天（君子偕老二章）奔君（鶉之奔奔二章）零人田人淵千（定之方中三章）人姻信命（蝃蝀三章）隕貧（氓四章）天人天人天人（王黍離一二三章）薪申（揚之水一章）滑昆昆聞（王葛藟三章）啍璊奔（大車二章）田人人仁田（鄭叔于田一章）順問（女曰雞鳴三章）溱人（褰裳一章）薪人信（揚之水二章）門雲雲存雲存巾員（出其東門一章）顚令(齊東方未明二章)田人(甫田一章二章)令仁(盧令一章)鰥雲(敝笱一章)輪漘淪囷鶉飧(魏伐檀三章)粼命人(唐揚之水二章)薪天人人(綢繆一章)苓巔信(采苓一章)鄰顛令(秦車鄰一章)羣錞苑◎(小戎三章)天人身(黃鳥一二三章)榛人人年(曹鳲鳩四章)勤閔(豳鴟鴞一章)薪年(東山三章)駰均詢(小雅皇皇者華五章)田千(采芑一章二章)天爰◎千(三章)淵闐(同上)晨煇旂(庭燎三章)天淵(鶴鳴二章)羣犉(無羊一章)年溱(四章)親信(節南山四章)鄰云慇(正月十二章)電令(十月之交三章)天人(七章)天信臻身天(雨無正三章)天人人(小宛一章)先墐忍隕(小弁六章)艱門云(何人斯一章)陳聲◎身人天(三章)翩人信(巷伯三章)天人人(五章)薪人(大東三章)薪人(同上)天淵(四月七章)濱臣均賢(北山二章)盡引(楚茨六章)甸田(信南山一章)雲雰(二章)賓年(三章)田千陳人年(甫田一章)薪薪(車舝四章)榛人(青蠅三章)芹旂(采菽二章)命申(三章)天臻矜(菀柳三章矜當作矝下同)田人(白華三章)薪人(四章)玄矜(詩攷引董氏云韓詩作綠。)民(何艸不黃二章)天新(大雅文王一章)躬◎問天(七章)天莘(大明六章)慍問(緜八章)天人(棫樸四章)天淵人(旱麓三章)民嫄◎何◎(生民一章)堅鈞均賢(行葦五章)壺年胤(既醉六章)亹熏欣芬艱(鳧鷖五章)人天命申(假樂一章)天人命人(卷阿八章)訓順(抑二章)人言◎人(九章)甸民塡天矜(桑柔一章)翩泯燼頻(二章)慇辰痻(四章)君瞻◎(八章)天人臻(雲漢一章)川焚◎熏聞遯(五章)天神申(崧高一章)田人(三章)身人烝民四章旬命韓奕一章雲門四章瓚◎人田命命年江漢五章田人瞻卬二章天人三章命顯◎純周頌維天之命典禋維清人訓刑◎烈文天命昊天有成命震神時邁天民思文年人艾◎臣工人天噫嘻耘畛載芟年天間◎桓勤定命賚芹旂魯頌泮水一章

羣經韵

田人易上經乾九二天人九五翩鄰泰六四身人下經艮文文象上傳賁正◎賢天小畜成◎命人象下傳革人神豐順實◎巽◎順象上傳蒙君羣否賓民平◎觀身仁復牽賓牽民正◎命吝象下傳姤蔚君革焚◎聞旅順願◎渙存門繫辭上傳成性存存二句信身繫辭下傳尺蠖之屈四句縕醇天地絪縕二句天田文言傳上不在天二句天田人上不在天三句親新信雜卦傳進親顛同上訓訓書洪範是彝是訓二句偏平◎同上天田年引儀禮少牢饋食禮祝嘏主人純循大戴禮哀公問五儀篇穆穆純純以下人淵武王踐阼篇盥盤銘聞孫矛銘民年公冠篇祝雍祝成王冠辭門存駕◎大戴禮驪駒詩見漢書服虔注神先雲孔子閒居清明在躬六句新新新大學湯盤銘晨辰振旂賁焞軍奔左傳僖五年童謠倩◎盼絢論語八佾篇引詩親人人堯曰篇

周秦韵文

佞田國語周語輿人誦惠公信親戰國策蘇秦說秦惠王恩仁臣吳越春秋范蠡與越王爲吳王壽民均賢荀子知賦文
神門存陳雲賦神雲同上神文分存鄰蠶賦忍隕楚辭離騷門雲九歌門雲塵同上轔天人同上雲
先同上分陳天問賓墳同上民嬪同上緜親同上云先言◎同上貧門九章聞忳同上忍軫同上人身同上
鎮人同上聞患◎願◎進同上還◎聞同上顚天雺媛同上勤聞遠遊傳◎垠然◎存先門同上門冰◎同上天
聞鄰同上身生◎眞人卜居陳存先大招雲神存昆同上人新宋玉九辯溫飧◎垠春同上天人千侁
淵瞑◎身招魂門先同上分紛陳先同上先還◎先兕◎同上泠醒◎人風賦閒◎塵冤◎門同上人田塵鱗
身巾泯小言賦親人諷賦天淵論高唐賦巔芊同上莘神陳同上縱縱莘莘（韻）若生於鬼若出於神（韻）狀似走獸或象
飛禽譎詭奇偉不可究陳（韻按禽字非協乃四句始韻也）竽◎綸釣賦

漢人韻文

仁信人賈誼旱雲賦紛垠鵩賦珍螾弔屈原文濱山◎麟輪功◎司馬相如子虛賦年園◎同上紛雲同上銀麟
同上蕃◎愼限田上林賦天軒◎同上顚榛同上衍◎榛哀秦二世賦垠門天聞存大人賦人親長門賦檐◎
閭同上民秦聲◎君存聞封禪文神尊民同上諄巒◎同上天人董仲舒春秋緐露止雨祝神天塵張敞書見藝文

類聚九十七 君帬褌縛緣◎紃巾人倫貧民親臣鄰銀 史游急就篇 論文身聞倫分人君勳

軍臣神民親馴新因淵均存人先文鄰診臀牽真憐堅年論髡然◎山◎先根 同上 親

濱 劉向九歎 漫◎運 同上 聞神 同上 奔轅◎ 同上 均純 同上 前◎身 同上 免遠◎ 同上 淵山◎ 同上 賢愍◎ 同上 淵遷◎ 同上

門濱 同上 辰淵 同上 烟天 熏鑪銘 運濱 劉歆遂初賦 人門 同上 陳淵 同上 寒◎浚 同上 翩綿 同上 神真 同上

陵◎淪 揚雄蜀都賦 天嶙 同上 泉川 同上 篁攢◎ 同上 蘋根 同上 神陳 同上 垠瑞鱗炘神嶟振藩◎顛天

門川侖 甘泉賦 魂神 同上 芬麟閽神 同上 天垠◎ 同上 山◎門瀕 同上 宮◎蹲 河東賦 門淵山◎ 揚雄羽獵賦

紛繯◎ 同上 紛塵 同上 前神鄰 同上 臣山◎ 同上 民身 長楊賦 秦民 同上 關侖 同上 文寧◎穿文 同上 雲珍

太玄賦 身山◎稱◎淵玄孿◎ 同上 顛天 逐貧賦 先端◎ 覈靈賦 紛紛 反離騷 年山◎ 同上 文言◎泉◎天倫門

解嘲 君臣貧存遁 同上 存全◎ 同上 君玄 同上 天淵 解難 宣◎零 趙充國頌 臣軍震 同上 民存云 劇秦美新 震

晨殷 兗州箴 山◎川昏干◎親君 揚州箴 純昏 豫州箴 崙垠門臣 雍州箴 臣人均賢天 司空箴 人

信臣頻鄰人身 尚書箴 蠲◎ 毛詩小雅天保吉蠲，韓詩作吉圭。呂覽臨飲食必蠲絜，高誘注，蠲讀爲圭，聲在支類，對轉入耕

●月令腐草爲螢，說文引明堂月令，螢作蠲。人 大鴻臚箴 文倫鄰 同上 人堅 衛尉箴 殷昕駰 太僕箴 全◎淵 廷尉箴

神躅◎宜◎太常箴雲臣遵煩◎少府箴仁顛將作大匠箴殷難◎躅◎太史令箴艱運元后誄孫新天同上門
人信蘭◎同上玄窮◎天參◎太玄經玄首礥難◎礥潛◎昣泉同上純根同上淵人同上貧振少根天淵
上堅穿干天馴同上雲天同上辰聞対蓁◎淵同上分千增熏門交誕◎雲奧進願◎傒淵田
從進溱前◎進淵船◎同上川還◎脛◎䐜爭刃陳麟賓溫衆閏◎門密親人同上齦君同上衍◎田
斂天淵睟臣門盛淵鱗法天麟應門廷◎迎薪瀕竈邠文文中◎身減漣◎根同上山◎川
同上門干◎守軔塵同上年門聚根信飾紛暉視見◎眄沈淵園◎去天軫晉天根同上鱗身
窮田根失順端◎根馴淵船◎將川山◎川難砏盡同上淵根養天泉踦贊一願◎鄰太玄衡損
反◎太玄錯昣根然◎太玄攡玄人同上天淵昣同上循神太玄瑩因馴同上因均同上重門同上昣垠
文天田太玄梲君臣同上隱遠◎隱同上天震元◎淵新玄圖辰申同上君淵門信堅閑測堅民人
上測遵臣美測人門交測鄰昏爭測人年衰◎務測身仁斷測民刃衆測閑◎聞親測門賢盛測君肯◎陳仁
應測人聞臣廓測親心◎真禮測人心◎親貧旬倫均仁身昆測鄰信貧新守測信貞◎人飾測臣分
割測震鄰止測洗本失測本善◎馴測天身因墳養測淵門千分班固西都賦源◎分麟雲棻同上溫年

麟論同上紛神同上庭◎羣聞文同上臣門同上纏◎天同上震天淵同上珍文雲震東都賦神塵紜
雲天文山◎震屯同上滑垠鄰賓同上珍蠻◎同上真耘玄珍淵同上門莘仁同上川淵仙◎人同上
珍雲緼文神年同上順信幽通賦信真同上命賢同上論分答賓戲鱗雲震門根同上鈍斷◎印
同上神春同上淵山同上濱垠信勳同上聞玄同上文人同上神珍真分斤鈞垠文同上辰巡東巡
頌順奮北征頌連嵮同上先根軍仁信順運同上分神天封燕然山銘文身全存十八侯銘元◎分
煴典引紜蒸◎分同上運陳同上神文允命同上神文同上分文陳人弈旨紳新同上運秦民漢書敘傳
文真神年同上彬神臣同上勳臣尊同上秦因人同上淫◎紛文同上民先田尊同上神川年同上
紛新同上勳信軍文同上秦心◎門信君同上爭◎門文勳同上人賓文同上溫君孫伸民身同上
親分傳◎同上恂心鄰軍同上軍紜震同上斤門賢身同上文深◎身臣倫同上信孫同上戰◎論信
俊同上秦民真同上勤君勳身同上賢身臣同上人文門玄論身同上秦文分同上神勤同上孫
瀕同上臣天辛文臻昏同上田鶡傅毅洛都賦濱麟同上人欣民舞賦親旻北海王誄年申神辛許愔
說文解字敘瀕門山◎同上

眞類	經韻	周秦韻文	漢人韻文	經傳師讀	說文
對轉脂	洒玭實艾	兕		詳例證	詳例證
對轉歌	駕何		宜袲	詳例證	詳例證
通耕	聲刑正成平倩	生瞑醒	聲寧庭脛廷貞爭鐲（由支對轉入耕）	詳例證	詳例證
通元	苑爰焚瓚閒巽願嫄顯言	患願還傳然餐閒宛竿言	山園轅遠繯還傳蕃藩棼仙遷軒衍愆巒孿蠻漫前寒攢垣宣端言泉全煩難蘭源願纏斷元漣船反戰誕然閑善緣干	詳例證	詳例證
通蒸	躬	冰	陵稱蒸肯	詳例證	詳例證
通侵			宮窮參潛中心深淫	詳例證	詳例證
通東			功	詳例證	詳例證
通陽				詳例證	無

通之	通蕭	通侯	通魚	入談
				瞻
				襜
詳例證	詳例證	詳例證	詳例證	
詳例證	詳例證	無	詳例證	

陽聲 第七部元類

毛詩韻

轉卷選（邶柏舟三章）雁旦泮（匏有苦葉三章）干言（泉水三章）泉歎（四章）孌管（靜女二章）展袢顏媛（鄘君子偕老三章）反遠（載馳二章）僩咺諼僩咺諼（衛淇奧一二章）澗寬言諼（考槃一章）垣關關漣關言言遷（氓二章）怨岸泮宴晏旦反（六章）乾歎歎難（王中谷有蓷一章）館粲（鄭緇衣一二三章）園檀言（將仲子三章）慢罕（大叔于田三章）晏粲彥（羔裘三章）旦爛雁（女曰雞鳴一章）言餐（狡童一章）壇阪遠（東門之壇一章○壇作墠者誤）漙婉願（野有蔓艸一章）渙蕑觀觀觀觀（溱洧一二章）還（漢書地理志作營，師古注，齊詩作營，則與耕通協。）閒肩還（齊還一章）

孌丱見弁甫田三章環鬈盧令二章孌婉選貫反亂猗嗟三章間閑還魏十畝之間一章檀干漣廛貆
餐伐檀一章粲爛旦唐葛生三章旃然言焉采苓一二三章園閑秦駟驖三章菅言陳東門之池三章蕑卷悁
澤陂二章冠欒慱檜素冠一章婉孌曹候人四章泉歎曹下泉二三章山山山山豳東山一二三四章遠踐伐柯
二章原難歎小雅常棣三章阪衍踐遠愆伐木三章嘽痯遠杕杜三章汕衍南有嘉魚三章安軒閑原憲六月
五章園檀鶴鳴一章二章同干山斯干一章山泉言垣小弁八章幡言遷巷伯四章泉歎大東三章歎愆孫◎楚茨
四章翰憲難那◎桑扈三章霰見宴頍弁三章樊言青蠅一章反幡遷僊三章反遠角弓一章遠然二章菅遠
白華一章燔獻瓠葉二章援羨岸大雅皇矣五章閑言連安八章垣翰文王有聲四章原繁宣巘原公劉二章
泉原三章泉單原五章館亂鍛六章澗澗同上安殘綣反諫民勞五章板癉然遠管亶遠諫板一
章難憲二章旦衍八章顏愆抑七章翰蕃宣崧高一章番嘽翰憲七章完蠻韓奕六章宣翰江漢四章嘽
翰漢常武五章顯承◎周頌清廟簡反反執競渙難訪落駽燕魯頌有駜三章山丸遷虔梴閑安商頌殷武六章

羣經韻

邅班周易上經屯六二班漣上六皤翰賁六四園戔六五孌面革上六干言漸初六磐衎六二願亂象上

傳履賁◎顧顧亂泰變巽象下傳家人亂變巽萃巽顧亂漸變顧中孚言蘭繫辭上傳同心之言二句變
倦繫辭下傳通其變以下四句遠遷易之爲書以下言見言遷八卦以象告以下散烜說卦傳雷以動之四句爛反雜卦
傳緩難同上言愆聲士昏禮庶母命女然善大戴禮哀公問五義百姓淡然二句殘然武王踐阼篇楹銘安顏言禮記
曲禮上坐必安以下斑拳檀弓下原壤登木而歌旦患坊記引逸詩旦顯左傳昭三年讒鼎銘愆言昭四年子產引逸詩反遠
論語子罕篇引逸詩

周秦韻文

然遷國語越語范蠡引所聞得時無怠節遠反遠范蠡引所聞聖人之功節遠返蹇捐荀子雲賦然安楚辭離騷反遠同上
遷盤同上淺翩◎閒九歌蘭言淺同上閒蔓閒同上反遠同上暖寒言天問抃安遷同上變遠九章拚
援同上言然同上遠壇同上愆遷同上霰見同上反遠同上摶爛同上仙延遠遊蜒蜿蹇躬◎大招安延
言同上亂變譔同上曼顏安同上媔嫣娟便同上潫歎宋玉九辯姦安軒山連寒淺蘭瓊招魂矊
閒同上楗煥爛散風賦端肝殫小言賦寒言諷賦怨泉同上顯遠高唐賦見贊神女賦言顏觀丹
閒間寬珊瀾安煩原旋惓難蘭觀端歎干鸞顏同上鄲閒登徒子好色賦見觀眄◎同上竿線

釣賦　竿閒騙◎同上

漢人韻文

遷還嫿言賈誼鵩賦　旱遠轉同上　揣患同上　反遠惜誓　曼山薠司馬相如子虛賦　鼉黿同上　鸞干犴同上

旃戟◎　箭同上　爛汗上林賦　蘭干蓀薠原衍同上　麟閒焉同上　園原同上　閒遷同上　殫還同上　巒寒

春◎同上　蜒卷顏大人賦　傳觀封禪文　山名◎　泉羨散埏潤同上　館變禪變見同上　遠踐返轉善

褊◎　展顯辨董仲舒士不遇賦　硟繎鮮蟬緜錢連便全纏遷銓緣史游急就篇　盌䑳鑽同上　原連

劉向九歎　叛散同上　還患同上　反遠同上　願返同上　怨難同上　蘭閒同上　睠漣同上　反遠同上　言遷同上　畔

觀同上　怨言杖銘　山盤薰鑪銘　患原劉歆遂初賦　然患同上　連山衍泉緜甘泉宮賦　巘岸揚雄蜀都賦　蘭

關閒卷焉同上　延春◎　連顏脣◎　焉同上　軫岅遠羽獵賦　旃鞭關翰同上　狿猨卷閒同上　晏弦地◎

蘭同上　饔汗天◎長楊賦　畔亂難同上　然患同上　旃還同上　觀見漫亂甘泉賦　延遠淵同上　壇山同上

完飧◎　歡槃逐貧賦　諐山怨焉仙干同上　安患解嘲　輓◎　安同上　山連同上　愆全劇秦美新　渟偃散同上

鑾旋揚州箴　乾丹益州箴　叛漢同上　絆獻亂叛交州箴　難乾憲同上　湎亂光祿勳箴　官漫大鴻臚箴　閑

愆太僕箴愆全前遷元后誄元勤◎山樊同上鞏繯因然閑閑鍵管同上閑姦同上關閑同上款
遠樂開般同上天◎闌間密繇元歛肩撣盛衍愆法文◎班然文難安昆顏班積反遠
疑弦縣愆去反恨◎偃止蕃愆失半顏劇蹇遠勤善恩◎玄衡旋端班太玄錯纏連太玄攡
研千同上面攣太玄棿還患安還生◎養測全然務測斷亂斷測遠危◎反盛測勉◎遠遇測見衍敬◎聚測
蕃損積測全瞻◎視測見爛辨瞢測願歎同上刊便全割測善反闕測轉反遠失測安山班固西都賦旋
壥連同上泉觀歎存◎同上苑漢同上館環同上爛觀宴同上連錢英◎焉同上蘭殫同上鸛雁漢散
同上遠玷◎幽通賦憤◎願戰筭北征頌連疆◎山衍同上旋川◎然封燕然山銘獻刋十八侯銘換漢怨漢書
敍傳漢縣判同上安韓難同上桓元邊閑顏同上山連同上贊彥歎同上驛宛同上亂贊難館然
川◎山前天◎傅毅洛都賦山泉軔◎同上膳饌飯七激軒鸞原山旋殫旋同上泉山鮮同上見觀衍
蔓同上觀言同上耑分◎貫聯原許愼說文解字敍傳元同上

元類	經韵	周秦韵文	漢人韵文	經傳師讀	說文
對轉歌	邪		地危	詳例證	詳例證

對轉脂	實	見脂類	見脂類	詳例證	詳例證
通耕	見耕類		名渟生敬	詳例證	詳例證
通眞	孫	翩騙眄	褊春脣天殯勤文恨恩便憤存川軓分輓勉	詳例證	詳例證
通蒸	承	躬	見蒸類	詳例證	詳例證
通侵				詳例證	無
通東				詳例證	詳例證
通陽			英疆	無	詳例證
通支				詳例證	詳例證
通之			戟（本在元類說文讀若棘毛詩無衣以之魚通協子虛賦仍以入元）	詳例證	詳例證
通蕭				詳例證	詳例證
通侯				詳例證	無

通魚	入談
	贍玷
詳例證	
詳例證	

陽聲 第八部蒸類

毛詩韻

薨繩周南螽斯二章躬躳聲本在蒸類，故或作躬。眞蒸通協，故大雅文王協躬問天，元蒸通協，故楚辭大招協蜒蜿蹇躬。此與雲漢；則蒸侵通協也，窮聲始轉入侵類。中◎邶式微二章掤弓鄭大叔于田三章薨夢憎齊雞鳴三章升朋唐椒聊一章膺◎弓縢興音◎秦小戎三章興陵增小雅天保三章恆升崩承六章陵朋菁菁者莪三章陵懲興沔水三章興夢斯干六章蒸雄兢崩肱升無羊三章林◎蒸夢勝憎正月四章陵懲夢雄五章騰崩陵懲十月之交三章兢淵◎冰小旻五章兢冰小宛六章弓繩采綠三章陾◎說文手部引作仍，玉篇引作陑，則之蒸對轉。薨登馮興勝大雅緜六章烝烝烝烝烝烝烝烝文王有聲一二三四五六七八章登升生民八章繩承抑六章頻◎中◎弘躬召旻六章崩騰朋陵魯頌閟宮四章乘縢弓綅◎增膺◎懲承五章勝乘承商頌玄鳥

羣經韻

陵興 周易上經同人九三 陵孕勝 下經漸九五 升陵 象上傳坎 凝◎冰 象上傳坤 乘興陵 賁 恆承 象下傳歸妹 弓興 考工記弓人下柎之弓二句 興崩 大戴禮武王踐阼篇劍銘 降◎騰 禮記月令孟春 騰降◎ 月令孟冬 乘弓朋 春秋左傳莊二十二年引詩 陵雄 襄十年繇辭 澠陵興 昭十二年齊侯投壺辭

周秦韻文

登崩 國語周語引諺 懲興 晉語輿人誦惠公 弓懲淩雄 楚辭九歌 興膺◎ 天問 言◎勝陵文◎ 同上 膺◎仍 九章 乘烝 宋玉招魂

漢人韻文

乘中◎ 司馬相如上林賦 徵興 封禪文 升煌◎烝乘 同上 登興 劉向九歎 旗◎乘風◎澄兢 甘泉賦 繩夢 同上 乘興閎朋 羽獵賦 蟲◎冰淵◎ 同上 升閎紘蒸 解難 崩心◎音◎乘 元后誄 升降◎ 太玄經玄首 興崇◎ 釋 陵朋 同上 升朋載◎ 務 氷風◎乘 裝 崇◎馮興 廓 繪繩 逃 來◎承 常 淩中◎ 堅 證明 從測 常◎承興 居測 徵陽◎朋應 迎測 雄陵 班固西都賦 縣◎陵承興公◎ 同上 徵躬稜 東都賦 崇◎登徵 同上 興林◎ 答賓戲 騰升

十八侯銘秦◎乘心◎高祖泗水亭碑銘肱彊◎升仍承興同上登宏騰漢書敘傳宗◎登同上陵勝興雄終◎同上

興終◎登宗◎同上

陽璧

第九部侵類

蒸類	經韻	周秦韻文	漢人韻文	經傳師讀	說文
對轉之	凝（冰之或文周易以爲二字）	見之類	旗載來	詳例證	詳例證
通眞	淵頻	文	淵秦	詳例證	詳例證
通元	陾	言	縣	詳例證	詳例證
通侵	林膺音中綅降	膺	中風蟲心音降宗崇林終	詳例證	詳例證
通東			公	詳例證	詳例證
通陽		見陽類	煌陽常彊	詳例證	詳例證
通脂				詳例證	詳例證
通蕭				詳例證	無

毛詩韻

林心周南兔罝三章中宮召南采蘩二章蟲螽忡降草蟲一章三今摽梅二章襛韓詩作茙則侵侯對轉雝◎何彼襛矣一章
風心邶綠衣四章音南心燕燕三章仲宋◎忡擊鼓二章南心凱風一章音心四章音心雄雉二章風心谷風一章
冬窮六章中宮桑中一二三章中宮定之方中一章甚耽衛氓三章衿心音鄭子衿一章中驂秦小戎二章風林
欽晨風一章林南林南陳株林一章萏儼◎枕澤陂三章。儼依說文及御覽引韓詩作嬐則在本類。鬵音檜匪風三章沖
陰豳七月八章芩琴琴湛心小雅鹿鳴三章駸諗四牡五章琴湛常棣七章蟲螽忡降仲戎◎出車五章濃沖
蓼蕭四章音心白駒四章簟寢斯干六章涵讒巧言二章風南心何人斯四章錦甚巷伯一章欽琴音南僭鼓鐘
四章琴心車舝五章王林湛賓之初筵二章煁心白華四章林興◎心大雅大明七章中降旱麓二章音男思齊一章心
音皇矣四章林林冰◎生民三章歆今八章融終既醉三章潨宗宗降崇鳧鷖四章飲宗公劉四章南音卷阿一章
諶終蕩一章僭心抑九章風心桑柔六章林譖九章蟲宮宗臨躬◎雲漢二章誦◎風心烝民八章深今瞻卬
七章蜂釋文本又作䗬則在本類蟲周頌小毖心南魯頌泮水六章林黮音琛金八章

羣經韻

坎窞易上經坎初六坎枕窞六三中應中象上傳蒙窮中功◎需從◎中應窮比動◎應象下傳恆中窮蹇衆中功◎解窮終夬中窮困窮中井中窮漸窮同◎中功◎渙中窮通節中邦◎中孚中窮既濟中終應未濟中窮終象上傳坤禽窮屯中終需中禽中終比中窮隨深中容◎禽終象下傳恆窮中大壯中窮功◎中窮凶◎巽中窮節心金繫辭上傳二人同心二句終窮雜卦傳通◎冬禮記月令孟冬中融左傳隱元年莊公歌黔心襄十七年宋謳愔音金心昭十二年祈招之詩引躬中窮終論語堯曰篇

周秦韻文

庸◎降楚辭離騷心淫同上降中窮幪九歌宮中同上躬◎降天問沈封◎同上風林九章中窮行◎同上心風同上潭心同上忠讒從◎卜居忠窮同上中湛豐◎宋玉九辯心淫招魂衆宮同上楓心南同上風降宮風賦容◎窮高唐賦鍼中登徒子好色賦

漢人韻文

明◎風賈誼惜誓蓼風音宮窮司馬相如上林賦音風同上忠宮美人賦中宮同上心音宮臨風淫陰音長門賦吟南中宮崇窮音同上降洶◎劉向九歎容◎讒同上深淫同上宮窮同上通◎宮劉歆遂初賦陰

淋（同上）吟巖◎（同上）宮中融（甘泉宮賦）岑巃◎（揚雄蜀都賦）巖嵓（同上）沈降（同上）中窮紺陰風金（同上）中林

（同上）宮崇（羽獵賦）南東◎（同上）窮雄◎中（同上）鍾◎窮深琴（甘泉賦）中宮（同上）降隆（河東賦）深金（解難）恭◎降

（宗正卿箴）忠宗（兗州箴）禽耽（同上）雍◎宮陵◎（博士箴）中衆公◎（元后誄）宮中（太玄經中）淫朋（周）心鏘◎（上）陰

融（進）中隆（彊）陰應（應）禽禁（遇）檢◎范（度）林禽（聚）陰宮（沈）中隆窮（睟）窮中（窮）糝坎範

（同上）陰兼◎（太玄瑩）深崇中（同上）崇隆窮中承◎宮（玄圖）宗明◎（同上）宗沖（太玄告）窮從◎忠（同上）嚴◎湛（同上）

中窮（周測）瞻◎堪（礥測）中衆（上測）中隆尊◎（進測）中隆躬◎（爭測）任堪（同上）沖中禁衆（減測）深心（親測）陰禁

（內測）中隆心（窮測）窮中（止測）承◎中終（成測）沈心（班固終南山賦）衆中（西都賦）宮中（同上）雍◎風（東都賦）忠中

（高祖泗水亭碑銘）風陰淋興◎任（北征頌）心音參（同上）宗容◎（典引）沖忠（漢書敘傳）鳳衷（同上）今林（同上）沈心

（傅毅七激）深岑斤◎（同上）陰林垠◎（同上）風鋒◎降（竇將軍北征頌）心音（迪志詩）

侵類	經韻	周秦韻文	漢人韻文	經傳師讀	說文
對轉蕭	見蕭類	見蕭類	見蕭類	詳例證	詳例證
對轉侯	宋戎			詳例證	詳例證

陽聲

第九部東類

毛詩韻

通蒸	興弘冰躬	躬	雄陵承興躬	詳例證	詳例證
通東	雝通誦動從功同邦容凶蜂	庸封豐從容	洶容通東鍾瓏雍公恭從鋒	詳例證	詳例證
通陽		行	明	詳例證	詳例證
通耕				詳例證	無
通眞			斤垠尊	詳例證	詳例證
通元				詳例證	無
通脂				詳例證	詳例證
通之				詳例證	詳例證
通魚				無	詳例證
入談	儼		嚴巖鏨兼檢瞻		

僮公召南采蘩三章墉訟訟從行露三章縫總公羔羊三章東公同小星一章蓬豵騶虞二章戎◎東同邶旄丘三章葑東庸鄘桑中三章東蓬容衛伯兮二章罿庸凶聽王兔爰三章控送鄭太叔于田三章松龍充◎童鄭山有扶蘇二章丰巷送丰一章雙庸庸從齊南山二章葑東從唐采苓三章同公豵公豳七月四章同功七章東濛東山一二三四章雝同小雅蓼蕭四章攻同龐東車攻一章同從吉日二章聽饔祈父三章傭訩節南山六章誦訩邦十章從用邛小旻一章共邛巧言三章東空大東二章雝重無將大車三章同邦瞻彼洛矣三章同功賓之初筵一章蓬邦同從采菽四章公恫邦大雅思齊二章恭邦共皇矣五章衝庸七章樅鏞鍾廱靈臺四章鐘廱逢公五章功崇◎豐文王有聲二章廱東六章幪唪生民四章邦功嵩高二章邦庸三章同功常武六章訌共邦召旻二章雝相◎周頌清廟公疆◎邦崇◎功皇◎烈文工公臣工雝容振鷺雝公雝訩功魯頌泮水六章公東庸閟宮三章蒙東邦同從功六章共龐龍勇動竦◎總商頌長發五章

羣經韵

龍用周易上經乾初九墉攻同人九四蒙功象上傳蒙通同泰通邦否中◎功坎同通象下傳睽功邦蹇

功凶井功邦漸凶寵邦功象上傳師功邦同上凶功隨凶中◎功坎容公邦離凶功象下傳恆

凶功繫辭下傳三多凶二句邦雍尚書堯典協和萬邦二句從凶大戴禮武王踐阼丹書容恭帶銘容恭同王◎禮記曲禮上正爾容節同動月令孟春從同邦孔子閒居言五起茸公從左傳僖五年士蔿賦

周秦韻文

功庸國語越語范蠡引所聞聖人之功節聾功戰國策蘇秦說秦惠王攻撞功同上聽凶同同上荀卿爲書謝春申君雙鍾

秦昭襄王與夷人刻石爲盟要見後漢書南蠻傳縱巷楚辭離騷功同天問從通同上逢從同上江東九章同容同上豐

容同上江洶同上凶從卜居重通宋玉九辯通從誦容同上從容同上通工小言賦動恐勇高唐賦

漢人韻文

工銅賈誼鵩賦東同同上容訟從董仲舒士不遇賦僮杠幢總工箭同雙龍龔容凶史游急就篇恐

奉寵踊腫冢同上邦壥劉向九歎同通同上東公高祖頌蘞◎叢從東揚雄蜀都賦工逢同上公江同上

東雙功龍融◎頌雝蹤從甘泉賦從凶解嘲蒙同徐州箴聽恭尚書箴同凶宗正卿箴供龍太僕箴

供同少府箴饔供太官令箴崇◎庸從元后誄通東逢雍太玄經玄首蒙從周東雍容差容同增

庸空侯攻從從匈公盛往◎逢遇螽◎從同上庸童廓樅降◎逃叢公昆竦◎冢聚從凶嗥

從竦◎失悾中◎勤從通攻玄衝同功凶同上勇公通太玄攡重中◎太玄瑩凶龍同文容攻從

公通同上功從玄圖通從周測通從逵測動勇耎測從凶訟功從測通功同逢密測用共法測用奉

竈測凶功逃測功容從唐測鏃◎蹤鋒控雙班固西都賦覽◎嵏雍區◎供用頌同上鐘龍瓏容東都賦

容鍾同上用痛幽通賦公皇◎答賓戲東公高祖頌豐龍風◎高祖泗水亭碑銘康◎終◎功同上聽同漢書敘傳

公功凶同上紅重同傅毅七激容紅降◎雙同上雍朦同上

東類	經韻	周秦韻文	漢人韻文	經傳師讀	說文
對轉侯	竦戎		竦鏃區	詳例證	詳例證
對轉蕭	充	見蕭類		詳例證	詳例證
通蒸			見蒸類	詳例證	詳例證
通侵	中崇	見侵類	禽融崇螽終降中風	詳例證	詳例證
通陽	疆相皇王	見陽類	楊皇往康	詳例證	詳例證
通眞			見眞類	詳例證	詳例證

通元			詳例證	詳例證
通支			詳例證	無
通脂			詳例證	無
通之			詳例證	詳例證
入談		欽覽		

陽聲

第十部陽類

毛詩韻

筐行周南卷耳一章閟黃觥傷三章荒將樛木二章廣泳永方漢廣一二三章方將召南鵲巢二章陽遑殷其靁一章裳亡邶綠衣一章頏將燕燕二章方良忘日月三章鏜兵行擊鼓一章行臧雄雉四章亡喪谷風三章涼雱行北風一章景養二子乘舟一章襄詳詳長鄘牆有茨二章唐鄉姜桑中一章上上上一二三章疆良兄鶉之奔奔一章堂京桑臧定之方中二章蝱行狂載馳三章○此分章从朱湯裳爽行衛氓四章廣杭望河廣一章梁裳有狐一章陽簧房王君子陽陽一章牆桑兄鄭將仲子二章黃襄行揚大叔于田二章彭旁英翔清人一章行英翔

將姜忘有女同車二章狂狂褰裳一二章昌堂將丰二章裳行三章瀼揚臧野有蔓艸二章明昌明光齊鷄鳴二章昌陽狼臧還三章堂黃英著三章明裳東方未明一章兩蕩南山二章湯彭蕩翱載驅三章昌長揚揚蹌臧猗嗟一章霜裳魏葛屨一章方桑英英行汾沮洳二章岡兄陟岵三章堂康荒唐蟋蟀一章二章三章行桑粱嘗常鴇羽三章桑楊簧亡秦車鄰三章蒼霜方長央蒹葭一章堂裳將忘終南二章桑行行防黃鳥二章裳兵行無衣三章陽黃渭陽一章湯上望陳宛丘一章魴姜衡門二章揚牂煌東門之楊一章翔堂傷檜羔裘二章稂京曹下泉一章陽庚筐行桑豳七月二章桑斨揚桑三章黃揚裳同上霜場饗羊堂觥疆八章場行東山二章斨皇將破斧一章魴裳九罭一章簧將行小雅鹿鳴一章享嘗王疆天保四章剛陽采薇三章方彭央方襄出車三章陽傷遑杕杜一章桑楊光疆南山有臺二章瀼光爽忘蓼蕭二章藏貺饗彤弓一章方陽章央行六月四章鄉央衡瑲皇珩采芑二章央光將庭燎一章湯揚行忘沔水二章桑粱明兄黃鳥二章祥祥斯干七章牀裳璋喤皇王八章霜傷將京痒正月一章行良常臧十月之交二章向藏王向六章盟長巧言三章霜行大東二章漿長光襄五章襄章箱明庚行六章揚漿彭傍將剛方北山三章牀行四章仰掌五章將湯傷忘鼓鍾一章蹌羊嘗亨將祊明皇饗慶疆楚茨二章

將慶（六章）享明皇疆（信南山六章）明羊方臧慶（甫田二章）梁京倉箱梁慶疆（四章）泱泱泱（瞻彼洛矣）
（一二三章）黃章章慶（裳裳者華二章）上柄臧（頍弁二章）仰行（車舝五章）抗張（賓之初筵一章）良方讓忘（角弓四章）黃
章望（都人士一章）藏忘（隰桑四章）梁良（白華七章）亨嘗（瓠葉一章）黃傷（苕華一章）黃行將方（何艸不黃一章）當京
（大雅文王五章）亡王方（大明一章）商京行王（二章）梁光（五章）王京行王商（六章）洋煌彭揚王商明（八章）
伉將行（緜七章）王璋（棫樸二章）章相王方（五章）兄慶光喪方（皇矣三章）京疆岡（六章）陽將方王（同上）
王方兄（七章。同爾兄弟，依後漢書伏湛傳作弟兄，入韻。）王京（下武一章）王京（文王有聲七章）將明（既醉二章）皇王忘
章（假樂一章）疆綱（三章）康疆倉糧囊光張揚行（公劉一章）岡京（三章）長岡陽（五章）糧陽荒（同上）長康
常（卷阿四章）卬璋望綱（六章）岡陽（九章）康方良明王（民勞一章）明王（板八章）商商商商商商（蕩二
三四五六七八章）明卿（四章）螗羹喪行方（六章）尙亡（抑四章）章兵方（同上）將往競梗（桑柔三章）王痒荒
蒼（七章）相臧腸狂（八章）疆粻行（崧高六章）將明（烝民四章）彭鏘方（七章）張王章衡鍚（韓奕二章）彭鏘光
（四章）湯洸方王（江漢二章）祥亡（瞻卬五章）岡亡岡亡（六章）喪亡荒（召旻一章）荒作◎康徂◎行（周頌天作）王康
（昊天有成命）方王饗（我將）王康皇康方明喤將穰（執競）王章陽央鶬光享（載見）皇王王（武）王

忘 閔予小子 將明行 敬之 香光 載芟 王方家◎ 桓 皇黃彭疆臧 魯頌一章 駉 黃明 有駜一章 皇揚 泮水六章

王陽商 閟宮二章 嘗衡剛將羹房洋慶昌臧方常 四章 嘗將 商頌那 疆衡鶬享將康穰享

疆嘗將 烈祖 商芒湯方 玄鳥 商祥芒方疆長將商 長發一章 衡王 七章 鄉湯羌享王常 殷武二章

羣經韻

荒亡行 易上經泰九二 亡桑 否九五 光王 觀六四 享尚 坎 壯罔 下經大壯九三 往享 損 良望 歸妹六五 筐

羊 上六 望亡 中孚六四 防牀 小過九二 疆享疆行常行慶疆 象上傳坤 行享往行 小畜 剛享明 履 明

行享 大有 享明行 謙 享明章行 噬嗑 享往 賁 剛長象行 剝 行長 復 養養 頤 行往享 大過

享行長 象下傳遯 上明行 晉 行明行剛 睽 上行往享行 損 疆光慶行疆方行 益 剛光

夬 剛長章行 姤 享慶行 升 當亡 革 明行剛享 鼎 行明 艮 當剛 歸妹 剛明 旅 行剛 巽

享行 小過 享當 既濟 方光 象上傳坤 剛常 屯 明光長 同上 行常 需 長明 訟 常行當 師 傷上 比

明行當剛行當慶 履 當行當長 否 剛行 同人 當行剛亡長 豫 當長當 臨 行剛當光

當明 噬嗑 慶行 大畜 光上慶 頤 罔往當祥長 象下大壯傳 行當慶光 晉 當剛行慶亡 睽 當

明光長夬當光上萃明慶剛祥困當行同上剛當光行喪震常當行良行筐歸妹當
明行慶翔藏豐傷喪旅當慶當光兌當上當長中孚當長上亢小過當行未濟象像繫辭
下傳易者象也以下彰剛望君子知微三句方常行初率其辭以下藏明行文言傳乾剛方常光行慶殃文言傳坤
剛行雜卦傳明良康尚書皋陶謨皋陶賡載歌喪亡往湯誓時日曷喪以下黨蕩洪範皇極之敷言明昌無虐煢獨以下
行光王是訓是行以下明章康百穀用成以下疆慶儀禮士冠禮爵弁祝辭三芳祥忘士冠醴辭禮慶疆士冠禮三
醮辭强防筐考工記弓人維榦強之六句强亡大戴禮武王踐阼篇丹書○按今本大戴禮作敬勝怠者吉，怠勝敬者滅，義勝欲者從，
欲勝義者凶，學記正義，以此四語爲瑞書之辭，引大戴禮敬勝怠者強，怠勝敬者亡，則知今本乃後人所改，從正義所引爲是。傷長
楹銘杖杖觴銘豆張良常讓讓堂行張投壺篇命射辭堂揚禮記曲禮上堂二句將仰放檀弓子貢聞泰山其頹之
歌而言亨羊羹祥禮運然後退而合亨以下當昌祥當綱樂記天地順而四時當以下方將明孔子閒居言五起明
亡荀子王霸篇引逸詩明蒼解蔽篇引逸詩鏘姜昌卿京春秋左傳莊二十二年繇辭亡昌閔二年卜辭競病僖七年引
諺羊盂筐貺償相僖十五年筮辭上堂文二年狼瞫引周志商亡昭二十六年引詩翔廣昭五年筮辭唐常方
行綱亡哀六年引夏書陽兵姜商九年卜辭揚疆張光孟子滕文公篇引大誓陽明藏英爾雅釋天祥相壯

陽釋天月名

周秦韻文

綱上國語周語單襄公引諺嘗傷太子晉引諺祥殃亡越語范蠡引所聞上帝不考以下荒荒常范蠡對越王馳騁弋獵以
下皇常行陽匡常行陽剛范蠡引所聞橫藏戰國策蘇秦說秦惠王兵場同上蒼亡吳越春秋文種矢書答吳王
揚堂昌殃皇傷觴周陵祖道祝辭陽昌亡魯卜居曲阜命龜見說苑章明葬强亡王荀子禮賦堂裳行章
衡王良亡王箴賦英傷楚辭離騷裳芳同上荒章常懲◎同上殃長同上當浪同上桑羊同上當芳同上
同上央芳同上長芳同上行粻同上鄉行同上良皇琅芳漿倡堂康九歌芳英央光章同上望張上
同上堂房張芳衡同上翔陽坑同上方桑明同上裳狼降◎漿翔行同上望蕩同上行傷同上明藏
尙行天問揚光同上○二句一韻方桑同上堂臧同上尙匠同上王饗喪同上臧羊同上兄長同上行將
同上方狂同上將長同上亡嚴◎饗長同上長彰同上杭旁九章糧芳明身◎同上英光湘同上陽傷同上
當行同上亡行同上傷長同上亡光一作完誤○同上章明同上量臧同上强像同上將當同上揚章同上
長像同上傷倡忘長芳章芳兕羊明同上湯行同上行鄉陽英壯放遠遊行芒同上涼皇

同上鄉行同上長明通◎卜居洋鬤狂傷大招梁芳羹嘗同上張商倡桑賦◎同上皇鶬鵝翔同上昌

章明當同上明堂卿張讓王同上霜藏橫黃傷當佯將攘堂方明宋玉九辯房颺芳翔明

傷同上藏當光同上藏恙同上從◎予◎謝◎陽招魂方祥同上光張璜同上房光同上堂梁同上方梁行

芳羹漿鶬爽餭鴹涼漿妨同上上蘅楊芳堂房風賦長仰大言賦牀傍諷賦陽橫望高唐賦

梁光神女賦章方裳長堂翔裝芳旁腸同上望相倘量暢狀同上陽桑光裝登徒子好色賦長

良笛賦王方强明方長秦繹山刻石方行良荒莊常琅邪臺刻石方陽明彊王兵之罘東觀刻石長

方莊明章常强兵方殃亡彊會稽刻石

漢人韻文

喪翔賈誼鵩賦方羊旁商翔鄉惜誓藏衡同上狂長功◎同上藏羊同上祥翔弔屈原文藏羊同上章陽

芳司馬相如子虛賦堂成◎房上林賦狼羊同上皇明同上羊紘◎鄉同上東◎光陽皇方行大人賦堂張

牀光美人賦梁撐梁將光章綱央楊堂房長揚卬橫徨殃牀香旁亡光方霜更明

忘長門賦鄉皇將堂方腸鶬琴歌明光陽尊董仲舒春秋繁露救日食祝章方昌卿兵房强明良

郎常橫傷當央慶兄湯光陽章張王皇倉唐楊桑談◎讓莊將長妨梁羌忘臧黃衡箱芳羊剛鶬卿昌房陽史游急就篇杭羹薑醬香藏霜餳◎糧同上轅轑衡棠轠鐊煌蒼堂京梁牆方箱壤揚封◎同上脹盲痕響病讓眼匠同上兵亡劉向圍棋賦堂裳九歎放望同上揚彰同上慌蕩同上殃行同上章行藏茸◎同上長行同上唐桑同上明光同上方桑同上湘央同上行彊杖銘杖相同上兵陽劉歆遂初賦涼霜同上常傷同上常彭同上嵣翔東◎揚雄蜀都賦羊黃方同上鶬鶊同上芳黃同上羹羊行鶬同上陽楊堂岡星光同上蹌光林◎唐羽獵賦揚皇陽方光同上裳頌◎同上王長享同上衡房央同上兵戎◎楊禽◎長楊賦行兵狂裝梁方昕章甘泉賦宮芳英堂同上當羊太玄賦藏岡逐貧賦張堂陽行同上裳房反離騷行芳同上行堂解嘲卿星◎光衡當同上皇龍◎病同上彊莊衡皇兵劇秦美新響讓同上狂彊趙充國頌羌陽章亢京庭◎同上湯橫冀州箴揚王同上方康徐州箴長殃兗州箴蕩往揚州箴陽湯荊州箴荊◎剛強同上強亡豫州箴常荒益州箴京荒同上彊荒騰◎萌康唐忘芒旁幽州箴方王享并州箴兵荒綱同上京亡交州箴王常忘大司農箴荒箱亡同上行尙璜執金吾箴觴王太官令箴陽方唐王旁元后誄莊光將龍◎同上王明

荒慶央(同上)黃皇(同上)臧常忘行(同上)明章光臧(太玄經首)黃常(中)喪行(周)堂裳慶(上)爽行

(羨)亡光(差)明行(童)夫◎光(同上)方光(增)慶傷(同上)狂盪(銳)陽堂皇(交)尪頹(傒)臧亡(從)章

行(進)明彊(同上)方罔(務)芳行(同上)芳臧(同上)芳往(同上)杭更(更)更病(同上)良行(毅)裝行(裝)良

行(親)剛梁(彊)明橿(同上)梁疆(同上)明光陽(睟)黃方(同上)光疆慶(盛)堂迒(居)綱光(法)橫買

(應)亡喪(遇)觴莊(竈)肪烹(同上)洋方(大)彊亡(逃)往盪(唐)常行(常)橫常(同上)剛常(同上)爽常

(永)爽祥(同上)洋冏◎(唫)明光(沮)光方(同上)明王(沈)剛頹喪(同上)陽倡(去)陽明(晦)創方(割)囊

黃(馴)桑黃(將)剛常(難)象猛病(養)狂方王(玄衡)昌長同(同上)楊藏(同上)鄉行剛更(同上)剛頏

(太玄經錯)陽行明(太玄攡)亡章終◎(同上)方央(太玄瑩)陽橫明(同上)昌良橫喪常(文)方行明當剛

(同上)張明(太玄棿)象往(同上)裳下◎(同上)荒方(同上)明行南◎貞◎疆光(玄圖)王壯(太玄告)恙病償(同上)方

行明(同上)方升(上測)行往長方當(狩測)行常(羨測)慶明(童測)當行亡橿(增測)量方殃崩◎(銳測)方明

量方(達測)行方光(交測)慚◎明(同上)迋◎章行長(進測)疆方行殃(釋測)匡行傷(格測)亡彊傷鄉(夷測)行

亡(事測)方亭行(同上)方當明望常更臧良長(更測)亡剛長方當彊(毅測)臧方傷揚王疆(眾測)

方鄉臧密測方彊親測當光歛測傷彊猛彊測慶疆享莊臧長居測爽行方明張法測行喪當遇測方傷大測炳往養文測上往禮測創將見◎降◎逃測亡當唐測明行常常測方長亡永測傷當望唫測商沖◎揚章傷長飾測盲方糧明臧沈測將光升◎望去測行喪明晦測明行當止測空◎康行方喪堅測壯病中◎讓成測行傷劇測傷彊將測明京班固西都賦疆方姜同上陽方堂梁驪瑲彰同上堂邴上同上央梁光同上徨陽洋湯蔣央同上昌京東都賦觴饗同上堂陽煌同上湯梁兄明行成◎同上英精◎成◎慶同上章皇黔答賓戲荒綱唐同上陽方綱常同上光蒼同上曠貺北征頌亭◎公◎傷王祖高泗水亭碑銘當堂良康十八侯銘萌忠◎宮◎疆同上長揚王章同上揚方荒功◎同上明萌同上光芒亨王亢典引彊旁亡方弈旨荒桑康漢書敘傳攘荒同上煌光璋王陽同上炎陽王亡同上襄王梁疆殃長同上王亡昌同上王倉張同上常揚創光同上狂殃荒亡同上王梁光同上王慶同上明英同上葬將同上堂皇揚王衡詳亡同上讓相同上明行同上京明同上光疆良同上祥光同上煌光堂亡同上皇王陽光疆方章同上光房煌觴康楊剛挐◎常傅毅舞賦裝芳陽方同上廣想仰往象同上湯生◎昂霜當同上魴芒七激臧常同上楊康扇銘唐中◎滂方許慎說文

陽類	經韵	周秦韵文	漢人韵文	經傳師讀	說文
對轉魚	家作祖	賦予謝	夫下迂挐	詳例證	詳例證
通侵		降	林終南中沖忠宮禽降	詳例證	詳例證
通東	見東類	通從	功空東龍茸公頌同封戎（由侯對轉入東）	詳例證	詳例證
通耕	見耕類	見耕類	荆貞精成亭生星錫（由支對轉入耕）	詳例證	無
通蒸		徵	紘騰崩升	詳例證	詳例證
通眞		身		詳例證	無
通元			園見	無	詳例證
通歌				詳例證	詳例證
通脂				詳例證	無
通之				詳例證	無

通蕭				詳例證	詳例證
通侯				詳例證	詳例證
入談		嚴	炎談塹		

第十一部談類

毛詩韻

檻菼敢王大車一章　巖瞻惔說文火部引作烎　談斬監小雅節南山一章　甘餤巧言三章　藍襜詹采綠二章　玷

貶召旻三章　巖詹魯頌閟宮六章　監嚴濫遑◎商頌殷武四章

揖螻周南螽斯三章　及泣邶燕燕一章　葉涉匏有苦葉一章　葉韘韘甲衛芄蘭二章　溼泣泣及王中谷有蓷三章

合軜◎邑秦小戎二章　隰及小雅皇皇者華一章　合翕常棣七章　業捷采薇四章　濈溼無羊一章　集合大雅大明四章　楫

及棫樸三章　輯洽板二章　業捷及烝民七章　業作◎常武三章　葉業商頌長發七章

羣經韻

法接易象上傳蒙

周秦韻文

襲入◎ 賈子新書容經篇引詩 急立 楚辭離騷 甲接 九歌 悒急 天問 接涉 九章 敢憯 同上 入◎集洽合 宋玉九辯 淹

漸 招魂 邑溼 風賦

漢人韻文

靡銛 賈誼弔屈原文 濫淡 司馬相如上林賦 溘歛 同上 襲輯隰 同上 漸濫 劉向九歎 及合 劉歆遂初賦 乏業 揚雄長楊賦 合襲 解嘲 澹淵◎濂鑯 太玄經少 廅念廓◎ 廓 翕乏 太玄告 法蔀◎獵 毅測 及集 班固東都賦 洽浹 典引 力◎業乏法 漢書敘傳 業立 同上 協劫 傅毅舞賦 習急及邑 同上 及立 迪志詩

談類	經韻	周秦韻文	漢人韻文	經傳師讀	說文
通脂	荅合邑		浥泣莅熤沓岌甲濈業	詳例證	詳例證
通之	及急	集襲洽合	鰨立翊合洽甲邑及級集法乏業	詳例證	詳例證
通蕭	厭集		淡閹法甲	詳例證	詳例證

通侯			捷集法獵乏	無	無
通魚	業		闔獵業颯法曄 怠翕甲㾎	無	詳例證
通耕			謙	無	無
通眞			襜鐵澹濂	無	詳例證
通元	瞻		瞻玷	詳例證	詳例證
通侵	濫監儼		嚴巖螹兼檢瞻	詳例證	詳例證
通東			欿覽	無	無
通陽	嚴	嚴	炎慚	詳例證	詳例證
通支				詳例證	詳例證
通歌				詳例證	詳例證

經傳師讀通假例證

支類

〔說文〕䍺讀若癸哇讀若醫蜺陧讀若蜺黴徹古作黴舊從臼聲蠠或文作蜜𢐀弭或作猊，弭爲脂類音，詳下麑字注。

〔經傳〕庋枝周禮秋官犬人(凡幾珥沈辜)注，鄭司農云，幾讀爲庋，左傳定六年，盟于拔，公羊拔作枝，按枝拔或亦形近之譌。

溢隘搤毛詩周頌(假以溢我)，左傳襄二十七年，引溢作恤，儀禮士喪禮(苴絰大鬲)注，鬲，搤也，釋文，搤本又作捉，左傳昭元年，定四年，釋文，隄本或作隘，成六年(墊隘)，說文雨部引隘作隄，尙書禹貢(溢爲榮)，周禮職方氏注，史記夏本紀，水經注，引溢皆作泆，作溢者，衛包所改也。

脊瘠小雅常棣(脊令在原)，釋文，脊亦作卽，又作鶺，公羊傳莊二十年，(大瘠)，釋文，瘠本又作癠。

只軹小雅南山有臺(樂只君子)，左傳引只作旨，周禮夏官大馭(右祭兩軹)注，故書軹爲軒，杜子春云，軒當作軹，或讀軒爲簪笄之笄，按幵聲在元類，脂元對轉，軒笄字入脂類。

是寔禔提周易習坎(祗既平)，說文引作禔，復卦(无祇悔)，釋文，王肅作禔，尙書皋陶謨(咸若時)，史記時作是，毛詩召南小星(寔命不同)，釋文，寔韓詩作實，邶風燕燕(實勞我心)，釋文本亦作寔，大雅韓奕(實墉實壑實畝實籍)，鄭箋云，實當作寔，趙魏之東，實寔同聲，儀禮覲禮(伯父實來)注，今文實作寔，禮記緇衣(冬祈寒)注，祈之言是也，齊西偏之語，檀弓(吉事欲其祈祈爾)注，引詩(好人提提），左傳宣二年（提彌明），公羊提作祈，史記晉世家作示。

擿積 毛詩周頌良耜（積之栗栗），說文引積作穦，周禮秋官硩蔟氏注，鄭司農硩讀爲擿。

辟僻避 尚書堯典（靜言庸違），史記違作僻，立政（準人），漢石經準作辟，周禮秋官大司寇（使其屬躍）注，故書躍作避，杜子春云，避當爲躍，禮記郊特牲（有由辟焉）注，辟讀爲弭，按準從隼聲，隼爲雖之或文，脂眞對轉，準亦可入脂類，弭在脂類，詳下麛字注。

歷 儀禮燕禮聘禮（栗階），禮記檀弓栗作歷，周禮考工記栗氏注，古文栗或爲歷。

鼏 儀禮士冠禮（設扃鼏）注，古文鼏爲密，按鼏又與耕類螟通假，見耕類。

易鬄 尚書堯典（朔易），史記作伏物，周禮夏官小子（羊肆）注，肆讀爲鬄。

訾佌 毛詩小雅正月（佌佌彼有屋），說文引佌作⿰亻囟，禮記學記（多其訊）注，訊或作訾，按囟丮均眞類聲，對轉入脂者。

智 尚書皋陶謨（知人則哲），史記哲作智。

埤俾鞞脾 毛詩小雅節南山（天子是毗），釋文，毗王作埤，荀子引作埤，小雅瞻彼洛矣（鞞琫有珌），釋文，字或作鞞，大雅皇矣（克順克比），禮記樂記引比作俾，儀禮既夕禮（脾析）注，脾讀爲雞膍胵之膍，周禮天官醢人（脾析），說文引作膍，禮記玉藻（素紕）注，紕讀如埤益之埤。

倪麛 禮記禮運（故功有藝也）注，藝或爲倪，左傳昭二十五年，（叔詣），公穀作叔倪，論語（麛裘），卽麛裘，爾雅釋獸，鹿子麛，釋文，字亦作麛，按弭从耳聲，由之類轉入脂類，周禮春官男巫（春招弭）注，杜子春讀弭如彌兵之彌，鄭謂弭讀爲敉，彌敉皆脂類聲，屈原遠遊協瀰弭，乃同類相協，非通假也，脂眞對轉，故說文⿰忄弭讀若洒，周禮小宗伯（以秬鬯渳），杜子春讀渳爲泯，是弭聲⿰忄弭渳，皆當入脂類，讀爲綿婢切誤也，尚書大誥釋文，讀敉爲亡婢反，尤誤也。

鶪 毛詩豳七月（鳴鶪），夏小正孟子作鵙。

以上支類與脂類通假（支脂聲近）

〔說文〕芰（杜林作茤）[illegible]（或作狋）輗（或作𨋮）緹（或作衹）祡（古作𥛟）碭（或作䃶）鬄（或作髢）厥（讀若移）孈（讀若隓）

褫（讀若池）虒（弛或作虒）蘳（讀若隓壞）髀（讀若罷）

〔經傳〕庪（儀禮士昏禮（當阿）注，今文阿爲庪。）褫（周易訟卦（終朝三褫之），鄭荀翟本均作拕。）易惕鬄（尚書盤庚（不惕予一人），白虎通引惕作施，毛詩鄘風君子偕老（不屑髢也），周禮追師注引髢作鬄，小雅何人斯（我心易也），釋文韓詩作施。）是（儀禮覲禮（大史是右）注，古文是爲氏，禮記曲禮（是職方）注，是或爲氏，左傳宣二年，（提彌明）釋文提，作祇。）氏畫（穀梁桓六年，（以其畫我），公羊作化。）斯（禮記問喪注，雞斯讀爲笄纚。）積（禮記儒行（不祈多積）注，積或爲貨。）庳（周禮夏官司弓矢（庳矢）注，鄭司農讀爲人罷短之罷。）姕（毛詩小雅賓之初筵（屢舞傞傞），說文引傞作姕，按人部引作僛僛，故知此爲傞之異文也。）

以上支類與歌類通假（支歌聲近）

〔說文〕斯（從其聲）

〔經傳〕是（尚書湯誓（時日曷喪），史記時作是，無逸（惟耽樂之從），後漢書鄭崇傳，論衡中論皆引，作是從。）辟僻（尚書洪範（人用側頗僻），石經史記漢書王嘉傳，僻作憵，周禮地官市師（辟布者）注，故書辟爲辭。）

以上支類與之類通假支之聲近

〔說文〕臭小徐繫傳目聲，按从犬目，犬視也，會意字，繫傳聲字，當爲轉寫所衍。

以上支類與蕭類通假無證

脂類

〔說文〕娺讀若唾屮蔫從屮聲㣺沙之或文沘，從㣺聲。墬地籀作墬洱麿讀若洱水

〔經傳〕綏妥說文無妥字，鐘鼎文綏多作妥，妥卽古綏字也，毛詩周南樛木（福履綏之），訓安，小雅楚茨（以妥以侑），訓安坐，儀禮士相見禮（妥而後傳）注，妥安坐也，古文妥爲綏，禮記曲禮（大夫則綏之）及（國君綏視）注，皆讀爲妥，周易繫辭（隤然示人簡矣），釋文，隤孟作退，陸董姚作妥，禮記檀弓（退然）注，退或爲妥，同類通假也，尙書盤庚（嘉績），漢石經嘉作綏，儀禮士虞禮（墮祭）注，今文墮爲綏，（不綏祭）注，綏當爲墮，特牲饋食禮（挼祭）注，墮與挼讀同耳，今文改挼皆爲綏，古文此皆爲挼祭也，按挼當爲捼字之形訛，周禮天官夏采（建綏）注，故書綏爲櫝，杜子春云，當爲綏，鄭云，綏當作緌，字之誤也，又云，士冠禮及玉藻冠緌之字，故書亦多作綏者，今禮家定作蕤，明堂位（夏后氏之綏）注，綏當作緌，讀如蕤賓之蕤，按小徐繫傳，蕤讀若綏、蓋綏穟蕤，脂類聲也，嘉墮捼，歌類聲也，脂歌聲近，相通假也，少牢饋食禮（上佐食以綏）注，綏或作挼，挼讀爲墮，古文墮爲肵，按特牲饋食禮（升肵），釋文音祈，則肵亦由眞對轉入脂之聲，肵與墮，亦

脂歌通假也。

䵶　毛詩邶風新臺（得此戚施），說文引作鼀䵶。

洒　大雅抑（洒埽庭內），韓詩外傳洒作灑，周禮夏官隸僕（糞洒），注鄭司農云，洒當為灑。

殺　周易繫辭（而不殺者夫），集解引虞翻殺讀為衰。

曷　尚書湯誓（時日曷喪），史記曷作何。

咨　尚書堯典（咨四岳），史記咨作嗟。

微徽　尚書堯典（愼徽五典），史記徽作和，周禮考工記（欲其微至也）注，鄭司農云，書亦或作危至，按上林賦長楊賦，皆以危聲協入歌類，淮南小山招隱協硊骫靡倚，左傳閔二年（無虧），史記齊世家作無詭，同類相假也，說文⿰金危讀若跛行，皆危聲在歌類之證，上林賦或協雌疊蛫，揚雄冀州箴協多崖危隳，乃與支脂通協也，嚴可均收危於支，非是。

謂　左傳莊二十二年，（是謂觀國之光），史記陳杞世家謂作為。

幣　儀禮聘禮（陳皮北面）注，古文曰陳幣北面。

毀　周易謙卦天道（虧盈而益謙），釋文馬本作毀盈，說苑引同。

帷摧　毛詩小雅鴛鴦（摧之秣之），箋，摧，今莝字也，詩考引釋文，摧，韓詩作莝，禮記喪大記（加偽荒）注，偽當作帷，或為于，聲之誤也。

矢翳　毛詩大雅江漢（矢其文德），禮記孔子閒居及春秋繁露引，矢皆作弛，左傳宣二年（翳桑），呂覽作骫桑，淮南子作委桑。

犂黎　尚書禹貢（至于合黎），水經黎作離，（厥土青黎），史記黎作驪，左傳僖元年，敗莒師于酈，公羊傳酈作犂，僖二十三年，（我二十五年矣），史記晉世家我作犂，成十七年，（匠麗），大戴禮保傳麗作黎。

褘　毛詩鄘風君子偕老（委委佗佗），爾雅釋文，引郭舍人注，委委作褘褘。

秸　尚書禹貢（納秸服），禮記禮器注，引秸作鞂。

威　毛詩豳風東山（伊威在室），說文威作委，小雅四牡（周道倭遲），文選注引韓詩，倭遲作威夷。

遂　左傳哀八年，（杞伯過），史記杞世家過作遂。

纍螺縲累蘽　周易大壯（羸其角），釋文，羸，王肅作縲，鄭虞作纍，蜀才作累，張作蘽，螺見下蠡字注。

蠡遂甤　周易

說卦傳（爲蠃），釋文京作螺，姚作蠡，蓏見綏字注。襀見綏字注。肆禮記曲禮（歛髮毋髦）注，髦或爲肆。徹禮記檀弓注，塡池當爲奠徹，聲之誤也。櫜儀禮公食大夫禮（臡以西菁菹鹿臡）注，今文臡皆作櫜。美禮記少儀（言語之美）注，美皆當爲儀，字之誤也，按字誤當爲聲誤。蜜閟尙書無逸（嘉靖殷邦），史記嘉作蜜，左傳莊三十二年，（閟而以夫人言許之），說文閟下引作閟，闔下引國語作圖。屈左傳哀十六年，（薳固），史記楚世家伍子胥傳漢書古今人表並作屈固。

以上脂類與歌類通假脂歌聲近

〔說文〕胏𦙶揚雄作胏 鯽鰂或作鯽 闔閤或作闔 費巖讀若費 祕酭讀若祕 洫臧讀若洫 必从弋聲 余从入聲爾从余聲 晉讀若薿 𠤕疑从吴聲，吴，古文矢字。詯讀若睞 肊或作臆 息从自聲 暱毛詩協入之類，之魚通協也，而匿讀若羊騶箠，暱或作昵，是漢人又由之轉入脂也。弭從耳聲，敉讀若弭。

〔經傳〕會周易乾卦（嘉會足以合禮），左傳襄九年引會作德。物周易乾卦（利物足以和義），釋文孟喜京荀陸績作利之。殺周易坤卦（臣弒其君），釋文弒或作殺。懿尙書金縢（噫），釋文噫，馬作懿。厥尙書堯典（厥民析），史記析作其。納尙書禹貢（納錫大龜），史記納錫作入賜。乂尙書堯典（有能俾乂），史記俾乂作使治，（乂不格姦），史記乂作治。毀尙書堯典（圮族），史記圮作毀。美尙書堯典（熙帝之載），史記熙作美。實尙書皋陶謨（剛而塞），史記塞作實，無逸（時舊勞于外），中論時作實。弗周易賁卦（義弗乘也），晁氏易云，鄭王弗作不，毛詩邶風燕燕（瞻望弗及），後漢書注，引作不及，儀禮士昏禮（又弗能敦）注，今文弗為不，左傳桓十三年，（使賴人追之不及），漢書五行志引不作弗。

非 儀禮士相見禮（某不敢為儀），注，今文不為非。

畀綥 毛詩鄭風出其東門（縞衣綦巾），說文綦作綥，左傳宣十二年，（楚人惎之），說文引惎作畀。

几 毛詩豳風狼跋（赤舄几几），說文己部引作己。

遺 尚書金縢（貽王），詩序貽作遺。

屆 毛詩小雅采菽，（君子所屆），晏子春秋引屆作誡。

洫 毛詩大雅文王有聲（築城伊淢），據釋文韓詩淢作洫。

仡 儀禮鄉飲酒禮（疑立）注，疑讀如仡，公羊傳宣六年（仡然），鄉飲酒注引作疑然。

醫翳 周禮天官酒正（二曰醫）注，糟音聲與䣼相似，醫與臆相似，禮記月令（網畢翳）注，繄為弋。

陟 周禮春官大卜（咸陟）注，陟之言得也，讀如王德翟人之德。

鬵 左傳僖八年（采桑），史記晉世家采作鬵。

至 左傳昭二十七年，（比至），釋文作比置。

幾 左傳哀十六年，（日月以幾），釋文，幾本或作蘉，昭七年（日月以蘉），史記楚世家索隱蘉亦作幾。

發 周禮考工記（必似鳴矣）注，鄭司農以似為發。

肆 禮記禮器（肆夏）注，當為陔夏。

遛 禮記玉藻（端行頤霤如矢），注，頤或作遛。

日䵑 尚書堯典（寅賓納日），史記日作入，周禮考工記（凡樴之內不能方）注，杜子春讀為不義不昵之昵，昵或為䵑，按䵑為黏之或文。

昵榰 周易恆卦（振恆），說文引作榰恆，昵見上黏字注，按昵為暱之或文。

槷 周禮考工記匠人（置槷以縣），注，故書槷或作弋，杜子春云，槷當為弋，讀為杙。

爾 禮記射義（以祈爾爵），注，爾或為有，公羊傳宣十五年，（然後歸爾），唐石經爾作耳。

以上脂類與之類通假 脂之聲近

〔說文〕壻讀與細同虡讀若蘮匿，讀若羊騶箠，段玉裁謂當作羊箠鑿之鑿，金部鑿，羊捶耑，鐵也，嚴可均謂竹部笏，羊車騶箠也，蓋昏讀若笏，按鑿笏均脂類聲。暱或作昵閼從於聲

〔經傳〕蘈，左傳宣十年，（取繹）公羊傳作取蘈。駰左傳文十六年，（楚子乘駰），釋文駰作驛。涕弟，尚書洪範（曰驛），說文引作圛，古文尚書也，史記宋世家作涕，今文尚書也，毛詩齊風載驅（齊子豈弟），箋云，古文尚書以弟爲圛，史記索隱乃云，涕音亦。衛左傳宣十三年，（伐莒），公羊作伐衛。暨溉左傳宣三年（生子瑕），史記鄭世家瑕作溉，尚書堯典（暨皋陶），史記暨作與。籖禮記曲禮（素籖）注，籖或爲幕。弃棄左傳成二年，（去疾），漢書古今人表去作弃，昭三十年，（去疾），史記去作棄。齊，左傳成元年，（齊關），唐石經作徐關。爾彌尚書湯誓（爾無不信），史記爾作女，盤庚（爾來），唐石經作女來，左傳定九年，（黎彌），史記齊世家孔子世家彌並作鉏。遏尚書堯典（遏密），春秋繁露遏作閼。至尚書堯典（不格姦歸格于藝祖），（舜格于文祖），史記格皆作至。夷左傳定十三年（范皋夷），史記趙世家作皋釋。胏周易噬嗑（噬乾胏），釋文，胏子夏作脯，荀董同。

以上脂類與魚類通假

〔說文〕雀，讀與爵同，按從小隹，當爲隹亦聲，截字從之得聲，在脂類與雀字从大从隹在脂類同，以禮器象之曰爵，其聲乃變同爵也。屮古或以屮爲艸字𣪘從尗聲少從丿聲囟讀若三年導服之導茜讀若陸汓古或以汓爲沒穗采之或文⿰目叉小徐

繫傳又聲。

徹小徐繫傳韵會育聲

〔經傳〕咨尙書堯典（下民其咨），史記咨作憂。

敹古文尙書粊誓（敹乃甲冑），史記作陳爾甲冑，今文也，說文敹從粊聲，粊爲粟之或文，則其聲當在脂類，段玉裁以爲敹當讀如彌綸之彌，彌與陳，正脂眞對轉也，段於說文解字注，則刪說文聲字，以就尙書，釋文了雕反之音讀，按毛詩大雅行葦傳（天子敦弓），公羊傳作雕弓，棫樸（追琢其章），孟子注作雕琢，釋文了雕反，或郎了，敦了追反，以發音相同故也。

追見上敹字注。

昧尙書堯典（昧谷），史記作昧，徐廣一本作柳。

穉尙書堯典（冑子），史記冑作穉。

姪左傳成二年，（蕭同叔子），公羊傳作姪。

吉結周禮春官大宗伯（吉禮）注，故書吉或爲告，杜子春云，書或爲告禮者，非是，當爲吉禮，又巾車（鶻纓）注，杜子春云，鶻或爲結，按告吉或由形訛。

齊禮記郊特牲（一與之齊）注，齊或爲醮，按齊醮發音同。

艾左傳桓十五年，公會齊侯于艾，公羊傳作鄗，穀梁傳作蒿。

几周禮春官小史（俎簋）注，故書簋或爲几，鄭司農几讀爲軌，段玉裁云，几爲九之誤。

漻毛詩邶風谷風（就其深矣），小徐繫傳引就作漻。

醉公羊傳定十四年，（醉李），越絕書作就李。

栗毛詩豳風東山（烝在栗薪），釋文栗，韓詩作蓼。

馥毛詩小雅楚茨（苾芬孝祀），文選注引韓詩苾作馥。

吒禮記內則（不嘯不指）注，嘯讀爲吒。

疾周禮考工記（無以爲戚速也）注，齊人有名疾爲戚者，春秋傳曰，蓋操之已戚矣。

豸左傳宣十七年，（庶有豸乎），釋文豸本又作鳩。

以上脂類與蕭類通假

〔說文〕最　小徐繫傳韵會從取聲。

〔經傳〕最　禮記樂記(會以聚衆)注，冣或爲最，按最或爲冣之形訛。沭　周禮夏官職方氏(沂沭)注，沭或爲洙，按沭洙或由形近訛。

夷　周禮天官玉府(共珠槃)注，故書珠爲夷。履　周易噬嗑(屨校滅趾)，足利古本屨作履。

以上脂類與侯類通假

歌類

〔經傳〕罷　周禮春官大宗伯(疈辜祭)注，故書疈爲罷，按疈，副之籀文。郵　禮記郊特牲(饗農及郵表畷禽獸)注，引詩(爲下國畷郵)，釋文，本亦作尤。兮　左傳僖三十二年，(孟子吾見師之出)，釋文孟子本或作孟兮，唐石經初刻作兮。

以上歌類與之類通假　歌之聲近

〔說文〕囮　或作圝　沙　小徐繫傳少聲。

〔經傳〕笴　周禮考工記(妢胡之笴)注，故書笴爲筍，杜子春云，筍當爲笴，笴讀爲稾，謂箭稾，釋文，笴，古老反，段玉裁據唐石經作妢胡之笴，正注中筍爲笴誤，甚是，矢人(以其笴厚)注，笴讀爲稾，謂矢幹，古文假借字，儀禮鄉射禮釋文云，三笴，劉古老反。嘉　左傳哀六年(公子嘉)，史記齊世家嘉作壽。

以上歌類與蕭類通假

〔說文〕⿺走馬讀若佳

〔經傳〕抲笴周禮考工記(妢胡之笴)，唐石經笴作笱，詳前，尙書酒誥(盡執拘以歸于周)注，拘一作抲，說文引作抲，小徐繫傳作抲獻。隓周易說卦傳(爲果蓏)，釋文京本作果墮之字。趍毛詩齊風猗嗟(巧趨蹌兮)，釋文趨本又作趍，周禮春官樂師(趨以采齊)注，故書趨作趍，按說文趨趍異字，今遂誤以爲趨之俗文。

以上歌類與侯類通假

〔說文〕𠂢古作⿰石力鴐籀作⿰牜各⿱羴灬魯從羴省聲奓奢籀作奓

〔經傳〕嘉毛詩小雅節南山(家父作誦)，漢書古今人表作嘉父。誐羛毛詩周頌維天之命(假以溢我)，說文引假作誐，左傳襄二十七年引假作何，左傳昭九年(戲陽)，後漢書光武紀注引傳云，戲與羛同，按羛爲義之重文，其下作弗，乃古文我字之形訛，今遂書作羛，非脂類弗字也。踦公羊傳成十二年(踦閭)，穀梁作胥閭，傳三十三年(隻輪)，穀梁作踦輪。沙周禮春官典瑞(疏璧琮)注，鄭司農疏讀爲沙，巾車(疏飾小服皆疏)注，故書疏作揗，杜子春讀揗爲沙。何見上誐字注。僞禮記喪大記(加僞荒)注，僞當作帷，或爲于，擊之誤也，按云擊誤者，漢人以歌魚可同協，故也。

以上歌類與魚類通假

之類

〔說文〕珛讀若畜牧之畜 柩籀作匶 毒毒小徐袪妄篇引毒聲。 畗复從畗省聲 匶匶古作匶，據廣韵集韵正作從飤聲。 革古文革從臼聲 又鬲從又聲 屵讀若躍 䦉讀若糾，按或從甁省聲，轉寫訛誤。 毓育或作毓，當從每聲。

〔經傳〕綃毛詩唐風揚之水（素衣朱繡），禮記郊特牲作朱綃。 熾毛詩小雅大田（俶載南畝）箋，俶讀爲熾。 閾儀禮士冠禮（閾外）注，古文閾爲蹙。 謏儀禮士虞禮（尸謏）注，古文謏或作休。 備儀禮特牲饋食禮（尸備答拜焉）注，古文備爲復。 伏禮記月令（毋休于都）注，今月令休爲伏。 輻周易小畜（輿脫輻），釋文輻本作輹，說文引作輹。 掊周易謙卦（裒多），釋文裒，字書作掊。 試周禮夏官槀人（試其弓矢）注，故書試爲考。 核毛詩小雅賓之初筵（殽核爲旅），文選典引注引蔡邕注，核作覈，周禮大司徒（其植物爲覈物），亦核之假借。 萊左傳襄二十三年，（晏氂），國語晉語作晏萊，昭二十四年，（郁釐），釋文，藜本又作釐，公羊作鬱釐，按周禮春官樂師注，旄舞者，氂牛之尾，音義，氂音，舊音毛，說文氂從犛省，從毛，蓋毛亦聲，漢人誤以犛氂音互易，於是犛讀莫交切，氂讀里之切矣。 服禮記喪大記（君弔則復殯服）注，復或爲服。

以上之類與蕭類通假之幽聲近

〔說文〕而需從而聲每侮從每聲，或文侮，從母聲。音或作歅

〔經傳〕不部毛詩小雅常棣（鄂不）箋，不當作柎，古聲不跗同，左傳成十六年，（有韎韋之跗注），毛詩六月疏引鄭雜問志作不注，左傳襄二十四年（部婁），說文引作附婁，昭二十五年，（榀柎），說文引作楅部，按嚴可均以音聲之䏿剖餢棓部䯱涪掊瓿結等字，逕入侯類，非是，毛詩大雅生民（不坼不副），史記楚世家集解，引作不坼不剖，蕩（曾是掊克），正義云，定本作倍，仍與同類通假，其䏿餢等字，不於經傳無證，但憑韵書以爲轉入侯類，實則惟部字可入侯類耳。郁尚書堯典（嵎夷），史記作郁夷。

以上之類與侯類通假之侯聲近

〔說文〕奭讀若郝，按郝當爲赩誤，毛詩小雅采芑（路東有奭），文選李善注引毛傳，奭作赩，瞻彼洛矣（韐韎有奭），白虎通引奭作赩，楚辭大招（連龍赩只），與測凝極協，則赩從色聲，在之類也。䨣從革聲丮讀若戟，戟讀若棘。

〔經傳〕腜謀毛詩小雅小旻（民雖靡膴），釋文，韓詩作靡腜，皇華（周爰諮謀），淮南子引謀作謨。萯禮記月令（王瓜生），注，今月令云，王萯生，夏小正云，王萯秀。而周禮地官旅師（而用之），注，而讀爲若，聲之誤也，左傳隱七年（歃如忘），說文欠部引作而忘，昭六年，（火如象之），漢書五行志引作而象，僖二十六年（室如懸磬），注，如而也，孟子（九一而助），趙岐注，而如也。其尚書微子（若之何其），鄭曰，其，語助也，齊晉之間，聲如姬，禮記曰，何居，檀弓（何居），注，居讀爲姬姓之姬。姬見上其字注。熾毛詩小雅十月之交（豔妻煽方處），

小徐繫傳引作方纖。偪左傳襄十年（偪陽），穀梁傳作傅陽。持左傳僖二十五年（拔以赴外），毛詩陳風衡門疏引拔作持。冶怡始周易繫辭（冶容誨淫），釋文，冶，鄭陸虞姚王肅作野，尚書堯典（祖飢），史記作始飢，怡，見下嗣字注。北尚書堯典朔方，史記作北方。伏尚書堯典（朔易），史記作伏物。嗣尚書堯典（舜讓于德弗嗣），史記弗嗣作不懌，集解引徐廣曰今文尚書作不怡。試尚書皋陶謨（明庶以功），史記庶作試。

以上之類與魚類通假之魚聲近

蕭類

〔說文〕稃或作粰筟讀若彄，轂讀若筟。罶或作羀矛敄從矛聲髳楸讀若髦丩句從丩聲，按嚴可均謂古有兩讀，章句之句讀若瞿，入魚類，句曲之句讀若鉤，入侯類，非是，毛詩關雎疏云，句，古謂之言，秦漢以來，衆儒各爲訓詁，乃有句稱，句必聯字而言，句者，局也，聯字分疆，所以局言者也，據此，句局乃同聲之訓，章句之句，亦在侯類，句聲之字，毛詩皆協入侯，秦漢韵文亦然，惟宋玉鉤賦協鉤洲浮，後漢崔駰傳注引太公金匱枕書協苟告，與蕭通協，從無以協入魚類者，西漢惟中山王勝文木賦協紆駒，一見而已，說文亦惟朐讀若拘，鴝讀若鸜，鸜鴒作鴝鴒，經傳通假，未之見也。𧶠賣從𧶠聲橾讀若轂牏讀若紐鴝絇讀若鴝

〔經傳〕秀周易需卦釋文需，鄭讀爲秀。造告周易乾卦（大人造也），釋文造，劉歆父子作聚，尚書堯典（敷奏以言），史記敷奏

作偏告，禮記檀弓（齊穀王姬之喪）注，穀當爲告，聲之誤也，又見下鬈字注。

孚浮　尚書高宗肜日（天既孚命正厥德），史記引孚作附，漢書孔光傳引作付，禮傳投壺（若是者浮）注，浮或作匏，或作符，聘義（孚尹旁達）注，孚字或作妄，或爲扶。

髦旄　毛詩鄘柏舟（髧彼兩髦），說文引髦作髳，邶風旄丘，呂忱字林引作髳丘，左傳昭十二年（王孫牟），杜氏世譜牟作髦，史記衛世家索隱云，牟髦聲相近。

驕高　小雅皇華（我馬爲駒），說文引駒作驕，左傳閔二年（卜偃），墨子作高偃。

恌　毛詩小雅鹿鳴（視民不恌），張衡西京賦作不偷。

飫　毛詩小雅常棣（飲酒之飫），文選注，引韓詩飫作饇，角弓（如食宜饇），小徐繫傳引詩饇作飫。

猶　毛詩小雅斯干（無相猶矣），鼓鐘（其德不猶）箋，皆云猶當作瘉。

仇　毛詩小雅賓之初筵（賓載手仇），釋文，毛音求，鄭讀爲斛，又音拘，按春秋繁露引仇作斛，見三家拾遺，鄭從三家，今文也，音拘者，斛之讀聲。

舀　毛詩大雅生民（或舂或揄），說文引揄作舀。

牢　儀禮士喪禮（牢中方寸）注，牢讀爲樓，今文樓爲縷。

宿縮　儀禮特牲饋食禮（乃宿尸）注，古文宿皆作羞，凡宿皆作速，記作肅，周禮亦作宿，周禮春官司尊彝（醴齊縮酌）注，故書縮爲數。

羞　周禮天官腊人（共豆脯）注，豆當爲羞，聲之誤也，又見上注。

肅　見上宿字注。

柳　禮記檀弓（設蔞翣）注，周禮蔞作柳。

搖遙　禮記玉藻（夫人揄狄）注，揄讀爲搖，投壺（毋踰言）注，踰或爲遙。

鼜　周禮春官鎛師（三鼜）注，杜子春云，一夜三擊，備守鼜也，春秋傳所謂賓將趨者，聲相似，夏官掌固（三鼜）注，杜子春讀鼜爲造次之造，春秋傳所謂賓將趣者，與造音相近。

祝　周禮天官瘍醫（祝藥）注，祝當爲注，讀如注病之注，聲之誤也。

禂　周禮春官甸祝（禂牲禂馬）注，禂讀如伏誅之誅。

藻　周禮春官巾車（藻車藻蔽）注，故書藻作繅，杜子春讀爲華藻之藻。
爵　周禮秋官序官硩蔟氏注，鄭司農蔟讀爲爵，考工記（五入爲緅）注，今禮俗文作爵。
休　周禮考工記（廞於臘而休於氣）注，休讀爲煦。
暴　周禮考工記旊人（髻墾薜暴不入市）注，鄭司農暴讀爲剝。
救　周禮天官屨人（青句）注，句當爲絇，聲之誤也，句之謂救。
報　禮記喪服小記（報葬者報虞）注，報讀爲赴疾之赴。

以上蕭類與侯類通假　蕭侯聲近

〔說文〕臭　古以臭爲澤字。
麃　鄜從麃聲。
雚　小徐繫傳鸛或作雚。
貈　涸讀若狐貈之貈。
牖　從甫聲。
寥　從寡省聲。
咎　小徐繫傳各聲。
褎　小徐繫傳馬聲。
牡　從土聲，毛詩協入蕭類凡六見，秦風駟鐵小雅車攻非協，嚴可均以爲古有兩音，非是。

〔經傳〕翟　左傳僖二十九年（盟于翟）：公羊作狄，尚書禹貢（夏翟），周禮天官染人注，引翟作狄，疏云，狄與翟聲相近，古並通用。
肅　毛詩大雅蒸民（肅肅王命），後漢書郎顗傳，引肅作赫。
曉　毛詩大雅民勞（以謹惛怓），周禮大司徒疏引惛怓作讙曉。
蠹　周禮秋官翦氏（掌除蠹物）注，故書蠹爲橐，杜子春云，橐讀爲蠹，左傳成十七年（橐師），釋文作橐師。
廄　禮記郊特牲（庫門），注，庫或爲廄。
祝　禮記喪大記大胥注，胥當爲祝，字之誤也，按胥祝形不近，當云聲之誤。
學　禮記曲禮（宦學事師）注，學或爲御。
游　毛詩大雅江漢（匪安匪舒），後漢書東夷傳注，引舒作游。
輮　周禮考工記輪人（牙也者）注，牙書或作輮。
茅　左傳定四年（草茅），釋文，莽，舊或作茅，孟子（草莽之臣），周禮載師注作草茅。
叔　左傳昭二十七年（閻沒女寬），國語晉語作叔寬。
高　左傳閔二年（卜偃），國語晉語作郭偃，盟子作高傴。州尚書堯典幽州莊子作幽都。

以上蕭類與魚類通假蕭魚聲近

侯類

〔說文〕蔞讀若庫 嫗讀若倨 區邘讀若區 拘朋讀若拘 殊几讀若殊 竘讀若齲

〔經傳〕兜尚書堯典（驩兜），郭忠恕汗簡云，古文尚書，兜作吺，隸古定本作鴅吺，案兜聲以斲讀若兜，及史記頭曼，漢書古今人表作兜欒證之，知在侯類，吺字以毛詩七月賓之初筵采菽載芟諸篇證之，知在魚類，伯兮及楚辭卜居，乃侯魚通協也。 躕毛詩邶風靜女（搔首踟躕），文選注引韓詩躕作躇，小徐繫傳作躇，今韓詩外傳亦作踟躕，殆漢人所造字。 拊符毛詩小雅蓼莪（拊以畜我），後漢書梁竦傳引拊作撫，周禮小宰（傅別）注，鄭大夫讀爲符別。 牟桙儀禮既夕禮（兩杅）注，今文杅爲桙士冠禮（毋追），釋文毋音牟，公食大夫禮（[illegible]無毋），釋文無音牟，左傳宣十四年（無婁），公羊作牟婁。 鵒左傳昭五年（鸜鵒），說文作鴝鵒。 卜左傳閔二年（卜偃），國語晉語作郭偃。 寓禮記郊特牲（寓公）注，寓或爲託。 取諏儀禮特牲饋食禮（不諏日）注，今文諏皆爲詛，左傳昭二十七年（或取一秉秆焉），說文引取作投。 朱尚書堯典（殳斨），漢書人表殳作朱。 嘔左傳哀元年（嘔血），國語晉語作衉血。

以上侯類與魚類通假侯魚聲近

魚類

〔說文〕鶃鶂司馬相如作鶂　狛讀若蘗　迹或作蹟　逖或作逿　索從糸聲　逋讀若庫或讀若逋

〔經傳〕狄迹毛詩魯頌泮水（狄彼東南），箋云：狄當作剔，韓詩作鬄，小雅正月（有倫有脊），春秋繁露引脊，作迹，左傳，僖十七年（易牙），大戴禮保傳，作狄牙。隻公羊傳僖三十三年（隻輪），釋文隻一本作易。釋毛詩大雅生民（釋之叟叟），爾雅樊光注引釋作淅。股儀禮士虞禮（左膉上）注，古文曰左股上，此字從肉殳聲。虡禮記樂記注，鐻簴或為簨虡。幕禮記檀弓（布幕，衞也）注，幕或為幦，禮器（疏布幦）注，幦或作幕。

以上魚類與支類通假魚支聲近

耕類

〔說文〕郱讀若寧　赹讀若煢　𨂂讀若苹或曰偏　鎣讀若銑　𨏹或文作軨

〔經傳〕䫀𡝤毛詩衛風碩人（螓首蛾眉），說文引作䫀首，尚書泰誓（惟截截善諞言），公羊文引引諞作𡝤。煢焭營營毛詩小雅正月（憂心惸惸），釋文，本又作焭焭，（哀此惸獨）孟子引作煢獨，大雅江漢（來旬來宣）箋，旬當作營，周禮均人（公旬）注，旬讀如營營原隰之營。

扃冥儀禮士冠禮（設扃鼏）注，今文扃為鉉，左傳定四年（冥阨），釋文，本或作寘隘。奠儀禮士喪禮（幂奠）注，古文奠為尊，禮記檀弓（墳池）注，當爲奠徹，郊特牲（故既奠）注，奠或爲薦，周禮考工記（稹理而堅）注，鄭司農積，讀如奠祭之奠，左傳昭四年（寘饋食于个而退），釋文寘本作奠。

砰平 尚書堯典（平章百姓），史記平作便，（平秩），史記作便程，毛詩小雅采菽（平平左右），釋文引韓詩作便便，公羊傳僖十六年，（磌然），釋文磌，本或作砰。

敬 尚書呂刑（哀敬折獄），伏生大傳敬作矜，堯典（寅賓），（寅餞），（惟寅），史記寅皆作敬。

正整 尚書堯典（以殷仲秋）史記殷作正，公羊昭十二年（公子整）左穀整作憖。

以上耕類與真類通假 耕眞聲近

〔說文〕刑邢形鈃幷 從幵聲

瞑 丏，小徐繫傳作讀若書曰，若藥不瞑眩。

〔經傳〕爭靜竫 尚書堯典（靜言庸違），史記靜作善，公羊傳文十二年（諓諓善竫言），釋文云，諍，本或作諞，又云本作諓，左傳襄二十五年（陪臣干掫），史記齊世家干作爭。

靈 尚書呂刑（苗民弗用靈），墨子引靈作練。

營㷀焭 毛詩齊風還（子之還兮），漢書師古注引齊詩還作營，楚辭注作㷀㷀，唐風杕杜（獨行睘睘），釋文睘，本亦作㷀，又作焭，周頌閔予小子（嬛嬛在疚），釋文崔本作㷀㷀。

平 尚書堯典（平章百姓），伏生大傳平作辯，白虎通引作釆。

耿 尚書立政（耿光），大傳東觀餘論漢石經殘碑作鮮光。

靖菁 毛詩陳風東門之枌（有踐家室），御覽引韓詩踐作靖，小雅菁莪（菁菁者莪），文選注引韓詩作蓁蓁。

幎 儀禮士喪禮（幎目）注，古文幎爲涓。

勁牼 禮記曲禮（急繕其怒）注，繕讀爲勁，周禮考工記（顅脰）注，故書顅或爲牼，鄭司農云，牼讀爲鬜頭無髮之鬜，左傳襄十七年（邾子牼），公穀牼並作瞷。

磬罄

毛詩大雅大明（俔天之妹），釋文引韓詩俔作磬，禮記郊特牲（羶薌），注，羶當爲馨。省禮記玉藻（誓省）注，省當爲獮，明堂位（春社秋省）注，省讀爲獮，按郊特牲（誓社）注，社或爲省，則字之誤也。纓左傳僖元年（公敗邾師于偃），公羊傳偃作纓。

以上耕類與元類通假耕元聲近

〔說文〕烓讀若冋　餳從易聲　鼆讀若鼏，今說文從昔省聲，段玉裁云，昔當爲冥，字之誤也，水部，汨，從水冥省聲，玉篇曰，䵶，俗鼆字，可證。

〔經傳〕頃禮記祭義（頃步）注，頃讀爲跬，聲之誤也。螢禮記月令（腐草爲螢），說文引明堂月令螢作蠲。穎毛詩大雅生民（禾役穟穟），說文禾部兩引，役作穎。奠周禮春官瞽矇（世奠繫），注，故書奠作帝，杜子春帝讀爲定，按尚書禹貢（奠高山大川）注，奠，定也，太玄經（天地廛位），廛亦定也，周禮地官司市（奠賈）注，奠讀爲定，考工記匠人（奠水）注，鄭司農讀奠爲停，是奠聲實在耕類，故可與支類對轉通假。冪儀禮既夕禮白狗幦，注，古文幦爲冪。

以上耕類與支類通假耕支對轉

〔說文〕贏從𣎆聲，段玉裁謂當從貝𣎆，會意。嬴從𣎆省聲，段玉裁謂當從𣎆省聲，按段說是，若非從𣎆省聲，則直云從𣎆聲可也，豈必擇從𣎆之字，而從其省聲耶，以此證之，知不獨贏爲嬴之訛誤，嬴下亦確衍聲字也。

〔經傳〕奠（儀禮公食大夫禮（坐奠於鼎西）注，今文奠爲委，按委在歌類，文歌聲近，可通於支，由支可與奠通假，奠在耕類，耕元聲近，可通於元，由元可與委通假。）

以上耕類與歌類通假

〔說文〕戠（從呈聲）蚩（從屮聲，讀若騁，以蠿讀若騁證之，當脫蚩字，證云讀若蚩也，廣韵入蚩蠿字於二十八獮，獮韵多眞類字，是陸法言輩亦讀若騁，段玉裁以爲騁蚩字不可連，當云讀若以爲眞類聲也。蠿騁，又讀蚩若蚩，按漢人語，今不可曉者，多矣，抑或騁字訛誤，穀梁成十七年（公孫嬰齊卒于貍蚩），貍騁字，形略相似，其貍蚩之誤耶，廣韵又入蠿字於四十靜，誤。）

〔經傳〕程（尚書堯典（平秩），史記作便程。）定（尚書洪範（陰騭下民），史記騭作定。）正政（左傳哀二年（鄭無恤），國語晉語作鄭無正，呂覽作孫無政。）

以上耕類與脂類通假

〔說文〕猜（讀入之類，自袁宏三國名臣贊協才，猜來臺始。）

〔經傳〕禎（毛詩周頌維清（維周之禎），釋文禎作祺。）

以上耕類與之類通假

〔說文〕褮讀若詩葛藟縈之，一曰讀若靜女其袾之袾，按當爲靜女其袾之靜，轉寫訛也。

以上耕類與侯類通假無證

〔經傳〕嬴左傳宣八年（敬嬴），公穀作頃熊，依正義乃一人兩號。

以上耕類與蒸類通假

〔經傳〕敬尚書堯典（欽若昊天），（欽哉惟時亮天功），史記欽皆作敬。

以上耕類與侵類通假

眞類

〔說文〕珣讀若宣　蔄讀若蠻　鬗讀若蔓　觲讀若弭　牑讀若邊　䐐小徐繫傳讀若選　矜虔，讀若矜，從文聲，盧，據六書故引唐本說文從虔省聲。　袁從蚩省聲　堇難嘆均從堇聲　凶罨從凶聲　𧣾觶或作𧣾　昆小徐繫傳阮讀若昆　衒𧗳或作衒　命怨古作命　引小徐繫傳靷讀若引　蓴從專聲　琨或作瑻　毨讀若選　䰖小徐繫傳讀若幡　糞奎讀若糞

〔經傳〕遜周易蒙卦（順以巽也），釋文巽，鄭云當作遜。　琨混鯤尚書禹貢（瑤琨），釋文琨馬本作慣，禮記內則（濡魚卵醬）注，卵作讀爲鯤，或作擱，毛詩大雅皇矣（串夷喙矣），箋云，串夷即混夷。　洵筍毛詩邶風擊鼓（于嗟洵兮），釋文韓詩洵作敻，周禮春官典庸器（筍

箋）注，筍讀爲博選之選。

袞 毛詩豳風九罭（袞衣繡裳），釋文，袞字或作卷，禮記玉藻（龍卷以祭）注，字或作袞，郊特牲（王被袞）釋文，卷本又作袞，喪大記（君以卷），釋文，卷本又作袞，雜記（卷衣），祭義祭統（卷冕），釋文，皆音袞，王制（三公一命卷）注，卷俗讀也，其通則曰袞。

騂 毛詩小雅（騂騂角弓），釋文，騂，說文作弨，今說文弓部，弨，角弓也，馬部，引作騂騂角弓。

田 毛詩周頌有瞽（應田懸鼓），釋文，田，鄭作輮，周禮春官大師，（鼓輮）注，懈讀爲道引之引。

徧 尙書堯典（徧于羣神），史記徧作辯，儀禮鄉飲酒禮（衆賓辯）注，今文辯皆作徧。

惛 毛詩大雅民勞（以謹惛怓），周禮大司徒疏引作讙曉。

遵 儀禮鄉飲酒禮（遵者降席）注，今文遵爲僎，或爲全，禮記鄉飲酒義（介僎）注，古文禮僎皆作遵。

晉戩 儀禮大射儀（綴諸箭）注，古文箭作晉，周禮職方氏（竹箭）注，故書箭爲晉，杜子春曰，晉當爲箭，毛詩魯頌閟宮（實始翦商），說文翦作戩。

肦頒棼蚡 禮記王制（名山大澤不以肦）注，肦讀爲班，明堂位（頒度量）注，頒讀爲班，周禮天官大宰（匪頒之式）注，頒讀爲班布之班，宮伯（頒其衣裘）注，頒讀爲班，春官巾車（素車棼蔽）注，棼讀爲薠，考工記（蚡胡之笥）注，杜子春云，蚡讀爲焚咸之焚。

蜃輴 周禮地官遂師（蜃車）注，蜃，禮記或作槫，或作輇，禮記喪大記（君喪用輴）注，輴皆當爲載以輇車之輇，字或作團。

申 禮記緇衣注，古文周田觀文王之德，爲割申勸甯王之德，今博士讀爲厥亂勸甯王之德，檀弓（申詳）注，申詳，子張子，太史公傳，子張姓顓孫，今曰申詳，周秦之聲，二者相近，未聞孰是。

令命 尙書皋陶謨（巧言令色），史記令作善，禮記大學（舉而不能先命也）注，命讀爲慢，聲之誤也。

頵 左傳文元年（弒其君頵），公穀頵皆作髡。

馴 禮記少儀（撰爵）注，撰或爲馴。

純 禮記緇衣（事純）注，純或爲煩。

鶉 周禮天官醢人（鷹醢）注，故書鷹或爲鶉，杜子春云，當爲臚。冕絻禮記玉藻（玄端）注，端當爲冕，字之誤也，按亦聲誤，雜記注，玄冕或爲玄冠，或爲玄端，論語（弁，衣冠者），魯讀弁爲絻。僓左傳襄二十四年（象有齒以焚其身），釋文，服云，焚讀曰僓。麇左傳文十一年（伐麇），公羊作伐圈，昭元年（楚子麇卒），公羊麇作卷。纁周禮天官染人（夏纁玄）注，故書纁作纁。亹，左傳桓十八年（公子亹），韓非子作公子亶。沇尚書禹貢（沇水），山海經沇作聯，水經注作聯。甄尚書禹貢（九山刊旅），開母廟石闕銘刊作甄。覲尚書堯典（肆覲），史記覲作見。

以上真類與元類通假眞元聲近

〔說文〕郇讀若泓。遴蔆，司馬相如作遴。

〔經傳〕𣯛，說文𣯛下引虞書鳥獸𣯛毛，古文尚書也，𧘂下引虞書𣯛作𧘂，今文尚書也。隱，尚書盤庚（尚皆隱哉），漢石經隱作乘。溱毛詩鄭風溱洧，說文及水經溱皆作潧。甸儀禮士喪禮（贏醢兩籩無縢）注，古文縢爲甸，周禮小司徒（四丘爲甸）注，甸之言乘也，釋文，甸，繩證反。鄰禮記郊特牲（丘乘）注，乘或爲鄰。陳禮記檀弓（陳弃疾）注，陳或作陵，楚人聲，聘義（戰勝）注，勝，或爲陳。典周易繫辭（以行其典禮），釋文，京作等禮。仁論語（仍舊貫），釋文，魯讀仍爲仁。釁禮記文王世子（旣興器）注，與當爲釁，字之誤也，按亦由聲誤。

以上真類與蒸類通假眞蒸聲近

〔說文〕隼鵻或作隼。膭肫或作膭。趆蚳古作趆。脗吻或作脗。豤齦讀若豤。銀狋讀若銀。又紃趨讀若紃。頒，樊讀若頒，一曰若非。存晉讀若存晉晉之籀文，卽奇字晉。員從口聲垔從西聲茜從西聲殷從㐆聲昆從比聲賁從卉聲奔從卉聲晉從臸聲仁從二聲鰥從眔聲罬從眔聲璿從睿聲鯀從系聲隶從聿聲齔從七聲汃從八聲津古作𦨭瞋祕書作眓蜦或作蜧讀若戾艸䛐讀若指沔㥏讀若沔霣讀若資丨引而上行讀若囟，引而下行讀若退斤祈頎蚚所入脂尹芛伊蛜入脂莙讀若威㕣兌從㕣聲軍翬暉入脂楎小徐繫傳讀若緯，或如渾天之渾囟侚洒細入脂卂蝨入脂屖從辛聲謘讀若行道遲遲蚵讀若周天子赧䝯讀若回𣃔從斲聲，說文無斲字，當爲從單斤聲。蚩從屮聲，讀若騁，當脫蚤字，說詳耕類。𩋨讀若騁蚤，當爲讀若蚤。

〔經傳〕近周易小畜（月幾望），釋文幾，子夏傳作近，晁氏易引京劉一行本同，中孚（月幾望），釋文，京作近，周禮夏官大司馬（九畿），故書畿爲近，鄭司農云，近當爲畿，禮記祭法注，相近當爲禳祈。晉周易晉卦釋文晉，孟喜作齊。殷毛詩召南（殷其靁），據玉篇廣韻引韓詩殷作靁，禮記中庸（壹戎衣）注，衣讀如殷，聲之誤也，齊人言殷聲如衣，虞夏商周易氏者多矣，今姓有衣者，殷之胄與。黽毛詩邶風谷風（黽勉同心），文選注引韓詩黽勉作密勿，漢書劉向上封事引小雅十月之交，蔡邕傳引雲漢，並作密勿。浼勉毛詩邶風新臺（河水浼浼），釋文，浼，韓詩作浘，勉字，見上注。夤寅周易乾卦（夕惕若厲），說文夕部引厲作夤，泰卦（以其彙），釋文彙，董作夤，左傳哀十年（薛伯夷），公羊夷作寅。鵔俊毛詩小雅沔水（鴥彼飛隼），隸釋引費鳳碑鴥作鵔，尚書立政（三有俊心），漢石經俊作會。濬尚書堯典（濬川），史記作決川。

辰振麎震　尚書皋陶謨(祗敬六德)，史記祗作振，尚書盤庚(震動)，漢石經震作祗，毛詩小雅吉日(其祁孔有)箋，祈當作麎，禮記內則(祗見孺子)注，祗或作振，左傳宣十一年，(辰陵)，穀梁作夷陵。

殄眕　尚書皋陶謨(用殄厥世)，史記殄作絕，禮記曲禮(眕於鬼神)注，眕或爲祗。

焞　毛詩小雅采芑(嘽嘽焞焞)，漢書韋玄成傳引焞作推。

允　毛詩小雅十月之交(仲允膳夫)，漢書古今人表作仲術。

慍蘊　毛詩小雅車舝(以慰我心)，釋文韓詩慰作慍，大雅雲漢(蘊隆蟲蟲)，釋文韓詩蘊作鬱。

掔　毛詩豳風狼跋(赤舄几几)，說文手部引几作掔。

絪　周易繫辭(天地絪縕)，說文絪縕作壹壼。

陻　尚書洪範(鯀陻洪水)，漢石經陻作伊。

梱　儀禮大射儀(旣拾取矢梱之)注，古文梱作魁。

分邠釁亹　尚書盤庚(女分猷以相從)，漢石經分作比，周禮地官廛人(匪頒)注，匪讀爲分，春官鬯人(釁鬯)注，鄭司農釁讀爲徽，雞人(面禳釁)，天府(釁寶鎮)注同，大雅文王(亹亹文王)，崔靈恩集注引亹作娓，周易(成天下之亹亹)，釋文亡偉反，按亹字不見說文，蓋從釁之俗體亹得聲也，爾雅(西至汃國)，說文汃作邠。

屯　周禮地官鄉師(巡其前後之屯)注，故書屯作述。

伸陳　禮記少儀(游於說)注，說或作伸，左傳僖元年，襄二十四年，(夷儀)，公羊均作陳儀。

紖　禮記祭統(君執紖)注，周禮作絼，按周禮封人注，絼字當以豸爲聲。

吝　禮記大學(一人貪戾)注，戾或爲吝。

隼準　周禮春官司尊彝(蜼尊)注，蜼，鄭司農讀爲蛇虺之虺，或讀爲公用射隼之隼，考工記(利準)注，故書準作水。

穿　周禮春官小宗伯(甫竁)注，鄭大夫讀竁皆爲穿，杜子春讀竁爲毳，今南陽名穿地爲竁，聲如腐肥之肥。

騂　周禮地官草人(騂剛)注，故書騂爲挈，杜子春挈讀爲騂。

筋　周禮考工記(摩其筋)注，故書筋或作薊，鄭司農云當爲筋。

賓　周禮春官大宗伯(實柴)注，鄭司農云，故書或爲賓柴。

以上真類與脂類通假 眞脂對轉

〔說文〕𥣬 讀若雁 䚩 解或作䚩，禮經作觝。

〔經傳〕揮 周易謙卦（撝謙），釋文京房撝作揮。 釋 䚩 鄭駁異義云，解字角旁辰，汝穎之間，師讀所讀，今禮角旁單，古書或作角旁氏，角旁氏，則與觚字相近，學者多聞觚，寡聞觝，寫此書亂之而作觚耳。 免 禮記喪服四制（禿者不髽）注，髽或爲免。 孫 左傳哀二年，（郵無恤）呂覽郵作孫。 靷 左傳哀二年，（兩靷）國語晉語作兩靷。

以上真類與歌類通假 眞歌對轉

〔說文〕囟 或作𦞤 辛 宰從辛聲 思 從囟聲 銀 犾讀若銀 又 迅 䜭讀若迅 允 從㠯聲 艱 籀作囏 存 從才聲

〔經傳〕懋 公羊昭十一年（屈銀），左穀作厥憖，按左傳文十二年（兩君之士皆未憖也），說苑引憖作息，乃同類通假。 近 毛詩大雅崧高（往近王舅）箋，近，聲如彼記之子之記，按毛居正六經正誤，說文作辺，今說文丌部辺，讀與記同，鄭君蓋用許說，是近爲辺形近之訛。 隱 左傳昭十年（季孫意如）公羊作隱如。 純 禮記玉藻（純組綬）注，純當爲緇，古文緇或作系旁才，禮記檀弓（綌衣），釋文紂本作緇，周禮地官媒氏（純帛）注，純實緇字也，古緇以才爲聲，按字由形近訛。 欣訢 禮記樂記（天地訢合）注，訢讀爲熹，左傳成十四年（欣時）公羊作喜時。 詢 尚書堯典（詢于四岳）史記詢作謀。 迅 毛詩邶風（二子乘舟）釋文，駛疾一本作迅疾。

以上真類與之類通假

〔說文〕𦎫孰從𦎫聲　媼讀若奧　甸從包省聲，疑爲從包省田聲，轉寫誤倒。⿱䰜燊從䰜聲，按與燊同訓盛，燊，讀若詩莘莘征夫，小徐繫傳有古文伷三字，燊，從焱在木上，當亦取焱聲，焱聲亦在薦類，詳談類焱字注，古文伷，從由聲，亦薦類聲也，焱由薦類轉入真，燊亦由薦類轉入真，音同訓同，疑是今古文。燊讀若詩莘莘征夫，古作佂。

〔經傳〕敦埻錞尚書顧命（右埶），說文無埶字，據後漢書劉繽傳注，埶，東觀記續漢書並作埻，當爲右埻，周禮天官司裘注（又方制之以爲𦎫謂之鵠），假𦎫爲埻，周易鼎卦（亨飪），釋文亨，本又作亯，蓋本作𦎫，作亯者，𦎫之爛文，說文引易作孰飪，然則𦎫孰古本同聲，說文，𦎫，孰也，正是同聲之訓，𦎫下說解又云，一曰鬻也，鬻從米聲，米在脂類，脂眞對轉，𦎫鬻亦同聲之訓，自漢人誤鬻爲鬻，而孰亦隨之讀殊六切矣，禮記喪大記（大夫殯以幬）注，幬或作錞，或作埻，周禮春官司几筵，（每敦一几）注，敦讀曰燾，毛詩大雅行葦傳，（天子敦弓），公羊作雕弓，大雅棫樸（追琢其章），孟子注作雕琢，敦追雕三聲，發音相同，轉讀亦有由也。勉尚書堯典（惟時懋哉），史記懋作勉。酳儀禮士虞禮（酳尸）注，古文酳作酌，錢大昕以酌爲酌訛。潤禮記樂記（寬裕肉好）注，肉或爲潤。釁左傳宣十七年（苗賁皇），說苑引作釁釁皇。

以上真類與蕭類通假

〔說文〕㚘小徐繫傳讀若齺

〔經傳〕璿周禮夏官弁師（瑉玉三采）注，故書瑉作璑。蜃周禮春官鬯人（用蜃）注，故書蜃或爲模，杜子春云，謨當爲蜃。薦左傳昭二十五年，（藉幹），說文作薦幹。偏尚書堯典（敷奏以言），史記敷奏作偏告。

以上真類與魚類通假

〔經傳〕潤禮記聘義（溫潤而澤）注，潤或作濡。

以上真類與侯類通假

〔說文〕参參從㐱聲猚或從人聲囟農從囟聲

〔經傳〕荐，左傳定四年，（荐食）淮南子作蠶食。尊，左傳成五年（召伯宗），穀梁宗作尊。報周禮夏官司弓矢（椹實）注，鄭司農云，椹字或作報，非是。殿，毛詩大雅板（民之方殿屎），說文引殿屎作唸吚。佞，尚書皋陶謨（孔壬），史記壬作佞。

以上真類與侵類通假

〔說文〕秦從春省聲

〔經傳〕勳禮記樂記（讙以立動）注，動或爲勳，周易艮卦（厲熏心）虞注，荀氏以熏爲勳，讀作動。

以上真類與東類通假

〔經傳〕堅周易繫辭（剛柔相摩），衆經音義引作堅柔命周易賁卦（君子以明庶政），釋文，蜀才本，明作命，繫辭傳（繫辭焉而命之），釋文，命，孟作明。民毛詩大雅蕩（天生蒸民）韓詩外傳作烝明，尚書堯典（黎民阻飢），史記五帝紀音義云，今文尚書，一作黎明。

以上真類與陽類通假

元類

〔說文〕陾從耎聲

〔經傳〕陾毛詩大雅緜（捄之陾陾），說文手部作仍仍，按耎從而聲，在之類，亦爲之蒸通假。然左傳昭十二年（成熊），公羊作成然，按左經作熊，傳作虎，穀梁亦作虎，正義以爲名熊字虎，尚書顧命（虎臣），漢書古今人表作龍臣，正與此同。

以上元類與烝類通假元蒸聲近

〔說文〕瓊或作璚觼或作鐍單解碑入脂觿讀若纗蠵讀若蜀都布名，按纗，蜀細布也，蓋言讀若纗。嫢讀若蜀郡布名⿺走夐讀若繘頍或作鬹揠從匽聲干舌訐入脂幵羿筓枅開耆入脂捾從官聲⿱宀言從言聲雋檇從雋聲⿰犭璽從璽聲獻鬳⿰木獻⿰氵獻⿰車獻入脂旦笪妲⿰黑旦怛入脂⿱辛可讀若櫱，按⿱辛可從辛，當亦取辛聲。旻讀若颰，按⿱旻瓦從旻聲，讀若酓，貿從旻，當亦取旻聲，則晏本元類聲也。
巘或作櫱古文作不梓
𧿳或作跀
兀抗虺阢軏入脂，按兀讀若負，則聲本在元類。
萬讀糲蠣勵入脂
蠣讀若賴
勱讀若萬，小徐繫傳讀與厲同。
丸莧讀若丸，按莧從首聲。
肙從口聲
延從丿聲
鶨從彖聲
篆從彖聲
橡從彖聲
掾從彖聲
緣從彖聲
蝝從彖聲
瑑從彖聲
貫從貝聲
憲從害省聲
𣦼從歺聲
⿰歺内從歺聲
⿰歺攵從歺聲
叀從屮聲
⿰忄夒讀若水溫蠡，今說文從夒，據脂眞對轉例，正作從夔。
堅從臤聲
掔從臤聲

〔經傳〕巘巘尚書盤庚（由櫱），說文丂部引作甹栫，木部引作由巘，毛詩衞風碩人（庶姜孽孽），釋文韓詩作巘。
諓尚書秦誓（惟截截善諞言），公羊引截作諓。
善周易乾卦（善之長也），左傳襄九年善作體，左傳襄五年善道，公穀作善稻，釋文善稻，吳謂之伊緩。
鍰尚書呂刑（百鍰），史記鍰作率，索隱云，舊本作選，史記平準書索隱云，大傳作饌。
選饌注見上
鮮尚書費誓，說文及周禮雍氏注，禮記曾子問，並作粲誓，史記作肹誓，尚書大傳作鮮誓，毛詩大雅桑柔（逝不以瀡），墨子引逝作鮮，按脂元對轉，鮮可與脂類相通假，毛詩邶風新臺協泚瀰鮮，乃支脂通協也，匏有苦葉（有兔斯首），箋，斯白也，今俗語斯白之字作鮮，齊魯之間聲近斯，是鮮有斯聲，乃是漢時方言，亦由脂支聲近，再轉而然也。
宛毛詩秦風晨風（鬱彼北林），周禮注引鬱作宛，禮記內則（兔爲宛脾）注，宛或爲鬱。
怛毛詩檜風匪風（中心怛兮），漢書王吉傳引怛作⿱制心。
儺毛詩檜風隰有萇楚（猗儺其枝），楚辭注引猗儺作旖旎。
遷尚書堯典（竄三苗），史記竄作遷。
按毛詩大雅皇矣（以按徂莒），孟子引按作遏。
錧儀禮既夕禮（木錧）注，今文錧爲鍺。
延禮記射義（出延射）注，延或爲誓。
褖緣禮記玉藻（士褖衣）注，褖

或作祱，儀禮士喪禮注，掾之言緣也，禮記喪大記(祱衣)，周禮天官內司服注，引作緣衣。辨周禮天官小宰(傳別)注，故書作傳辨，鄭大夫讀為符別，秋官士師(荒辨)注，辨鄭大夫讀為風別之別。廛周禮地官廛人(凡珍異之沈滯者)注，故書滯或作廛。鱓癉周禮地官泉府(貨之滯於民用者)注，故書滯為癉，儀禮既夕禮(角觶)注，古文角為柶。擩，周禮春官大祝(擩祭)注，擩，杜子春讀為虞芮之芮。烜周禮秋官序官司烜氏，注，烜讀如衛侯燬之燬。捖睆周禮考工記(刮摩之工五)注，故書刮作捖，鄭司農云，捖讀為刮，禮記檀弓(華而睆)注，說者以睆為刮節目，字或為刮。榦周禮考工記梓人(兩个)注，个讀若齊人搢榦之榦，按个卽介字，說文無个字。線周禮考工記(察其線)注，故書線或作綜，杜子春云，綜當為糸旁泉，讀為絤，按作綜者，形近而訛。檇左傳定十四年(檇李)，公羊作醉李。展左傳僖二十六年展喜，國語魯語作乙喜。版左傳襄二十一年(識其枚數)，釋文，枚，本亦作版。岍汧尚書禹貢(道岍)釋文，字又作汧，馬本作開。

以上元類與脂類通假元脂對轉

〔說文〕钀轙或作钀萑讀若和祼從果聲觶禮經作觝梭，讀若指撝，小徐繫傳讀若檀，蓋指字燗文形近之訛。單驒繟鼉入歌丸骫入歌耑瑞椯䅙㟨惴入歌㟨讀若捶般鞶入歌犬猚入歌督小徐繫傳讀若委。扇從猳省聲，按當從或文瓬省聲，轉寫誤也。腝從耎聲，或作臡。

〔經傳〕椯周易頤卦(朵頤)，釋文京作椯。番皤燔播藩周易賁卦(賁如皤如)，釋文，皤董音槃，鄭陸作燔，音煩，荀作，波，儀禮既夕禮（設披）注，今文披皆爲藩，毛詩小雅十月之交（番爲司徒），漢書古今人表番作皮，周禮春官大司樂（播之以八音）注，故書播爲藩，杜子春云，藩當爲播，讀如后稷播百穀之播，尚書大傳（播國率相行事），播讀曰藩，今讀播爲補過切，古音仍如藩也。

獻 尚書皐陶謨（黎獻），孔宙碑田君碑皆作黎儀，大誥（民獻），尚書大傳作民儀，禮記郊特牲（升獻涚于醆酒）注，獻，讀當爲莎，周禮春官司尊彝（獻尊）注，獻讀爲犧，又（鬱齊獻酌）注，鄭司農云，獻讀爲儀，玄謂獻讀爲摩莎之莎，齊語聲之誤也，禮記禮器（犧尊）注，犧周禮作獻。

儺⿰鬼𦰩 毛詩衛風竹竿（佩玉之儺），御覽引儺作那，小雅桑扈（受福不那），説文引那作⿰鬼𦰩，按周禮春官占夢（遂令始難毆疫）注，故書難或作儺，杜子春讀爲難問之難，論語（鄉人儺），魯讀爲獻，則儺⿰鬼𦰩仍在元類，以對轉相通假也。

宣桓 尚書禹貢（和夷），鄭曰，和讀爲桓，周易謙卦（撝謙），釋文，撝，鄭讀爲宣。

媻 毛詩陳風東門之枌（婆娑其下）。説文婆引作媻。

嘽灌 毛詩小雅四牡（嘽嘽駱馬），説文引嘽作痑，周禮秋官大行人（再祼而酢）注，故書祼作果，鄭司農祼讀爲灌，按大宗伯（大賓客則攝而載果）注，果讀爲祼，考工記（祼圭）注，祼或作淉，或作果，則祼仍在歌類，以歌元對轉，與灌相通假也，左傳襄四年，（斟灌），史記夏本紀作斟戈。

延 毛詩大雅棫樸（施于條枚），韓詩外傳施作延。

緐 儀禮鄉射禮（皮樹）注，今文皮樹作緐豎。

連 儀禮士喪禮（設決麗於擘）注，古文麗亦爲連。

⿱衍食 禮記內則（羞糗餌粉酏）注，酏讀爲⿱衍食。

薳 左傳桓六年（薳章），潛夫論作薳章，襄二十五年，（薳掩），漢書古今人表作薳奄。

爨 左傳宣十五年，（析骸以爨），史記楚世家作析骨而炊。

以上元類與歌類通假 元歌對轉

〔說文〕昕讀若擺，以周禮夏官大馭兩軹，故書軹爲軿證之，從幵聲字在元類，耕元聲近，刑形等字，可轉入耕，由耕對轉，故昕字可讀擺，軿可讀軹，脂元對轉，笄枅等字，亦可轉入脂，故杜子春云，軿或讀爲簪笄之笄。⿰魚⿱雨羊讀若斯，說詳本類鮮字下，廣韻三十二霰，以⿰魚⿱雨羊同霰。⿰虫夐或作蠵　瓊或作瓗

〔經傳〕軿見上昕字注　鮮尚書禹貢（析支），大戴禮作鮮支，爾雅釋詁（鮮善也）釋文，鮮，本亦作誓。

以上元類與支類通假

〔說文〕耎從而聲　緐從每聲　戟讀若棘，小徐繫傳從軌聲。

〔經傳〕苑，左傳昭十五年，（以鼓子鳶提歸）國語晉語引鳶提作苑支。

以上元類與之類通假

〔說文〕⿶凵罒古文以爲醜字　奧從弆聲　關從䜌聲，疑爲从䜌門聲，在眞類，轉寫誤倒。曼從冒聲　睘小徐繫傳讀若告之謂調。

〔經傳〕漫尚書堯典（滔天），史記滔作漫。萑左傳二十年（澤之萑蒲），說文竹部引作澤之目䈞。爟周禮夏官司爟注，故書爟爲燋，杜子春云，燋讀爲爟。欒周禮考工記鳧氏（兩欒）注，故書欒作樂，杜子春云，當爲欒，書亦或作欒。變周易繫辭（所樂而玩者），釋文，樂，虞本作變，（樂天知命）釋文，虞作變。腕禮記三年問（反詘之及肘）注，肘或作腕。掔周禮考工記（今夫茭解中有變焉故校）注，茭

，讀如齊人名手足掔爲骹之骹，按呂覽注，掔讀如棬椀之椀，漢書郊祀志（莫不掘掔）注，古手腕之字也，掔從臤聲，臤，小徐繫傳從乂掔，齊人名掔爲骹，蓋猶是古音。寬左傳昭二十七年（閻沒女寬），國語晉語作叔寬，乂作叔褎。緩左傳襄五年（善道），公穀作善稻，釋文，善稻，吳謂之伊緩。檇左傳定十四年（檇李），越絕書作就李。

以上元類與蕭類通假

〔經傳〕然，尚書堯典（帝曰俞）史記俞作然。

以上元類與侯類通假

〔說文〕祄讀若普蘉或作覵

〔經傳〕宣周易說卦傳（爲寡髮），釋文，寡，本又作宣，考工記車人注，引作宣髮。猨周禮考工記（貉踰汶則死）注，貉或爲猨。燕周禮春官樂師（燕射）注，故書燕爲舞，鄭司農云，舞當爲燕。憲，周禮秋官（慮刑貶）注，故書慮爲憲。鸛患左傳昭二十五年（鸜鵒），公羊作鸛鵒，釋文云鸛，嵇康音權，左傳成十六年（外懼），國語晉語作外患。煩禮記少儀（加夫襓與劍焉）注，夫或作煩。算儀禮大射儀（餘獲）注，古文作餘算。筵儀禮大射儀（賓升就席）注，今文席爲筵，士虞禮（几席）注，古文席爲筵。傳，儀禮覲禮（四傳擯）注，古文傳作傅。

以上元類與魚類通假

〔經傳〕渙毛詩鄭風溱洧（方渙渙兮），說文引渙作汎。言尚書堯典（靜言庸違），左傳文十八年作靖譖。

以上元類與侵類通假

〔說文〕鏦或作錄

〔經傳〕卷儀禮聘禮（加其奉於左皮上馬則北面）注，古文奉爲卷。讙尚書無逸（言乃雍），史記雍作讙。湎尚書微子（沈酗于酒），史記宋世家酗作湎。

以上元類與東類通假

〔說文〕衍小徐繫傳從行聲。

以上元類與陽類通假無證

蒸類

〔說文〕朋鳳古作朋躬躳或作躬营營或作营兢讀若矜

〔經傳〕兢毛詩小雅小旻（戰戰兢兢），左傳引作矜矜，大雅雲漢（兢兢業業），釋文，兢，本又作矜。朕周禮考工記（撟角欲孰於火而無燂）注，故書燂或作朕。仍左傳桓五年（仍叔），穀梁作任叔。興尚書盤庚（崇降弗祥），漢石經崇作興。承尚書康誥（應保），洛誥曰（承保），

以上蒸類與侵類通假 蒸侵聲近

〔說文〕馮 麷讀若馮 兢 從丯聲 曾 從囪聲 朕 從弁聲，說文無弁字，當爲從火灷聲。

〔經傳〕穹 毛詩小雅白駒（在彼空谷），文選注引作穹谷，韓詩薛君章句，穹谷，深谷也，周禮考工記韗人（穹者三之一）注，鄭司農云，穹讀爲志無空邪之空。躬 毛詩巧言（匪其止共），禮記緇衣引作止躬。嘣 周禮地官遂人（及窆）注，窆謂下棺時，禮記謂之封，春秋謂之嘣，皆葬下棺也，聲相似。

以上蒸類與東類通假 蒸東聲近

〔說文〕夢 讀若萌 弘 強從弘聲，籀作𧖞 湴 今說文無此字，一切經音義引有之，又引玉篇皮冰反，其引玉篇，乃未修本也，嚴可均說。

〔經傳〕媵 儀禮燕禮（升媵觚於賓）注，媵或爲揚，禮記檀弓（揚觶）注，禮揚作媵。甍 周禮秋官雍氏（春始生而萌之）注，故書萌爲甍，杜子春云，甍當作萌，書亦或爲萌。升 儀禮鄉射禮（作上射）注，今文或言作升射。恆 左傳哀十四年，（陳恆），史記齊世家作田常，尙書禹貢（恆衛）（恆山）史記皆作恆，漢避文帝諱，改恆爲常。

以上蒸類與陽類通假 蒸陽聲近

〔說文〕倗讀若陪位鄘讀若陪黱六書故引唐本說文，有重文黛。巹讀若詩云赤寫己己艿從乃聲，凡乃聲字皆入蒸，不具載。冰或作凝等從寺聲繒籀作綷，綷從宰省。

〔經傳〕螣毛詩小雅大田（去其螟螣），釋文螣，字亦作貣，說文作蟘。凝周易鼎卦（君子以正位凝命），釋文，凝，翟作擬，坤卦（陰疑於陽），釋文，疑，荀虞姚信蜀才作凝，大雅桑柔（靡所止疑），釋文，疑，魚陵反，王氏詩考引詩說云，齊詩作凝，禮記中庸（至道不凝），釋文，本又作疑。陾毛詩大雅緜（捄之陾陾），釋文，耳升反，又如之反，說文阜部引作陾陾，手部引作仍仍，玉篇引作陑。乃周禮春官司几筵，（凶事乃几）注，鄭司農讀乃爲仍。熊左傳昭七年（黃熊），國語晉語禮記王制注並引作黃能。登公羊傳隱五年，（登來之也）注，登讀言得來，得來之者，齊人語也，齊人名求得爲得來，作登來者，其言大而急，由口授也。

以上蒸類與之類通假蒸之對轉

〔說文〕𠧪從乃省卤聲，讀若仍，籀文𠧪不省，小徐繫傳作從乃卤省聲，按大小徐本，均爲轉寫者訛誤，當云從卤省乃聲。云卤省者，蓋從古文卤省一畫作卤也，卤，籀文西也，不云從卤者，以籀文西，本已省古文卤作卤，而籀文𠧪，轉不省，不另出籀文於次，而見諸說解，其意更明，段玉裁嚴可均皆以爲卤聲，段更謂從乃省者，爲從乃而未盡其曲折，尤爲曲解，卤篆與𠧪篆，其下一畫同，𠧪但云从乃卤聲，不云乃省也。

〔經傳〕登（尚書洪範（汝陟帝位），史記陟作登，以成陟之陟，讀如德，通假入之，故又可由之對轉，與登通假也。）

以上蒸類與脂類通假

〔經傳〕陵（尚書堯典（幽州），史記作幽陵。）等（尚書洪範（九疇），史記作九等。）

以上蒸類與蕭類通假

侵類

〔說文〕鉵（讀若同）桻（讀若鴻）螽（夆讀若螽）用（六書故引唐本從中聲。）

〔經傳〕贛隆（尚書顧命（冒貢），釋文貢，馬本作贛，左傳成二年（取龍），史記年表齊晉世家並作取隆。）穠（毛詩召南（何彼穠矣），釋文穠，韓詩作茙。）融蟲（毛詩小雅節南山（昊天不傭），晉書元帝紀引作不融，大雅雲漢（蘊隆蟲蟲），釋文，韓詩作烔烔。）岑（毛詩周頌小毖（莫如荓蜂），釋文，蜂，本又作岑。）僶（周禮地官廛人（總布）注，杜子春云，總當為僶。）閣（左傳文十八年（閻職），史記齊世家作庸職。）

以上侵類與東類通假（侵東聲近）

〔說文〕彡（彭從彡聲）

〔經傳〕坎（禮記喪大記（待盈坎）注，坎或為壙。）斟（左傳宣二年（羊斟），史記年表宋世家作羊羹。）簪（周易豫卦（朋盍簪），釋文，簪馬作臧。任，尚書牧誓（王父母弟），漢石經王作任。

以上侵類與陽類通假侵陽聲近

〔說文〕冬牢從冬省聲　毚訬讀若毚　宲小徐繫傳從求聲　慒從曹聲　充育省聲

〔經傳〕終尚書君奭（其終出于不祥），釋文終，馬本作崇，漢石經作道。悰崇爾雅釋言釋文慒，本作悰，左傳宣元年（侵崇），公羊作侵柳，崇，又見上注。慘毛詩陳風月出（勞心慘兮），五經文字引慘作懆　嶩毛詩齊風還（遭我乎峱之間兮），釋文，崔集注峱，本作嶩，漢書地理志引作嶩。禫儀禮士虞禮（中月而禫）注，古文禫或為導，禮記喪大記注，禫或皆作道。融左傳昭五年（蹶由），韓非子作蹶融。

衷左傳昭元年（襲甲），釋文襲本或作衷。營左傳宣十二年（鞠窮），小徐繫傳作芎藭，按，芎當作營。

以上侵類與蕭類通假侵蕭對轉

〔說文〕宋小徐繫傳木聲。

〔經傳〕軓周禮秋官大行人（立當前侯），說文引作前軓。任毛詩大雅生民（蓺之任菽），周禮大宰疏引作戎菽。

以上侵類與侯類通假侵侯對轉

〔說文〕𡵂古厄作蚵

以上侵類與魚類通假無證

〔說文〕音戠（意從音聲，戠從音聲。）[illegible]（從中聲）

〔經傳〕譖（周易豫卦（朋盍譖），釋文譖，古文作貸，京房作宗，虞作戠。）宗（見上注。）中（周禮禮官師氏（中失）注，故書中爲得，杜子春云，當爲得。）

以上侵類與之類通假

〔說文〕簟（勒讀若簟）

〔經傳〕湛（周禮夏官職方氏（潁湛）注，湛或爲淮。）汎（禮記郊特牲（氾齊）注，或爲汎齊。）參（尚書西伯戡黎（乃罪多參在上），釋文馬云，參字厽在上，據玉篇厽，力捶反；尚書以爲參字，則厽在脂類，古文尚書本作厽，孔安國讀爲參。）

以上侵類與脂類通假

東類

〔說文〕研（一切經音義引礦下有古文研，嚴可均據以改今說文之重文，以爲從収聲。）

〔經傳〕逢（毛詩大雅靈臺（鼉鼓逢逢），淮南子引作洋洋。）庸（尚書堯典（靜言庸違），左傳作庸回，楚辭天問作康回。）侗桐（尚書康誥（無康好逸豫），史記康作侗，漢書武五子傳引作桐。

以上東類與陽類通假東陽聲近

〔說文〕襱或作襩　訟古作䜇　廾菐龹從廾聲　茸䡜讀若茸　叢從取聲　容從谷聲古作㝐　竦從束聲　顒從禺聲　喁從禺聲　鰅從禺聲

〔經傳〕蒙尚書洪範（曰蒙）正義，鄭本作霿，史記作霧，按霿霚之或文也，大傳作霿。　種毛詩大雅生民（誕降嘉種），說文禾部引作嘉穀。　鬷毛詩商頌烈祖（鬷假無言），禮記中庸及荀悅申鑒，引鬷作奏。　弄周禮夏官大司馬（三鼓摝鐸）注，鄭司農云，摝讀如弄。　輂左傳襄九年，（陳畚挶）漢書五行志，挶作輂。　東左傳昭二十一年，（蔡侯朱），穀梁朱作東。　叢左傳僖三十二年，（取訾婁），公羊作取叢，按訾婁即叢，爲反切之所本。　鴻禮記月令（鴻雁來）注，今月令鴻皆作候。　踊禮記喪大記（而后踊），注云，踊或爲哭，或爲浴。　茸毛詩邶風旄丘（狐裘蒙戎），左傳引作厖茸，按戎在侯類，周易需卦（致寇至），釋文，寇，鄭王肅本作戎，左傳文十八年，邲歇，史記齊世家作邲戎，同類通假也。

以上東類與侯類通假東侯對轉

〔說文〕充從育省聲　用周從用口，當爲用亦聲，調從周聲，毛詩小雅車攻屈原離騷東方朔七諫均協調，同。　宂𣢾從宂聲，省或作抗或作眈，按當從宂聲，大雅生民，毛詩作或舂或揄，則幽侯通協，說文作或舂或舀，則本在幽類，儀禮有司徹注引作或舂或抗，則幽東對轉也。

〔經傳〕孔，左傳哀十五年，（孔悝），釋文本又作叔悝。從，毛詩齊風南山（衡從其畝），釋文韓詩作橫由。抗，儀禮有司徹（執挑七枋以挹酒）注，挑，讀如或舂或抗之抗，字或作挑者，秦人聲也，今文挑作抗。

以上東類與蕭類通假東幽對轉

〔經傳〕動，周易繫辭（言天下之至動），釋文鄭本作至賾，云賾當爲動，九家亦作册。

以上東類與支類通假

〔經傳〕從，尚書洪範（不畀），史記作不從。艐，五經文字，艐爾雅作屆。

以上東類與脂類通假

〔說文〕艐讀若辜

〔經傳〕從，周易繫辭（坤以簡能），釋文姚云，能當作從。

以上東類與之類通假

陽類

〔經傳〕竝儀禮士昏禮（竝南上）注，今文竝作併，聘禮公食大夫禮士喪禮注皆云今文竝作併，有司徹，（西竝）注，古文竝皆作併，周禮考工記（眂其綆）注，鄭司農云，讀爲關東言餅之餅。行尚書禹貢（大行恆山）列子作大形。賞左傳襄二十八年（善人富請之賞），後漢書析像傳注引賞作幸。往周易泰卦（征吉）足利古本征作往，毛詩（征以中垢），韓詩外傳征作往。

以上陽類與耕類通假陽耕聲近

〔說文〕襄古作㐮攺讀與撫同𪏽讀若郭鄦奠莽入魚竝皆從竝聲𦏶舞古作𦏶𨑟撫古作𨑟懬豐讀若廣

〔經傳〕亡荒良尚書洪範（無虐煢獨），釋文馬本作亡侮，（一極無凶），史記作亡凶，毛詩魯頌閟宮（遂荒大東），爾雅釋詁注，引荒作憮，周禮天官典絲（良功）注，良當爲苦，字之誤也，按良苦形不近，當爲聲誤。罔尚書皋陶謨（罔水行舟），史記罔作妨，金縢王其罔害，禮記玉藻注，周禮春官占人注，史記，皆引作無害。迎尚書禹貢（逆河），史記作迎河，金縢（新逆），釋文，馬本作親迎，左傳杜注，古多以逆爲迎。明毛詩魯頌泮水（明明魯侯），白虎通引明明作穆穆。兵禮記玉藻（乘路車不式）注或曰乘兵車不式。堂儀禮鄉射禮（適堂西）注，今文曰適序西。禮記坊記（大斂於阼）注，阼或作堂。蕩周禮地官掌節（以英蕩輔之）注，杜子春云，蕩當爲帑。旊周禮考工記陶旊注，鄭司農旊讀爲甫始之甫。亮尚書無逸（自度），漢石經作自亮。常周禮考工記，（則於馬終古登阤也）注，齊人之言終古，猶言常也，按終古即常，如皆婁即蔽，登得卽登。象周易繫辭（易之序）釋文序虞作象。，纊尚書禹貢（厥篚纖纊），史記纊作絮。

以上陽類與魚類通假陽魚對轉

〔經傳〕明左傳昭二十八年，（閻沒女寬），國語晉語作閻明叔寬。郎左傳莊元年，（公次于滑）公穀滑作郎，桓十七年，（戰于奚），穀梁奚作郎。

以上陽類與脂類通假

〔說文〕杏從可省聲

〔經傳〕防周禮春官喪祝（勸防）注，杜子春防當爲披。皇翌周禮地官舞師（教皇舞）注，鄭司農云，皇書或爲翌，或爲義。

以上陽類與歌類通假

〔經傳〕方尚書堯典（方命圮族），史記方作負。

以上陽類與之類通假

〔說文〕賡續古作賡

〔經傳〕更儀禮特牲饋食禮（主人更爵）注，古文更爲受，燕禮注，古文更爲受，周禮春官巾車注，更續爲受讀，左傳昭二十七年，（以更章豕之後），史記夏本紀更作受。郎左傳哀十一年（戰于郊），禮記檀弓郊作郎，將左傳昭二十六年，（子猶），史記晉世家作子將。

以上陽類與蕭類通假

〔說文〕丙 陋從丙聲

〔經傳〕攘 尚書微子（今殷民乃攘竊神祇之犧牲），史記宋世家，攘竊作陋淫，徐廣曰，一云殷民侵神祇犧，又云，陋淫侵神祇，按陋從丙聲，與攘通假，亦為同類聲，淫侵即竊，如朱鈕即州，于諸即，寘，發音同而收音異類也。掌 周禮天官凌人（掌冰）注，杜子春讀掌為主冰。秉 毛詩小雅大田（秉畀炎火），釋文秉韓詩作卜。象 周易繫辭（易之序）釋文，序，虞作象，按虞說集解晁氏曰，舊讀象作厚，或作序者非。

以上陽類與侯類通假

談類

〔說文〕甲 卑從甲聲

〔經傳〕甲 周禮夏官射鳥氏（則以并甲取之）注，夾讀如甲，支脂通假。

以上由支類入談類

〔說文〕計 當為十亦聲 廿 辛部童下，米部竊下，說解，廿，古文以為疾字。世 從卅聲 枼 從世聲 瘱 從疾聲 瘞 從疾

聲。緝讀若𡐊犇。位當爲立亦聲。粒小徐繫傳食讀若粒，脂之聲近。會古作㣛，當從合聲。述讀若拾，又若郅。榙讀若𡐊。沓
從曰聲。摺讀若眔，按眔，小徐繫傳隶省聲。籋從爾聲。㚔一曰讀若籋。㐁讀若三年導服之導，脂蕭通也，一曰讀若沾，脂元
對轉也，一曰讀若誓，則在脂類。茜讀若陸，脂蕭通也，小徐繫傳讀若俠，則在脂類，孫愐音直例切。㗊讀若戢。摯從執聲，讀若
誓，脂眞對轉。鷙暬𢃃騺摯𡠓從執聲。疌從屮聲。習小徐繫傳韵會從囟聲。盇從大聲。蓋從盇聲。珕荔從劦
聲。栝狧絬從舌聲。銛從舌聲，讀若棪，脂眞對轉，眞侵通也，桑欽讀若鎌，則以舌從干聲，由元對轉入脂，仍從始聲讀入元類
也。彗古作𥫶。[illegible]或作槷，讀若輒，脂歌聲近。囟讀若聶，小徐繫傳讀若籋。嵒讀與聶同。婕讀若接。箑或作篓。緁或作
緝。譶讀若沓。龖讀若沓。慴讀若疊。讋讀若慴。軜從內聲。欻讀若忽，蕭侵對轉，脂蕭通也。嗑讀若甲，支脂聲近。
歰讀爲濇，脂之聲近。鞥讀若罌，脂眞對轉，眞侵通也。
〔經傳〕奄掩左傳昭九年，（蒲姑商奄），定四年），因商奄之民）墨子韓非子作商蓋，昭二十七年），掩餘），史記吳世家剌客傳並
作蓋餘，尚書盤庚（予不掩爾善），五經異義引掩作絕，爾雅釋言，弇，蓋也，釋文：弇，古掩字，小徐繫傳韵會引弇從合廾聲，當爲從廾
合聲，轉寫誤倒。立位涖泣拉周禮春官小宗伯（掌建國之神位）注，故書位作立，鄭司農云，讀爲位，古者立位同字，古文春秋經
，公即位，爲公即立，大宗伯（涖玉鬯）注，故書涖作立，鄭司農讀爲涖，地官鄉師（以涖匠師）注，司市（涖于介次）注，皆云故書涖作立，拉見協

字注，○儀禮鄉射禮（執旌負侯而俟），大射儀（三耦俟於次），皆注云今文俟為立，左傳哀十一年，（公叔務人見保者而泣），檀弓注引，泣作息，脂之聲近，相通假也。

合拾弇翕答

周易乾卦（與日月合其明），後漢書鄧騭傳引合作齊，尚書堯典（協和萬邦），史記協作合，盤庚（各設中于乃心），漢石經設作翕，洛誥（奉答天命），伏生大傳引答作對，毛詩小雅雨無正（聽言則答），賈山至言引答作對，弇見奄字注，拾見涉字注，○周易雜卦（食也），晁氏易云，食一作合，脂之聲近，相通假也，左傳襄元年，（次于鄫），公羊作次于合，按古文會作佮，鄫乃會之脫爛形近而訛。

涉

禮記曲禮（拾級）注，拾當為涉，聲之誤也。

協汁揲葉渫

儀禮士冠禮（面葉）注，古文葉為擖，左傳哀二年，（洩庸），漢書董仲舒傳作泄庸，王襃四子講德論作渫庸，○儀禮有司徹（乃撫于魚腊俎）注，古文撫為擩，釋文，擩作揲，按擩揲為同類通假，撫與擩揲，則脂魚通假，尚書大誓（必力賞罰），說苑引作必協，抱朴子引作必立，脂之聲近，相通假也，洪範（相協攸居），史記協作和，脂歌聲近，相通假也。

習摺

尚書金縢（乃卜三龜一習吉），文選任彥昇蕭公行狀注引習作襲，云習襲通，周禮地官臨人胥（襲其不正者）注，故書襲為習，左傳襄十三年，（歲習其祥），禮記表記注引習作襲，毛詩大雅大明（肆伐大商），風俗通引作襲伐，摺見協字注。

襲

詳上注

褻䙝

禮記表記（安肆日偷）注，肆或作褻，褻見下馲字注。

馲

逸周書王會篇（天馬黑馲翮之毋兒），王伯厚云，馲即翣字，周禮春官巾車（有翣羽蓋）注，故書翣為馲，杜子春云，當為翣，書亦或作馲，釋文，馲𣰽，巤音獵，舊籍獵臘等字，俗體多作葛旁。

接翣

公羊傳僖三十二年，（鄭文公接），左穀接皆作捷，史記作踕，按荀子大略（先事慮事謂之接）注，讀為捷，莊子則陽（接子），漢書古今人表作捷子，皆假接為捷，○孟子（接淅而行)說文作滰澌，按妾从辛从女，當是辛亦聲，本在元類，接滰，乃耕元通假也，周禮天官縫人(翣柳)注，故書作接櫝，鄭司農接讀為翣，(左傳襄二十五年，(四翣不蹕)，周禮縫人注引作四翣，地官廩人(接盛)注，接讀為一扱再祭之扱，脂之聲近相通假也。

疌捷啑 毛詩邶風終風(願言則嚏)，釋文本又作疌，又作啑，左傳昭二十六年(子淵捷)，新序作子淵棲，嚏見上接字注。

拹搚 公羊傳莊元年，(拹幹而殺之)，釋文拹本又作搚，亦作拉，皆同，折聲也，史記魯世家作搚其脅，齊世家作拉殺，毛詩齊風南山箋作搚殺，疏引作拉殺，○按假為搚，支脂聲近也。

夾筴挾 禮記曲禮(筴為筴)注，筴或作著，儀禮鄉射禮(兼挾乘矢)注，古文挾皆作接，○儀禮既夕禮(執算從)注，古文算皆為莢，脂元對轉，相通假也，夾見甲字注。

攝 周禮春官大祝(贊渳)注，故書渳為攝，杜子春云，當為渳，按弭在脂類，詳卷二。

以上由脂類入談類

〔說文〕那從冄聲 𤵸籀作瘕，小徐繫傳讀若柟，又讀若襜，瘕，當從叚聲，詹叚均元類聲，歌元對轉也。

衰艸雨衣，秦謂之萆，從衣象形，按衰中作冄，象艸雨衣之形，與冄下解云毛冄冄也，象形，其形同，實即一字也，衰之古文，當即冄字，篆從其聲也，秦謂之萆，支歌聲近也。

聃或作耼，從甘聲，餤讀若老聃，元侵通也。

〔經傳〕冄聃那 左傳莊十八年，(遷權于那處)，釋文，那又作聃，同，乃多反，正義，冄或作那，音同，史記管蔡世家(封季載於冄)，索隱云，冄或作那，引杜預注，那處，楚地，南郡，編縣有那口城，聃與那皆音奴甘反，又說文那西夷國，即史記所稱冄駹，○白虎通冄，季作南季，元侵通也。輒左傳昭二十一年（叔輒卒），公羊作叔痤，說文，耴，耳垂也，耴垂爲同聲訓，○左傳昭二十年，（盜殺衛侯之兄縶），公穀縶作輒，脂歌聲，近，相通假也。

以上由歌類入談類

〔說文〕亼當從入亦聲，讀若集，之蕭聲近。猒猒或作猒，當從目聲，之蕭聲近。靸讀若沓，脂之聲近。岋讀若蛤，脂之聲近。

〔經傳〕及扱毛詩召南標梅（迨其今兮），蜀石經作迨及，小雅六月（我用是急），鹽鐵論引急作戒，左傳僖二十四年，（子臧之服），釋文一本作之及，扱見接字注。

以上由之類入談類

〔說文〕集從雥，當爲雥亦聲，噍讀若集，以噍爲訓，，廣韻入雥字於二十七合，雥爲雧字所從得聲，當是漢以後，雥亦讀短聲也。緤讀若捷，宋本作讀若捷，脂，蕭通也。鍱或作鍓，脂蕭通也。昜從月聲。染從杂聲，說文無杂字，當卽盞之古文杌。燊燚從焱在木上，當亦取焱聲，小徐繫傳，燚古作仙，當從由聲，焱由同類聲也，䨻從䨻聲，由蕭入眞，與燚同讀，正其例也。

〔經傳〕集尚書顧命（集大命），漢石經集作就，毛詩小雅小旻（是用不集），韓詩外傳集作就。燊左傳襄元年），公孫剽），漢書古今人表劉作淼，衞世家作秋，十二諸侯年表作狄，乃秋字之形訛也。毛詩小雅節南山（憂心如惔），釋文云，字書作淼，蕭，侵對轉，相通假也。

以上由蕭類入談類

〔說文〕業當從丵亦聲，由侯魚聲近，轉入魚類。𩃬讀若芟，蕭侵對轉，蕭魚聲近也。䖭狜怯刦𢇍鉣灋䖭狜怯從去聲，刦𢇍鉣灋當從去亦聲，今說文𢇍鉣下，乃云刦省聲，當爲後人所改，䖭狜怯，則改之不盡者也。曄小徐繫傳曅聲。曅當爲華亦聲。爗從曅聲。敢從古聲，對轉入陽。㚔讀若瓠，脂魚通也。㗊又讀若呶，脂魚通也。

以上由魚類入談類

〔說文〕忝從天聲

以上由真類入談類

〔說文〕㬎古文以爲顯字，讀若唸唸，元侵通也。箈讀若籤。𦒱讀若耿介之耿，耕元聲近也。𦈢讀若㬎，蕭侵對轉，元侵通也。厱讀若藍，元侵通也。隒讀若儼，元陽聲近。㺌讀若檻，元侵通也。鐫讀若瀸，元侵通也。𢆉天從干聲。𢆉讀若㒤，元脂對轉也。甄從垔聲。詹當从言，亦聲，段玉裁以广檐同字同聲，訂作广聲非也，广檐蓋古今字，皆在元類，嚴可均謂广危從广聲，甚是，但危聲當入歌類，歌元對轉，故危從广聲也。警監古作警，元侵通也。

〔經傳〕**占呫坫黏覘點** 儀禮士相見禮(偏嘗膳)注，今云呫嘗膳，釋文引穀梁未嘗有呫血之盟，云，呫嘗也，劉當窨反，今穀梁莊二十七年，作歃血，按爾從干聲，呫歃正是同類通假，周禮考工記輪人(亦弗之溓也)注，鄭司農云，溓讀爲黏，○偏假爲呫，眞元聲近也，禮記喪大記(紟五幅無紞)注，紞或爲點，元侵通也，左傳成十七年，(公使覘之)，小徐繫傳引作窺之，呫，劉讀當窨反，則覘亦可對轉入脂，覘假爲窺，支脂聲近也，占坫見詹字注。

詹瞻 儀禮士冠禮(西坫)注，古文坫爲襜，孟子離婁有求全之毀注，引陳不瞻事，卽陳不占，楚辭卜居(詹尹)，漢書古今人表作占尹。

廉溓 左傳僖二十三年，(廣而儉)，呂覽注，引儉作廉，論語(古之矜也廉)，釋文，晉讀廉爲貶，溓見占字注，○王襃四子講德論協廉觀冠苑，鄭衆婚禮謁文協謙僭，漢人尚以兼音入元，古聲通假例證未收，附注於此。

貶窆 禮記玉藻(立容辨)注，辨讀爲貶，喪大記(凡封用綍負碑而引)注，封，周禮作窆，此封或爲斂，檀弓曾子問注皆言封當爲窆，周禮地官遂人(及窆)注，鄭司農云，窆禮記謂之封，春秋謂之嶋，聲相似，夏官大僕注同，云窆讀如慶封氾祭之氾，秋官朝士(慮刑貶)注，故書貶作窆，杜子春云，窆當爲禁，按云聲相近者，蓋以元與蒸相近，蒸與侵東相近，乏斂元類聲也，可假蒸類之嶋，嶋，可假東類之封，可假侵類之禁，可讀如氾也，貶又見廉字注。

譣儉斂憸 尚書盤庚(相如憸民)及立政兩言(憸人)，以說文言部引周書(勿以譣人)證之，知古文皆作譣，漢石經殘碑，盤庚之譣作散，知今文皆作散，譣散，同類通假也，說文，僉從亼從吅從从，當爲吅亦聲，說文心部引詩相時㥶民，詩無此語，當爲妄人所增，而誤記尙書文爲詩也，册在支類，與憸不相通假，段玉裁改㥶爲刪省聲，非是，憸，衞包所改，儉見廉字注，歛見貶字注。

以上由元類入談類

〔說文〕熊從炎省聲，侵燕聲近，入燕類。棪讀若三年導服之導，蕭侵對轉也。睒讀若白蓋謂之苫相似，元侵通也。燮讀若溼，元侵通也。監從衉省聲。曆讀若函。戝讀若咸。譖讀若鹽，脂眞對轉，侵眞通也。

〔經傳〕炎剡燅覢郯毛詩小雅大田（以我覃耜），爾雅注引作剡耜，儀禮有司徹（乃燅尸俎）注，古文燅皆作尋，鄭引記作爝，左傳莊十年，（滅譚），說文譚作鄟，史記齊世家作鄭，公羊傳哀六年，（闔然），說文闔讀若郴，見部引公羊作覢然，〇尚書洛誥（無若火始燄燄），左傳杜注及唐石經均作炎炎，漢書梅福傳引作庸庸，侵東聲近，相通假也，左傳襄八年（獲蔡公子燮），穀梁燮作濕，釋文作溼，元侵通也，左傳桓十二年，（公會宋公于虛），公羊虛作郯，魚陽對轉，侵陽聲近，相通假也。漸尚書洪範（沈潛剛克），史記及漢書谷永傳引潛作漸，周禮考工記鍾氏（朱湛）注，湛讀如漸車帷裳之漸。黚周易說卦（爲黔喙之屬），釋文鄭作黚，按史記六國表衛悼公名黚，呂覽注作黚。厭檿黶尚書禹貢（厥篚檿絲），史記檿作酓，毛詩小雅湛露（厭厭夜飲），文選注引韓詩及列女傳，皆引厭作愔，左傳哀二十年，（史黯），說苑作史黶，〇儀禮鄉飲酒（賓厭介）注，今文厭皆作揖，蕭侵對轉，脂蕭通也。纖攕鑯毛詩魏風葛屨（摻摻女手），說文引摻作攕，文選注引韓詩作纖，禮記閒傳（禫而纖）注，纖或作綅，公羊傳（睋而鋟其版）釋文，鋟本作鑯。

以上由侵類入談類

〔說文〕甘香從甘聲，侵陽聲近也。皀讀若香。鵖從皀聲。譀俗作誌。喦讀與嚴同。

〔經傳〕嚴，公羊傳桓六年，（謂莊公也），釋文莊作嚴，，本亦作莊，定八年，（莊門），釋文本或作嚴，漢避孝明帝諱，，莊爲嚴，用同聲字也。

以上由陽類轉入談類

今韻析

凡例

一本書依佩文韻（以下簡稱今韻）所收之字。按照廣韻二百六部分析。凡說文所有之字。各歸聲系聚列。其爲說文所無之字。附列於尾。

一凡說文所有。或見於新附。爲今韻所無者。雖非韻文所需用之字。或依唐韻或依廣韻。悉數補收。旁加規識。

一本書依古聲通假十一部次十五類。以二百六部分隸之。

一各類中今韻所收與古聲乖違者。則別出另列。應歸何類。冠以類目。又最錄其本類未收者。各於其類補之。

一別出另列中。有爲本類對轉部分非與古聲乖違者。如脂類六脂八微所列眞類。十二齊所列元類。其聲既經對轉。本皆讀入脂類。或脂眞兩類。皆有讀音。但對轉有先後。其後者雖依先例。當非剏字時始音。以支類二十三錫所列耕類證之。係爲陽聲耕類。寄於陰聲支類之入聲。可決其在晉宋以後。故本書一律別出另列。以證其讀音由對轉而來。非謂皆當還歸其本類也。

一凡說文重文爲今世所行用者。注於本字之下。其或今以爲二字者。則依韻書兩收。注云某之重文。今分收。

一本書爲便於習慣識別。悉依今體通行之字書寫。其今體所無。始依篆文變作楷寫。

一凡韻書所作別體。實卽說文某字者。則於其本字下注云。今作某。其所作體。爲說文重文。則不注。

今韻析卷一

陰部

支類一 廣韻平聲五支

支枝汥◎馶◎𨾅◎郊◎ 岐 歧 今收分 蚑䟓◎𢻲◎○知智◎鼅◎ 今作蜘 ○匙䓦◎簃◎禔徥◎提○𠩉◎虒榹◎

漇◎䶗◎禠◎鷈 䶗 褫䞾◎䶛◎○雌䨆 今作髭 貲◎𩷺◎鈭◎𥠻骴 觜 䶢 今收分 玼茈訾◎胔貲疵○卮

梔○兒○規䕆◎䫏◎闚◎窺○眭◎涯○胑 肢 ○鸏◎孈◎觿鑴蠵 蠰 ○斯凘澌○卑庳𥚃◎

脾錍裨陴埤郫鵯◎䫌◎椑箄碑○歧䞑踟䡊崥 㩓𢹹 當爲規省聲 鍉猑𢄙鵹 以上十一字說文所無

〔脂類〕楷○㴸◎○罙 今作采 ○睢○劑○禕○蠡○彌瀰䰐◎䵒 今作紕 ○鄙○𢾰劙

橙 以上三字說文所無

〔歌類〕乁◎氏祇芪◎疧忯軝蚳◎𢼊◎施馳迆酏匜貤暆䖩◎椸○危○委逶矮◎倭䁱◎萎

痿○衰○麗驪䴡籭纚醨儷◎○悓◎蛇鉈（今作鍦）詑（今作訑）○爲嬀鄬◎隝◎撝皮旇疲鈹◎披鈹陂詖○离離醨謧◎摛螭魑縭◎離○䮊鄴◎儀羼轙羲犧○趍迻◎移栘眵鉹姼宐移簃○奇猗◎踦敧徛觭椅猗陭旖◎騎畸錡猗◎檹◎○𠂹◎垂箠腄厜錘◎陲差縒◎齹嵯羨◎○隓（今作隳）隋䜃◎隨○縻糜麋靡䕷摩（今作麾）○吹炊䶴◎○羆䥯◎蘢○羸○惢◎○罹○羈○虧○峗蟡䰎鸝孋穲彲䙰噅潙赦狓㱟樆漓褵璃䅻籬䍦池施𡰪紴誃爔曦琦剞崎漪䩭劘釃劘倕以上三十六字說文所無

〔之類〕褷蓰以上二字說文所無

〔魚類〕虛◎戲○巇嚱橶以上三字說文所無

〔元類〕𩅿，廣韻同𣪠，按尚書（費誓），周官雍氏注，禮記曾子問，說文並作粊，史記作肸，尚書大傳作鮮，詩新臺協泚瀰鮮，脂元對轉也。詩小雅（有兔斯首），鄭箋云，今俗語斯白之字作鮮，齊魯之間聲近斯，說文𩅿讀若斯，蓋本於齊魯間方音。○檇◎對轉入脂，左傳定十四年（檇李），公羊傳作醉李。○簒◎○腝◎對轉入歌○觶對轉入歌，故禮經作觗。

支類二　廣韻平聲十三佳

佳街娃哇洼厓鼃今作蛙崖涯○柴齹○廳箄○鮭啀牌以上三字說文所無

〔脂類〕㒒○螇谿今作鞋○萃說文所無

〔歌類〕媧騧蝸緺○闒○差羞○釵○䶝說文所無

本類之字見於他類者補於左方

〔六脂〕鵗〔十二齊〕鞮䫆隄題褆紙題騠提緹瑅媞○圭邽桂閨擧荎封奎哇

𩏑𩐌窐○齯郳倪麑今作猊霓鯢婗蜺輗○締○巂𨙸𪁗㒞攜纗○㔒蹏鷉褫鷈

○㽽澌𣂈○䫏甋○堤㓾袿視㩇轠撕嘶說文所無〔十四皆〕柴㿽〔九麻〕䚷○畫

窪〔十七真〕㧙〔一先〕𨦅〔二仙〕鑴〔二十四鹽〕𢙿

本類對轉之字見於他類者補於左方

〔十二齊〕𥉮

支類三廣韵上聲四紙

敁伎技妓頍跂庪○趌今作跬○只軹枳𢄙抧疻積○是諟禔祇○㩇䙅鷈○䋢

○碭○柴◎○嶲纗◎○婢庳俾今作⿰彳卑箄◎䵗◎髀鞞○此玼呰◎啙茈◎訾⿱此肯紫⿰此馬◎泚⿺走此◎○产◎○佌說文所無

〔脂類〕豸○⿰木朩◎○毇毀◎⿱毀手◎⿱毀女◎燬○螘○鴈○敉○豕○夂◎○厽◎絫今作累垒◎○坻砥底之或文，今分收。○芈今誤作芉○尒◎爾邇壐薾◎⿰弓壐◎瀰○弭渳由之類轉入脂類○傀○樏非說文樏字

庀旇以上三字說文所無

〔歌類〕⿸疒爲◎⿵門爲◎寪◎蔿◎柀彼被○靡⿸麻辟◎○媧◎○委○觤詭◎䑐◎恑◎洈◎姽◎蛫◎垝䤩桅跪頠

○髓⿱艹隋◎⿰豸隋◎○倚輢◎剞掎綺錡齮◎踦○檥轙○氏紙扺坁◎⿰⻊氏◎眂◎汦◎池酏匜◎杝阤弛

○邐纚釃躧○侈姼◎鉹◎誃◎垑◎栘◎⿰火多◎哆⿰月多◎○捶⿰馬垂◎箠○惢◎○纍⿱艹⿰酉鳥蘂瀡⿰山虒⿰彳卽佹以上七字說文所無

〔之類〕企徙◎簁◎⿰革徙○屣蓰以上二字說文所無

〔真類〕囟◎對轉入脂○芛◎對轉入脂

〔元類〕揣嚴可均以爲讀若摶，摶，鵩鳥賦（何足控摶），如湻曰，摶或作揣。○骩對轉入歌○薳新附，左傳桓六年，（薳章），潛夫

論作（舊章），襄二十五年，（舊淹），漢書人表作蘧奄，，對轉入歌，哀十八年，（舊固），楚世家伍子胥傳，漢書人表作屈固，則脂歌通假。

支類四 廣韻上聲十二蟹

解蟹澥𧣾◎薢◎○猈◎捭 今作擺 ○𤡮 說文所無

〔脂類〕丫◎○買𧶠◎○鷶○蕒嬭 以上二字說文所無

〔歌類〕罷○矮○灑躧○夥○拐 說文所無

本類之字見於他類者補於左方

〔十一薺〕堤◎緹媞醍○觬◎○訾◎○遞○鮆泚玼◎○頍◎跂◎〔三十四果〕庀妮◎〔三十五馬〕觟◎蘳◎○婢◎〔二十七銑〕齞◎

本類對轉之字見於他類者補於左方

〔四十靜〕𨒪◎

支類五 廣韻去聲五寘

譬避臂○攱 豉 忮◎鬾◎伎猤䖸芰跂蚑䝷◎○朿◎誎◎刺莿◎啻◎𤢄漬積○𢱭 今作柴 㰣◎眥

骴○易賜傷◎敭◎𧃒◎○智○縊○伿◎○恚嫕◎○𦋔○澌

〔脂類〕縋槌○累○賁○膇說文所無

〔歌類〕爲𧽒◎僞帔䝯◎詖髲被陂○詈○萎捼◎諉錗◎餧𣨋○寄騎輢掎○施○義

議○𨛺◎誼○甈睡䍴◎娷◎諈◎錘腄○垝跪○㒾灑◎○吹○鍦灖𩭫硾䡮以上五字說文所無

〔之類〕企𨇾◎○屣說文所無

〔魚類〕戲○巇說文所無

〔真類〕○寘對轉入脂

〔元類〕瑞對轉入歌惴莊子齊物論惴惴縵縵◎○觶對轉入歌

支類六廣韻去聲十五卦

卦詿挂絓䋬◎○解懈○隘○眥今作眦○𠂢◎派𥿻◎○鑍◎○債○畫○粺稗澼◎○廨

繲纗以上三字說文所無

〔脂類〕瘢◎○賣

〔歌類〕瘥○諣◎○曬○𣏟◎

本類之字見於他類者補於左方

〔六至〕庳○謚〔十二霽〕帝諦締禘[示啻]◎○睼◎踶題○鬄◎○遞○繫檕◎[毄言]◎[毄心]◎○嫛薛○睨[貝攴]◎[貝見]◎○桂○鯷垷筀[圭鳥]睥說文所無〔十三祭〕厂◎○揥說文所無〔十七夬〕呰說文所無

支類七廣韻二十一入聲麥

衇今作脉脈◎覛霢今作霡○畫劃◎嫿○檗擘檗◎糪◎○策敇◎茦◎洓◎責幘嫧◎簀[齒責]◎嘖[艹敕]◎讁

摘○册栅[冊日]◎○[毄言]◎[鬳戈]◎○鬲[鬲毄]◎[石鬲]◎翮隔槅◎搹◎○[犭易]◎○搤䯅◎○[鬲食]◎○讗◎○核○嚍賾

膈以上三字說文所無

〔脂類〕戹軛阨餩◎

〔之類〕麥○聝馘幗蟈蜮之或文○革諽◎[革羽]◎○[木寺]◎○摑說文所無

〔蕭類〕摵◎○[戚頁]○搦◎○擮說文所無

〔魚類〕䄍諎浩簎齰○迮笮○捇○格骼○啞○索𡩋○砉○愬○獲○劃說文所無，廣韻砉𡩋二字，收入二十一陌，當是魚類音。

〔陽類〕疒

支類八 廣韻二十三錫

錫裼緆惕鬄剔○析晳蜥淅○毄𣪠罊墼擊𤩉𣤶○劈𤗚鸊幦甓壁廦○鎃新附

○秝厤磿歷曆櫪瀝靂○鬲蒚䣓鬻○績啇嫡鏑滴樀鸐敵擿適蹢○覛○鶪

鷊㒝闃霓○狊鶪郹闃鷊今作虉○覡○覛今作覔○冂冪○糸○椵○萆○菥霹

澼靂癧䧡㱹䥶艦鷁踼勣以上十一字說文所無

〔脂類〕喫○䢃殈以上二字說文所無

〔歌類〕酈

〔蕭類〕迪笛邮妯油苗○滌䩓○戚宗今作寂惄啾憱踧蔋○倜○𧖘○激檄鷔

○轢礫櫟瓅躒○旳今作的○馰玓靮仢弔逫○翟趯糴○伙○溺愵○皪敫獥

菿籗頔慼鰔以上八字說文所無

〔矦類〕覿

〔魚類〕虩◎〇狄逖〇荻耆以上二字說文所無

〔耕類〕汨幎今作冪◎蓂塓

〔陽類〕熄◎說文讀若馰顙之馰，當爲讀若馰顙之顙所訛，以卿鄉等字亦从皀聲證之，確爲陽類之音也，其入談類，以短音故也。

〔談類〕焱詩小雅節南山（憂心如惔），釋文云，韓詩作炎，字書作焱，則炎焱同聲，唐韻讀以冉切，在談類。

本類之字見於他類者補於左方

〔五質〕蠠蜜〇溢〇鎰說文所無〔十六屑〕臬◎〇蜆〔二十四職〕湜寔〔二十陌〕屐〇迟◎〇幱說文所無〔二十二昔〕脊踖鰿◎膌◎〇趚◎刺磧積適蹢◎𪍕◎擿〇益嗌齸謚〇易瘍◎暘◎睗◎埸鬄◎〇冟◎〇辟闢壁今作甓襞擘◎甓僻〇役疫毅◎坄◎〇彳◎〇潪◎〇蜴塉瘠檘癖說文所無

脂類一廣韻平聲六脂

尼柅◎秜苨◎怩脂鴲◎鮨◎耆蓍鬐比◎芘◎枇䃕今作呲魮琵◎紕蓖槐貔蠯◎蚍○追◎𧡢師○

厶◎𠫔◎私䔊◎○遺○纍櫐灅◎○綏桵○肌飢○徽◎○悲○隹萑騅錐◎琟維誰脽睢

隹◎惟椎◎頧帷雖雔隼推濰攉奞◎○夷𢓊痍姨桋洟咦◎○齎齍齌齋粢，今誤作粢。齋

俗作賫○遲墀○眉楣瑂◎郿湄○絺郗◎瓻豨䝸○泜蚳坻鴟胝祗○葵鄈騤戣○

麋蘪鬻◎廣韻作粥，之六余六二切，上林賦與陸築同協，郭璞注音育，蓋漢人已誤鬻爲鬻也，唐寫本切韻，與逐切。○尸吚

毛詩大雅板釋文，爾雅釋訓釋文，五經文字，皆引作吚，則爲眞類對轉入脂。○棃䵍◎䵚○屍○趑◎○夂◎與從後至之久

讀陟侈切者別。○趑◎餈粢垐◎瓷姿咨資茨穦澬賫◎○崒◎○蠡欚◎○夔○胵◎荎◎○絺◎○

㮑◎今作穄○祁狋◎○騩○遷鎚獅篩壝䅗峓恞陝蛦跠跜愭鰭嵋貾蜊鯬剓鴺𧃍

藟嗺以上二十三字說文所無

〔支類〕巂◎

〔歌類〕衰榱㾐◎○痿◎緌○黖

〔之類〕龜○菭○丕魾◎邳駓秠伾髬◎○怌豾鉟以上三字說文所無

〔蕭類〕馗逵逵今分收◯弅蹞頯

〔眞類〕伊對轉入脂蛜◎對轉入脂◯霣對轉入脂今作醻◯寅◯葰今作荾◯咿洢以上二字說文所無

脂類二廣韻平聲八微

敳◎微溦今作溦薇䉠◎𧢤◎徾徽◯飛騑◯歸䪏◎◯㕟◎◯衣依㤷陈◎◯非扉騑緋婓㫚◎霏腓䬠◎菲誹蕜痱屝◯口◎韋違韍◎㦣◎圍闈湋◎幃禕韡◎媁◎褘◎潿◎◯幾璣嘰◎𨘷譏饑機磯𧾷幾◎僟◎蟣◎𩥱◎𩪘◎鐖◎蟣威㰡◯希今說文無此字，文選鮑昭詠史詩注引有之，尚書皋陶謨（絺繡），鄭注周禮司服（希冕），引作希繡，希蓋絺之古文。晞稀莃◎睎豨欷◯肥蜰◎◯䫂◯㓟◯溰𩫻鐖𨏷禨穖葳蜮鵗

淝以上十字說文所無

〔歌類〕巍◯碕𪖐以上二字說文所無

〔之類〕妃◯譩說文所無

〔眞類〕祈蚚◎頎三字對轉入脂，頎，周禮攷工記（輪欲頎典）注，鄭司農頎讀爲懇，禮記檀弓（頎乎其至也），釋文，頎音懇，則頎字仍兼入眞也。沂旂圻◯翬暉二字對轉入脂揮煇楎◯䞣說文所無

脂類三十二齊廣韻平聲

齊櫅◎躋齌齎◎齋今作臍蠐擠◯荑鴺鵜桋◯巂◯稽嵇徐鉉曰，奚氏避難，特造此字，非古。泥

呢◎[illegible]今作批螕◎篦膍陛◯犀徲◎◯氐詆羝衹◎衺紙◎低◯睽◯迷◯鼜◎黎棃蔾䅻邌◎

[illegible]今作鸂鏴◎◯奚雞豯◎騱鼷嫨螇◎䨳◎谿徯蹊蹊今分收鮷◎綈銻梯鵜鶗之或文，今分收。蕛◎

◯鍗◎◯鷖嫛◎黳繄堅◯韲今作齏◯妻萋郪◎悽凄霋緀齌◎棲西之或文，今作栖。◯西棲

粞◯郋◎◯醯◯卟◯禾◎◯蠡◯折◯屖◎屖◎◯懠霽鮧聧嗘箆鎞瓈蔾黧傒徯稊

[illegible]罤䬾[illegible]凄榏以上十九字說文所無

〔支類〕鞮◎徥隄◎[illegible]禔祇題提騠趧◎緹褆睼媞◯圭邽桂◎閨鼃◎茥◎封奎畦黊◎罜◎窐

烓◯兒齯郳◎倪麑今作猊霓鯢婗◎蜺輗◯締◯巂觿酅儶◎[illegible]◎攜纗◎蠵[illegible]鑴◯嗁蹏

鍦◎[illegible]◎[illegible]◯[illegible]◎[illegible]◎澌[illegible]◎◯鼙椑[illegible]錍◯瑅[illegible]袿[illegible][illegible][illegible]撕嘶以上八字說文所無

〔歌類〕鸝◎驪◯兮

〔元類〕枅笄二字對轉入脂[illegible]◎按幵聲字在元類，易乾協形成天命貞寧，宋玉高唐賦協榮熒精星形，乃耕元通協也，刑形等字入

耕，當在漢代，聠讀若攡，乃漢代由耕對轉入支也。○磾對轉入脂○⿰麥壽腝之或文，對轉入歌●

脂類四（廣韵平聲十四皆）

皆喈偕腊◎湝階諧瑎◎鍇◎⿰馬皆◎⿰糸皆稭（今作黠）楷○褱◎槐○排俳○淮○齋儕○俙◎○褢◎

懷瀤◎○巫◎○乖○颽揩⿰彳皆櫰褱（以上五字說文所無）

〔支類〕柴◎

〔歌類〕差

〔之類〕薶（今作埋）霾○豺○挨○痎骸荄○䇝（說文所無）

脂類五（廣韵平聲十五灰）

自◎○傀瑰槐嵬魁隗○穨◎（今作頹）隤○雷瓃◎櫑（罍）儡○裴䔹◎○回洄○嶉◎厜◎崔推

催漼摧蓷魋◎䰎◎○枚○椳隈煨渨◎○尯○堆䭔鎚磓徊茴偎緭豗

〔歌類〕縗○捼○塺○桅

〔之類〕灰恢䋫◎蛕◎○悝○禖䐈◎媒○脢梅䊈鋂○肧㾽坏䫺桮陪培醅○詼煤

酶莓毸以上五字說文所無

〔真類〕玟◎〇敦焞鐜◎〇朘◎

〔蒸類〕鄜◎對轉入之

本類之字見於他類者補於左方

〔五支〕櫅〇蒫◎〇罙今作采〇劑〇蠡〇彌瀰釃◎纚今作縰〇鄙〇㰂劙榿說文所無

〔十三佳〕㒖◎〇膎鞵今作鞋〇萃說文所無〔七歌〕汏◎馱〔七之〕𤼵◎癹◎𤼷◎𤼽𤼹𤼺𤼸

〇醫〔十六咍〕哀〇嵦敳◎殪◎剴◎𪘏◎〔三蕭〕㲉〔四宵〕橇說文所無〔九麻〕哔說文所無

本類對轉之字見於他類者補於左方

〔十七眞〕玭◎〇汃◎〔二十四痕〕衮◎〔二十七刪〕龔◎

〔五支〕樢◎〔七之〕靳〔十六咍〕開

脂類六廣韻上聲五旨

匕疕◎㾅◎旨𪊨麂指恉◎栺比妣秕祉◎紕◎仳◎〇矢芺◎雉〇死〇水𤻎◎廣韻誤作灖〇黹◎𧝓◎

○癸揆楑湀○姊秭○屎履○厎砥○䕫○趡唯蓶○几机邝屼○讄鸓藟壘

灅虆○誄○美媄○菡今俗作屎○彖○滜○戺○兕○視○焌○壝嚾巋嶇以上四字

說文所無

〔之類〕洧鮪痏○[蚩攴]滍○否嚭痞秠○圮跽○啚鄙

〔蕭類〕軌宄氿匭簋之古文，今分收。○簋匭○晷厬

〔眞類〕[臣言]對轉入脂

脂類七廣韻上聲七尾

尾娓[火尾]○扆悘○鬼○豈[艹豈]螘顗○斐菲悱棐匪餥誹蜚輩篚○葦韙椲韡偉

煒○幾穖蟣○唏豨○朏○虺○虫○芔今作卉○闓○巋○梶偯榧暐瑋颹韡

以上七字說文所無

〔眞類〕亹說文所無，廣韻以亹爲釁之俗體，張衡東京賦（巨猾間亹），薛綜注，許覲切，詩大雅生民釋文，亹，音門，爾雅作亹，按今爾雅作亹，鳧鷖協亹，熏欣芬艱，棫樸（勉勉我王），韓詩外傳，白虎通引作亹亹，讀音，皆在眞類，（亹亹文王），崔靈恩集注，引作娓娓，釋文音

尾，周易成（天下之亹亹），釋文，亡偉反，周禮釁人雞，人天府注，釁讀爲徽，蓋以對轉入脂也。

脂類八 廣韻上聲十一薺

薺濟○䶒陛○牴邸底詆抵柢軧◎呧◎趆◎遈◎阺◎坻○米眯◎粎◎寐◎○豊澧◎鱧醴禮體

○弟娣悌涕謑◎徯○启◎啓棨◎啓綮○丂◎○爾◎薾◎檷◎瀰◎禰瀰○洒◎○蠡欚◎蠡◎○泲◎

○胥癠莀 以上三字說文所無

〔支類〕堤◎緹媞醍○䚷◎○詧◎○遞○鮆泚玼◎○頓◎䩭◎髀

〔歌類〕䰩◎○袲◎○欐 說文所無

〔真類〕洗

脂類九 廣韻上聲十四賄

僓◎○瘣◎魁隗䰟嵬○猥鍡◎𩴸◎○檑儡鑸◎儽◎○痱◎琲◎琲○陮◎匯漼璀○辠䘑 今作嵬

漼◎○䖛◎○磊 今作磥 ○骽䫋餧腇 今作腇 ○礧瘤蕾㞇磈磈𣕻 以上七字說文所無

〔歌類〕餧○隇◎○顡

〔之類〕賄鬌◎○莓◎每悔

〔眞類〕浼○婷◎錞

本類之字見於他類者補於左方

〔四紙〕豸○桃◎○毀◎毀擊◎嫛◎燬○弭渳○鷹○敉○豕○夊◎○厽◎絫今作累垒◎○

芈今誤作芊○尒◎爾邇壐◎薾◎璽◎○傀○㯹非說文棌字　庀旎說文所無〔十二蟹〕廿◎○買瀶◎○

蕢嬭說文所無〔三十四果〕火炧◎○妥〔六止〕柹◎梯今作柹　疿◎第○䀠◎〔十三駭〕揩鍇

〔十五海〕鎧塏愷闓◎〔三十小〕鷕〔十姥〕䏿〔二十五馬〕㰕說文所無

本類對轉之字見於他類者補於左方

〔十六軫〕牝〔二十三旱〕嬾〔二十四緩〕歀今作款○窾說文所無〔二十八獮〕㣆◎

〔四紙〕囟◎由眞對轉入脂○笋◎由眞對轉入脂

脂類十廣韻去聲六至

至盩◎致摯◎䞇◎緻○蟄◎鷙今作輊○鞊◎㞐◎嗜比坒◎庛柴◎○位○媚○痳懟◎○豙◎遂㒸◎

椽(今作檖)旞穟燧襚邃鐆墜○醉誶粹翠萃顇悴○出祟○類纇○轡○蕢匱饋

樻䡊䯣𩮀遺○畀痹(今作痺，誤)㽲趩(今作蹕)媿騩餽鬽(魅)○𩕗(今亦作㚇)𤼐○饐𩣡○利○

隶逮𣨻(今作殔)𨽎(今作肆)䦉(今作𨁂)○帚隸(今作肄)䏌(今作𩜈)○二貳樲膩䞍次恣𣤶佽欪

髮懿○梘○蜼睢○四柶泗駟牭呬○自臮洎垍鼻濞劓(劓)○䚫䆿季悸○棄

○覬○穊曁墍(今作塈)䔇○俟○勩○器○䨩○示視○懟轛○帥槌○䰡○幾

○彗○𡄲○蹪○屎○術○侐○費(今作鄪)○邲祕毖閟柲泌䀣邲○摯𡝐驇鷙

○穗(采之或文)○繸璲隧彗睟淚簣鐀䙡巋贔(詩蕩「內奰于中國」，文選劉淵注，引作贔，蓋即一字，今分爲二。)

屓莅憒痢莉鴷𤢻𤞿贄䚂(以上二十一字說文所無)

〔支類〕庳○謚(今作諡，按廣韻注，說文作謚，六書故曰，唐本說文無諡，但有謚，行之迹也，今說文有謚字，以謚爲笑皃，乃妄人所增改。)

〔歌類〕地(墬)貤○隓○鞁○硾

〔之類〕葡犕糒備○絥(䋹)○冀驥○甚○治○欬○德○犕僙(以上二字說文所無)

〔蕭類〕釆◎穗

〔真類〕欧◎

脂類十一 廣韻去聲八未

未味菋◎〇貴〇胃謂媦◎渭緭彙蝟，今作彙。〇𡙇〇沸髴費費櫕◎𩕒◎〇緯諱〇𩰪◎〇

畏〇尉蔚慰◎罻㷉〇屝蜚◎翡䠊誹痱〇萉◎〇鬩今或作狒〇旡既蔇塈暨溉摡〇

气今作乞欯䅂◎忥氣餼餼今分收鎎◎愾〇豙◎毅藙〇逘◎〇𡙇今作卉〇衣〇欷〇忍◎〇

痱𩠐济禨熂𤸤𧫎𪎃𨤞㥜茀以上十一字說文所無

〔歌類〕魏說文所無

〔真類〕穖◎對轉入歌〇𪏮說文所無

脂類十二 廣韻去聲十二霽

齊霽擠嚌劑穧𪗙◎濟〇詣泥媲◎〇替𩕝濞〇弟睇髴今韻誤作髢涕娣系係◎〇遰蔕

𢶍◎蝃〇軑釱杕戾◎汏達之或文〇棣逮〇切砌〇計〇薊〇繼〇契挈𢱢◎𩓚◎㓦◎〇妻

恵憓譓蟪⿱雨惠嚖〇暳〇医殹翳薶〇髻殪曀壇撎豷〇謎〇閉〇慧嘒〇醳箅
洴〇戾綟莀〇隸欌際〇盭〇柢〇瘱今作㾕〇荔珕〇懠屜第墆禊膌瞖嬻蕙
懥嚏蝃㖇捩悷涖飃以上十七字說文所無
〔支類〕帝諦締禘禘〇睼踶題〇鬄〇遞〇繫轚罊𩣡蘻〇嬖薜〇睨䝟䚷〇
桂〇眥〇鯷埧筆鴂睥以上五字說文所無
〔歌類〕麗癘觀儷〇離〇盻〇欐說文所無
〔魚類〕壻
〔真類〕汹細二字對轉入脂〇沴
〔元類〕羿今作羿䍃二字對轉入脂

脂類十三廣韵去聲十三祭

祭際穄㡜〇歲劌〇繐〇衛衞𢖍䘙躗〇彗篲槥繐䨮鏏〇芮汭笍蜹裔〇𧰨
瓈〇贅〇叡𣪭〇脃〇毳竁竁〇餟綴啜〇埶槸勢〇㡀敝幣獘斃蔽蹩㵒鷩

○鱖蹶○袂○滯躃懘○制製○挈瘛瘳（今作瘈）趩○猘（今作猘）逝誓蜇◎浙（今作淛）哲

○筮噬澨○曳㹭◎㥏◎○渴◎餲◎愒揭○茵◎○例颲◎○砯○𠙽◎○寱（今作寱）剶○叀（轉）

○叡○𢃼◎○世泄◎呭詍◎抴◎（俗作拽）泄跇◎貰勩◎○瘞○蠇勱（今作勵）糲（今作䊪）蠣◎（廣韻作蠣）厲

（巁）蠇（今分收）礪癘○銳稅蛻◎裞◎涗◎䬽說帨（帥之或文，今分收。）罽◎蘮◎（廣韻作蘮）瀱◎綱○忕褹蓺

囈衞枘濊鬓醊掣䖜弊秇偈傺憩桸袣䘿（以上二十字說文所無）

〔支類〕厂◎○㡥（說文所無）

〔侯類〕憘◎

脂類十四（廣韻去聲十四泰）

大泰汏釱軑葢壒磕○艾餀◎○匃愒藹靄○柰殺渿◎蔡○害夆◎犗◎○妎◎○𨕘◎○

帶○貝䟺◎○郣◎䰲◎犻◎沛怖◎旆○會繪膾禬旝檜禬鄶獪澮廥𩪭◎劊◎噲◎穭◎薈黵◎儈

○巜◎○𠛾◎○㡓◎毈◎毇◎○䶩劌濊噦薉◎酹○鈦◎○外○賴籟瀨◎獺◎○糲櫔◎○最

○茷○眛○兑娧駾◎蛻○太忕汰奈𩯭霈儈癩藾狽峸（以上十一字說文所無）

脂類十五（廣韻去聲十六怪）

鄒（今作祭）瘵○介芥疥玠价畍界尬◎鴧◎駴◎乔◎齘衸◎閉◎忦◎忿◎○屆○丯◎○齂◎壞○噧◎

○眉◎○㿃◎○蔽（今作𠟻）邮◎○浿◎○𩟗（今作蓬）瀣○拜○顡◎○顡◎○矘蕢○殺鎩○喟

○簣魪湃（以上三字說文所無）

〔之類〕戒誡悈◎械○犕（今作憊）○怪○噫○譺◎○鞴（說文所無）

脂類十六（廣韻去聲十七夬）

夬快○話○噲獪○敗退◎○𢤱○犗○喝餲○蠆䊈◎勱邁○唄嘬（以上二字說文所無）

〔支類〕砦（說文所無）

〔之類〕欬○寨（說文所無）

脂類十七（廣韻去聲十八隊）

隊磤◎鐓◎○對懟◎㦟○孛誖（悖）悖（今分收）○昧眛沬◎妹○韎◎○昒◎○顝◎○誀◎○潰繢

憒闠讀◎殨◎○碓䨶◎○焠啐◎淬倅◎䊪◎碎◎瓶誶晬○退○凷（塊）○勫○輩琲○內○

磑○耒莱郲頛○頪類○朏○酹○回○䤨擂礧對被以上五字說文所無

〔之類〕配○佩○槶幗○誨悔晦𣫯脢○北邶今作鄁背○痗焙以上二字說文所無

〔蕭類〕瑁

〔眞類〕敦錞今作鐓憝

脂類十八廣韻去聲二十廢

廢𦪈癈○肺柹○薉饖○喙○乂忿𤈦𡚁刈○吠○茷○䉬穢顪㱽以上四字說文所無

本類之字見於他類者補於左方

〔五寘〕縋○累○貰○膇說文所無〔十五卦〕癓○賣〔三十八箇〕馱○柰今作奈

〔七志〕畁○呭○瑟〔十九代〕逮○㤅愛僾靉概槪嘅○𣢾○鎧○薆靉瞹噯

䰃埭說文所無〔三十八箇〕个說文所無〔四十禡〕垻說文所無

本類對轉之字見於他類者補於左方

〔二十一震〕摯〔二十四焮〕脪說文所無〔二十六慁〕䭓○褪說文所無〔二十九換〕竄

○擿說文所無

〔五寘〕寘

脂類十九廣韻入聲五質

質嚔◎櫍礩○郅桎蛭窒挃庢銍䶡◎室姪咥豋◎𨖗◎○騭○日馹衵䵑◎𩗓○實○乙

𣅀◎汩失秩紩帙佚泆軼抶眣◎○丿◎黻◎○悉蟋○桼漆鶔◎𨛍◎厀今作膝𣛮◎○一七叱

筆○吉壹詰趌蛣欯◎姞佶鮚◎拮○匹肸佾○逸○栗凓溧◎○䬆○疾㑵嫉○畢

趩今作蹕◎斁篳韠熚滭彃◎縪◎○鷩詩之籀文，今作𩁶。○尼昵暱之或文𨚍○帥𤿶◎○率繂◎逹◎

○䶫◎茁○弼○奔◎○吃◎○乞歎肐○必珌苾佖駜飶邲◎鮅◎鞑◎泌◎监密蔤謐◎醓蜜

𩐪之或文○𢧵◎𧾷◎○眰稒鞊鑕柣慄鷅篥麜嘌蒺䟇聖唧溼鍕罼扢沕猗鉍以上二十一字

說文所無

〔支部〕𧖫蜜○溢○鎰說文所無

〔之部〕䀥◎○暱

脂類二十廣韻入聲六術

秫茾今作朮術遹沭◎痳◎鉥◎訹◎怴䣄◎蒁◎○矞◎遹繘鷸蟜◎噊◎趫◎驈橘◎䤜◎潏○卒猝◎踤崒

○戌孚◎聿律葎◎恤○欥◎○鴪○卹○出歘◎黜絀◎䪼◎䳑◎○衕◎○䏛肆○霱繂以上二字

說文所無

〔真類〕焌◎

〔元類〕䞍◎入對脂轉

脂類二十一廣韻入聲七櫛

櫛○瑟璱○楖說文所無

〔真類〕蝨入對脂轉

脂類二十二廣韻入聲八物

勿物芴○弗茀刜紼今作綍沸◎怫咈拂髴䟆◎柫◎佛茀艴䞞◎○市韍○黻沷翇◎祓○

鬱◎○乀◎○鬱◎鬱○詘蚍◎趉◎屈𠜾鶌◎菧◎崛掘○䦆◎○甶◎○尉蔚○厥○吻沕紱尉

䘿𥜿坲以上七字說文所無

〔之類〕不

〔元類〕菀○黦今作黦

〔談類〕欻說文讀若忽三字，必後人所增，廣韻以欻入二十三錫，同爲江左以後之音也。○嗽說文所無

脂類二十三廣韻入聲九迄

乞迄釳汔訖圪◎虩仡趌◎䒗◎吃○肸◎肹○屹說文所無

脂類二十四廣韻入聲十月

月𧿨◎刖抈明◎○伐閥○罰○發橃◎○䟦髮○乚◎戉◎越𨒼◎𥿮◎𡛷◎𧿹◎鉞狘○粵○曰

○厥瘚◎闕蕨蟨𢵈◎𧽯蹶鷢◎鱖◎䙠橜◎劂鱖○亅◎孓◎○噦◎○𧬇○掘○𡿪◎○謁暍䔍◎

歇猲羯◎𧼮◎𥝋楬竭碣堨藒◎○垡茷獩𧌑檅蚏𠜑蠍揭𠮧以上十字說文所無

〔魚類〕閼音轉入脂，脂元對轉，又有焉音，左傳襄九年，（閼伯），路史後紀作遏伯，襄二十五年，（虞閼父），隱三年疏，國語晉語，史記陳世家索隱注，並作遏父。

〔元類〕靰（今作軏）○訐（對轉入脂）○钀

脂類二十五（廣韻入聲十一沒）

𠬝沒𤣻頞○忽昒笏歾（𣨶）颮○䶜榾䵝淈纂○汩○骨鶻縎滑顝搰䠇○咄痆

泏柮窋（今作窟）淈堀崛○杚頜紇齕麧○紼孛勃誖郭鵓悖○䭲○𠫓○突○𢙣

○𠦪○兀扤阢○訥○刖○𩮊○卒窣猝捽䪴崒○棁○愲榾䐷餑䭯浡敦焞

渤揬凸㲸惚杌屼矹䑛硉扢矻朏椊稡扣（以上二十四字說文所無）

〔之類〕㠊○核○圣

〔真類〕腯○殟嗢

脂類二十六（廣韻入聲十二曷）

曷褐鶡蝎駒遏渴葛餲喝猲暍堨鄗𢿒藹鶡（類之或文）○䕫○羍達撻闥○𠙴○剌

瑓楋瘌剌獺○𣦵䶪○嶭○啐○割○𥿍○濊○沬○䩢○糲○髶鞨鶡藹澾

粹（俗作辣）桛（今文尚書粤桛字）躠薩撥擦汰（以上十二字說文所無）

〔魚類〕閼音轉入脂

〔元類〕怛◎炟◎𪐄◎妲笪五字對轉入脂○𡵂◎○頞對轉入脂○钀䜑古文尚書粤拼字齾三字對轉入脂○呾

嚽二字說文所無

脂類二十七廣韻入聲十三末

末䒪今作秣眛◎○䆑◎濊捋○迷◎○昏◎括栝聒鴰佸髺◎苦◎銛◎骷◎䯏◎姡◎适話◎頢◎栝◎活銛◎

闊○襪◎○𡉏◎癹◎鏺◎撥○犮芨鮁◎袚◎帗◎跋柭◎軷◎妭废◎炦◎坺◎魃盋今作鉢拔○朮◎抪◎䣭◎

○奪○豁○洓眓越○怫◎○咄○掇鵽剟○撮○敓◎脫痥◎挩◎○䀎◎小徐繫傳，叉聲，攷工記，（今夫荄解中有變焉）注，荄讀如齊人名，手足擘爲皸之皸，則在籥類。睯◎○抹沬袜襏潑鱍撥筈䓤敌鈸茷

以上十一字說文所無

〔元類〕揞◎對轉入脂○斡○𣿅◎

脂類二十八廣韻入聲十四黠

黠硈◎秸◎劼頡○𥓵◎○扨◎轄◎搳◎猰今作㹢○札穵◎○軋○𪘒◎○扻○𢷎○齾◎欸◎滑鶻

○八◎馸汃◎㳄○扒○◎娺䆉鵽◎䥺◎䥿○◎聉貀廣韻作貀苗○䵑○察◎詧○殺椴鎩○◎契

◎㾊○◎肭廣韻作吶○◎䀎○戛○圠蛪菝秸刮瓟猾䱻螖嗗肭蔡磍圿矿蔱疕巀嘎

䀞以上二十字說文所無

〔真類〕㑰說文所無

〔元類〕◎㦮○揠對轉入脂○齾

脂類二十九廣韻入聲十五鎋

䂑廣韻作鎋◎瓅○◎闛楬○刹○◎䶛○◎劀○◎捌○刮鴰○刷○刖○䶵○獺○瞎圔鶡

錣䬓妠哳以上七字說文所無

〔魚類〕帕

〔元類〕◎纂○齾對轉入脂

脂類三十廣韻入聲十六屑

穴泬◎絘屑今作屑◎榍◎䯣○切血◎䘏○搥今作批○結◎桔◎㓤拮頡蛣襭擷噎○◎刹○◎卩

（今偏旁皆作卩）㔾（今作㔿）節○垤耋絰姪咥蛭○迭跌瓞胅苵䟾鴩詄駃䟽軼昳○絜齧

挈契楔䳘鍥潔○竊○魝𧽲○楶（今作棨）○玦鴂決趹眏駃抉赽㚉疦肤訣穾鈌

缺𨵿窫○𥨊譎憰鐍（觼之或文）璚（瓊之或文）○𠥺（今作匹）○涅○臬闑○隉○苜莧蔑蠛懱

幭䅬蠛蔑𧀍（粖）○瞥撆瞥○闋○齕○閉○辥○截巀鷻巀○戜鐵驖○蠛䏟

○捩篾瀎𪘲𡾆嵲捏篞纈觖瞲觼癟𨆸凸茶（以上十六字說文所無）

〔支類〕虒○蜺

〔蕭類〕頁○㗍

〔真類〕餮（今作餮）○咽

〔元類〕䩄

脂類三十一（廣韵入聲七薛）

屮岜辥薛孽孼糱櫱蠥孽（櫱之或文）○离○藝暬熱爇○㦡傈○㑇○㲱列茢迾栵

栵裂洌烈蛚颲○折哲悊晢浙𣃘䓆䀿○桀傑○蝎蝎碣楬揭○鼈鷩鱉𪓟瀱

○威滅搣◎捋鋝脟◎蛶◎⿰牛寽◎⿰木寽◎○絕蕝○雪○⿰舌夬◎妜◎蚗◎抉◎吷歠之或文，今分收。○啐◎○拙

炪◎茁○叕◎輟◎輟罬◎畷惙剟啜歠吷掇綴腏◎棳◎○劣○別○徹徶勶◎轍○穴◎○㕞

○屮○設蔎◎○旻◎○瞎◎○朅◎○蠥◎準○囪廣韻作呐○聅◎○紲齛泄渫媟揲○閱說

鴂◎梲○冽偈醊撤澈䖢掣橇悅以上九字說文所無

〔歌類〕⿰虫多說文所無

〔之類〕叓◎

〔元類〕舌許二字對轉入脂○讞廣韻作讞，對轉入脂。○䩚◎○焆◎

本類之字見於他類者補於左方

〔二十一麥〕戹軶阸餩◎〔二十五錫〕喫○遆殈說文所無〔二十四職〕陟○肊◎臆○

卽喞◎鯽鰂之或文○洫侐〔一屋〕逯◎○鷟○宓今作虙○粥說文所無〔十八藥〕雀〔四覺〕

䮑〔二十陌〕虢⿰氵虢◎○呃◎〔二十六緝〕眘○潪說文所無〔二十七合〕眔遝䜧◎⿰木遝◎○納

軜䱍◎○漯○嚃衲說文所無〔二十九葉〕籋◎○獦◎說文所無

歌類一（廣韻平聲七歌）

丂◎柯𩣺何河苛訶抲◎阿妸◎疴（今作痾）珂軻菏荷㼨哥歌滒◎○瑳蹉傞嵯𥈤◎䴾◎瘥齹（今作齹）○多○㛆○它◎（蛇）拕詑鮀沱佗鞁◎跎○䳗◎○娑◎○莪娥峨騀俄蛾䖸◎（䖸）硪誐◎涐◎哦○羅蘿○那○㑯呵䋍磋搓醝抄駝紽陀迱酡他睋籮囉灑鑼（以上十八字說文所無）

〔脂類〕汏◎馱

〔元類〕儺（對轉入歌）𩴾◎○鼉驒（二字對轉入歌）○䖒（對轉入歌）

〔魚類〕虘◎䣜◎

歌類二（廣韻平聲八戈）

戈○過緺濄薖○𨋍◎○莎○趖◎痤◎銼◎⿰女坐◎脞◎○譌（今作訛）波紴◎坡頗○摩髍魔䃺（今作磨）○吪◎囮（䌛）鈋◎○蠃（廣韻又作騾驘）蠃（今作螺）○禾盉◎龢◎和科捼倭踒○窠○茄枷○涶◎○衺（今作褱）○鍋輠堝渦窩𠱥薖鬖婆䔢牠塃麼䃺劘矬蝌伽迦（以上十九字說文所無）

〔之類〕媔◎

〔魚類〕韡

〔真類〕梭

〔元類〕覸(今作覵)○番(蹞)磻◎皤鄱◎○媻◎(對轉入歌)○嶓(說文所無)

本類之字見於他類者補於左方

〔五支〕乀◎氏祇茋◎疧忯軝蚔◎攰◎施馳迆酏匜貤嗁螔榹◎○危○委逶矮◎覣◎萎痿○麗驪䕻籭纚釃儷◎○睨◎鉈(今作鍦)○爲媯鄬◎𨼘◎撝皮旇疲鮍◎披鈹陂詖○离◎離醨◎謧摛螭魑◎縭蘺○䮒◎䣡儀㕒轙羲犧○趍◎迻移栘眵鉹姼宜䔟簃○奇◎騎踦攲倚觭椅猗陭◎旖◎騎畸錡䄎◎檹◎○乑◎垂箠腄厜錘◎陲差縒◎羨◎○隓(今增作墮)隋𨺚◎隨○麋糜縻靡蘼𪊺(今作麾)○吹炊籥◎○罷䍦䕻◎○羸○惢◎○罹○羈○虧○峗蜲鬌鸝孋欐彲襹噅潙柀皺破樆漓褵璃䅻籬羅池葹扅紴誃巇曦琦剞崎漪犄䕸醾劘倕(說文所無)〔十三佳〕媧騧蝸緺○闒○葦○釵○靫(說文所無)〔六脂〕榱㾐◎○

綏〇㶊〔八微〕巍〇碕𩌏說文所無〔十二齊〕鸝◎〇兮〔十五灰〕縗〇㢠〇桅〔十八尤〕郪〔九麻〕麻〇溠䐯今作嗟〇乂杈〇咼◎〇加嘉痂珈迦◎〇沙魦今作鯊〇髽〇笶今作檛〇哆𡧍◎奓奢之或文〇嬣◎〇些〇䃞䶕䃰鎈艖䐯䒸𥗿划笳鴐𧏹跏花古作𩿡，在魚類，今作花，乃入歌類。戳裟毿桬紗髿鞦爹檛䶒㛖說文所無

本類對轉之字見於他類者補於左方

〔二十五寒〕痑

〔五支〕䐾◎䮸〇觶〔九麻〕猏◎

歌類三廣韻上聲三十三哿

哿〇可坷軻舸砢閜閪◎荷〇鬌◎瑳〇痑◎哆陊〇䂳〇袉◎拕沱〇我䮙硪峨〇ナ◎

左𡯂〇那〇笴哥箬爹柁㦬娜

〔元類〕䵃◎對轉入歌癉〇儺對轉入歌〇𩎫說文所無

〔陽類〕䀢◎

歌類四 廣韻上聲三十四果

果裹淉◎婐夥顆敤◎○蠣 蜾 ○羸◎贏 祼 羸㼒◎㔷◎○埵○朶娖垛○隓 增，今作墮。 隋◎嶞◎

㦟 嫷憜 媠 今分收 隋鬌◎鬌◎㰏嫷鬌○貨◎瑣溑◎䫋◎瑣◎鎖○矬◎○坐○跛◎詖簸駊頗○叵

○禍◎濄○錁惈䴹堁㢘脞 以上五字說文所無

〔支類〕戹㧖◎

〔脂類〕火炏◎○妥 今說文無此字，偏旁有之，按鍾鼎文綏皆作妥，妥即古綏字，說文蓋脫一重文也，詩小雅楚茨（以妥以侑），訓安坐，周南葛藟（福履綏之），訓安，禮記曲禮注，綏讀爲妥，可證音義皆同也。

〔魚類〕蓏

〔元類〕㯿◎㼔◎ 二字對轉入歌 揣○卵

本類之字見於他類者補於左方

〔四紙〕瘍◎闒◎䆿◎蔿◎柀彼被○靡◎䃺◎○撾◎○委○䧦◎詭◎䚍◎恑◎洈◎姽◎蛫◎垝◎䤥◎桅◎跪◎頠◎

○髓◎膸◎䯝○倚◎輢剞◎掎綺錡◎齮◎踦○檥◎轙◎○氏紙抵坻◎跃◎眂◎汦◎弛酏匜◎杝阤弛

○邐纚釃躧◎○侈姼鉹◎誃◎垑◎袲◎烗㢋◎○捶䮔◎箠○惢◎○羲鸝蘂灕葹郈佹說文所無

〔十二蟹〕罷○矮○灑躧○枴說文所無〔十一薺〕𢿢◎○𨋂◎○欐說文所無〔十四賄〕餧

○隊◎〔三十五馬〕也炧○踝稞◎𩸏◎髁○𡗷◎○冎○瓦○𧛓今作鮓槎◎○屮◎○跒閜

輠謏說文所無

本類對轉之字見於他類者補於左方

〔四紙〕骫

歌類五廣韻去聲十八箇

賀○左𨑘◎○邏○坷軻○餓○些新附○那○佐𧟀以上三字說文所無

〔脂類〕大馱○柰今作奈○个尚書〔一介臣〕，禮記大學作一个臣，左傳襄八年，〔一介〕，釋文作一个，則个即介字，今作个，說文所無。

〔魚類〕箇○作

〔元類〕癉

歌類六（廣韻去聲三十九過）

檛◎過○坐挫侳◎夎剉莝銼○課騍◎○唾（涶）○破簸○礳（今作磨）䊳◎○臥○貨○惰

媠（惰之古文）稰◎○嬴◎纙◎○和踒◎○堁座磋（以上三字說文所無）

〔元類〕譒播○稬愞○涴（說文所無）

本類之字見於他類者補於左方

〔五寘〕爲鷶◎僞帔賥◎詖髲被陂○詈○萎𥝖◎諉錗◎餧𣨙○寄騎輢椅○施○義議○郊◎誼○甀睡鵻◎娷◎諈錘腄○垝（陒）○曬灑◎○吹○鍦灑髊硾𠡍（說文所無）〔十五卦〕瘥○諣◎○𣓌◎〔六至〕地（墜）貤○譼◎○皷◎○硾◎〔八未〕魏（說文所無）〔十二霽〕麗孋◎灑◎儷○離○眕◎○欐（說文所無）〔七志〕哆〔四十禡〕駕（咯）○漨◎○匕化觤◎傀◎○罷○架（說文所無）

本類對轉之字見於他類者補於左方

〔五寘〕瑞○觶〔八未〕穢◎

本類之字韵書以入他類入韵者附錄於下

〔一屋〕禿〇諕鵚說文所無〔十七薛〕䗋說文所無〔二十三錫〕鷊

今韻析卷二

之類一 廣韻平聲七之

之芝㳄◎蚩㠳◎詩邿持時塒◯鼒鎡茌◎◯絲茲◯兹◎慈鶿嗞◎滋孳◎◯貍⿱艹里◎釐詩（來牟），漢書劉向傳引來作釐，爾雅（釐曼華），說文引釐作來，左傳隱五年（臧僖伯），漢書五行志人表僖作釐，賈生傳（受釐），師古注，本字作僖，說文當云从里𠩺，里亦聲，轉寫脫里亦二字耳。◯丌◎箕其祺其棊旗期騏麒淇錤◎娸諆䫏今作魌欺基

稘◎綦僛璂藄◎◯𦣞頤⿰王𦣞◎宧◎⿱竹𦣞姬⿰犭𦣞◎◯而胹栭洏鮞輀◎萮◎耏耐◯台笞齝飴詒◎怡

⿰𦣞瓦貽治枱鈶今作粭誒◎娭◯菑甾鍿緇輜◯⿶凵由◎今書作甾，或又書作甾，與菑之或文混。◯噫◯司祠

詞◯辭◯辤◯圯巸◎熙⿱巸女◎◯禧瞦◎僖歖◎熹譆◯孜仔秄耔◯思緦罳颸偲◯䚡◎

疑癡嶷◯磁嵫梩錤踑碁琪陑髵鴯鰣榯嗤媸淄椔覗柌嘻嬉鬐以上二十一字說文所無

〔脂類〕𠩺◎⿸𠩺又◎嫠◎⿸𠩺力釐嫠犛按說文以為𠩺聲，則音在脂部，說解蓋用史記西南夷傳，明漢時已讀犛如髦，周禮樂師注，爾雅注，北山經，上林賦注，漢書西南夷傳，均謂之旄牛，實則廣韻洛哀切為古音也。漦◯醫

〔魚類〕居

〔蕭類〕氂，周禮樂師音義，氂，舊音毛，說文雖不云毛聲，蓋包形聲也，自漢人讀犛爲旄，讀氂爲萊，始互易其音，故左傳（晏氂），外傳作晏萊，揚雄太玄經事協來氂，漢書岑彭傳魏郡輿人歌，協萊氂災時茲，實則廣韻莫袍切，爲氂字古音也。

〔真類〕斳對轉入脂

之類二一廣韻平聲十六咍

台部胎鮐◎㠯駘咍箈◎溚今作菭　唉埃欸能○䠹◎○來萊[illegible]◎[illegible]◎棶騋◎淶◎○臺嬯◎○才

𪌉◎材財䞗◎𢦏◎烖灾災哉裁栽○咳孩，今分爲二義。頦該胲◎郂◎晐垓陔侅毅◎荄○𠔀◎○䐆◎

○娝◎○䚊○崍徠郲檯薹儓炱峐絯顋慸以上十一字說文所無

〔脂類〕哀○皚敳◎殪◎剴◎皚◎

〔耕類〕猜袁宏三國名臣贊協才猜臺萊，始入之類。

〔侵類〕纔說文讀若讒，士咸切，今用爲才字，而其音亦讀如才。

〔元類〕開對轉入脂，尚書禹貢（道岍及岐），釋文，岍，字又作汧，馬本作開，知開音亦同岍汧也。

本類之字見於他類者補於左方

〔五支〕褫徙說文所無〔六脂〕龜○丕魾邳駓秠伾嚭◎○怌豾鉟說文所無〔八微〕妃○譩說文所無〔十四皆〕薶今作埋霾○豺○揌○孩骸○篟〔十五灰〕灰恢餧◎蛕◎○悝○禖腜◎媒○脢梅㮊䊈○胚衃坏䫊◎棓陪培醅○詼煤酶莓毸說文所無〔八戈〕媥◎

〔十八尤〕尤訧沋◎肬◎疣頄之或文○牛○丘邱◎○不紑芣咅今作罘○謀○䲰說文所無

〔十九侯〕箁◎○抔說文所無〔二仙〕鳶

本類對轉之字見於他類者補於左方

〔十五灰〕鄙◎

之類三 廣韻上聲六止

止阯址址今分收齒祉沚○市恃痔庤洔◎峙◎時偫○巳篆作目，又別製以字。今作已苡相今作耜似矣竢◎俟竢◎涘始枲○己祀汜改◎从巳起㔛○己紀改◎邵◎杞帊芑玘◎○滓莘◎梓○耳恥珥○喜○㢞◎○子李秄今作籽○士仕垼胏○史使○里理俚裏鯉郢◎○

洍◎○曩◎○諰◎○擬儗薿○阯芷駛緝駬峙娌悝以姒以上九字說文所無

〔脂類〕朿◎柹今作柿𤵸◎笫○香◎

〔蒸類〕徵對轉入之，則爲宮商角徵羽之徵。

之類四 廣韻上聲十三駭

駭○騃挨◎○駴

〔脂類〕楷鍇

之類五 廣韻上聲十五海

海○絠◎醢○宰睟◎○殆怠紿佁◎詒駘箈欸娭◎○待○亥頦○改从己○采彩寀○

茝○毐◎○倍菩◎○在載○乃鼐○綵髶棓以上三字說文所無

〔脂類〕鎧塏愷闓◎

本類之字見於他類者補於左方

〔四紙〕企徙簁◎蹝○屣蓰說文所無〔五旨〕洧鮪痏○皷◎滍◎○否嚭痞秠○圮跽◎○

啚◎鄙〔十四賄〕賄蕿◎○莓◎每悔〔四十四有〕有友右○久玖㚶◎灸◎蒊羑誘○負萯

○婦○不◎○鴀說文所無〔三十三晧〕冃◎〔四十五厚〕母亦轉入侯類拇鴾晦畝娒◎○某

○培剖掊〔九麌〕侮○䋦◎○㥄◎〔三十五馬〕冶〔十六軫〕敏〔三講〕棓◎○䅝說文所無

之類六廣韻去聲七志

志寺事誌侍蒔◎○値置植埴○司嗣笥伺○食飤今作飼○截今作蚝㦸○試弒◎○

吏𩣡駛使○字◎芓◎○异胎始詒○鬻餌刵㛅◎佴◎毦珥○廁○異冀◎潩廙○記忌

諅◎○迈其惎朞◎○熾幟織識○譆憙○亟◎○意○孳○裏○思○僛○痣僿牸

衈咡以上五字說文所無

〔脂類〕畀◎○咥○瑟

〔歌類〕哆○施

〔真類〕迈，詩小雅杕杜協至恤偕近邇，脂眞對轉也，大雅崧高（往近王舅），鄭讀近如彼記之子之記，蓋三家詩作迈，毛詩誤作近，韻書以近入志韵，誤。

之類七 廣韻去聲十九代

代岱侢貸◯隸◎皆◎態◯叡◉在戴◉栽截◉戴載裁◯再洅◉◯綷◯塞簺賽◯閡◉㤥◉劾

欬◯耐 耏之或文 ◯睞覝◎勑◎賚◯采菜◯鼐◯礙懝儗◯棌倈襶 以上三字說文所無

〔脂類〕逮◯㤅◎僾◎薆◎慨溉槩嘅◯䖋◎◯愾◯鎧◯瀣◯薆鑀曖𣋳靆埭 以上六字說文所無

〔幽類〕瑇

〔蒸類〕黱 對轉入之，六書故引唐本說文有，重文黱。

本類之字見於他類者補於左方

〔五寘〕企糦◎◯屣 說文所無 〔六至〕葡◎犕◎糒備◯紱 韛 ◯冀驥◯𨙸◯治◯德◯𣕭

懻 說文所無 〔十六怪〕戒誡悈◎械◯𢟳 今作憊 ◯怪◯噫◯譺◎◯韛 說文所無 〔十七夬〕◯

寨 說文所無 〔十八隊〕配◯佩◯槶◎幗◎◯誨悔晦𧤴◉脢◯北邶 今作鄁 背◯痗焙 說文所無

〔四十九宥〕又㽕右宥盍姷趙囿䀁菌祐忧頄疣◯次灸匛柩◯富輻副葍◯伏◯佑侑酭疚說文所無〔五十候〕姆今作姆

之類八廣韻入聲二十四職

戠職樴識織◯直殖稙植埴淔◯力◯食蝕飭飾◯弋雉妐杙酨式軾伏鳺今作鷩◯皕畫◯亟殛㥛極𢅏◯色䒷◯恧◯測惻塓荕側◯昃稷㮨◯嗇𠻘薔今作薏檍億今作億◯澺臆肊之或文檍◯抑◯嗇穡轖歙薔今讀作穡，以爲穡嗇字誤。◯棘㰀◯苟从羊省，从包省从口，與从艸，句聲字異。◯翼廙廣韻作䢞廙潩䢞瀷◯畐愊副堛腷楅逼幅䩉◯蜮棫淢閾閾黓緎罭㚜惑域或之或文，今分收。◯矢◯仄厌今作厌◯㘈嶷◯息熄鄎瘜熄◯匿◯犆膧劦栻拭黓芅鉽鵡琙魊緎䞍醷憶繶湢䮰腷㲼愎䵗以上二十三字說文所無

〔支類〕湜寔

〔脂類〕陟◯肊臆◯卽揤鯽鯽之或文，今分爲二。◯洫侐◯皇唧以上二字說文所無

〔矦類〕敕

〔魚類〕𧹞

〔真類〕稄說文所無

〔談類〕翊翌此尚書昱字，與翊雖稍易形，實卽一字，廣韻分收同讀，注云明日，又按衛包改翌爲翼，後人囯之，讀爲翼音，漢魏晉唐初，皆有翌日，無翼日也。

之類九廣韻入聲二十五德

㥁◎德○㝵◎得○則鰂鯽今作鱡賊○勒肋扐阞朸◎仂◎泐⿱勒土今作玏○忒貣◎⿱代心◎蟘◎○刻劾

○克勊今作尅○特○黑纆今作纆墨默○𡫸今作塞㥶◎塞◎○北○菔○僰○蔔◎匐○

踣趞◎○或域惑國○仂蠌蟚餩裓慝以上六字說文所無

〔蕭類〕冒○墄

〔蒸類〕螣對轉入之，毛詩大田，釋文云，亦作䘎，說文作蟘。

本類之字見於他類者補於左方

〔二十一麥〕麥〇聝馘幗蟈蜮之或文〇革諽◎鞆◎〇持◎〇摑說文所無〔五質〕昏◎〇暱

〔八物〕不〔十一沒〕嶏◎〇核〇圣◎〔十七薛〕㚇◎〔一屋〕福蕌蝠輻〇郁囿〇牧〇伏茯絥之或文〇𠬝◎服箙〇𢽽◎䙍今作或〇坶◎〇𤪌◎〇偪鵩洑栿謖矗說文所無

〔二十二昔〕奭〇𨘚◎〇襫說文所無〔二十六緝〕入亼◎〇濇◎〇翜〔二十七合〕𢓥◎〔二十九葉〕疌◎

蕭類一 廣韻平聲三蕭

蕭簫蟰◎潚今作瀟〇佻挑祧跳趒◎䑬〇芀◎苕貂蛁◎髫迢䪹◎〇𥙿◎廣韻作褭〇垚堯僥膮嘵驍澆嶢〇憿徼〇膫膋遼寮今作寮鐐簝鷯嫽◎璙◎撩僚獠今作獠〇料〇紗今作紗〇𠤾◎條蓨◎〇凋雕彫鯛◎琱◎蜩調〇鵰◎𩿨◎〇臬嗃◎〇県◎〇聊〇熮◎憀漻鏐膠◎䮾〇幺〇蟰儵鯈鎥窙怮恌刀船橑嘹以上十一字說文所無

〔脂類〕𣪊

蕭類二 廣韻平聲四宵

宵消綃霄痟銷蛸逍哨揱◯釗超怊韶佋軺招劭柖◎昭鉊沼菬◎窯◯囂藚囂◎◯枵鴞◯歊熇歊◎喬橋僑鷮鐈◎獢驕嬌◎繑趫◯蕘饒蟯嬈燒◎趬◎蹺◎翹橈◯珧銚姚◯盄◎◯杓◯㶾◎熛◎慓幖瓢漂飄嫖◎瘭◎鏢◎𨘋◎嘌◎標剽僄摽麃鑣穮今作穮犥◎儦瀌要葽◯苗緢貓◯懆◯夭枖◎祅◎妖◯燎◯䍃◎䍃傜今作傜䌛今作繇蘨今作蘨𨗵◎謠六書故引唐本說文有此字。榣◎䠄◎䚺◎媱◎瑤嗂搖鰩遙鷂繇◎◯龜◯焦蕉鷦燋譙誚醮◎鐎樵噍顦今作憔◯猋◎飆◎𣄠◎◯櫜廣韻無此字，誤收櫜字。陶◯鄡◎◯菽◯茮今作椒◯髟◯䙚毳◯朝潮◯硝魈蕎轎嶠礄穚描腰喓翲彯螵篻藨臕邀飆愮猺膲𧷺鍫以上二十四字說文所無

〔脂類〕橇說文所無

〔侯類〕褕

〔真類〕櫜◎

蕭類三廣韻平聲五肴

爻肴孶◎倄殽◎敎◯交蛟茭鵁郊鮫䢒◎筊姣洨恔◎佼骹◯巢轈樔鄛勦◯鐃譊磽◎

○梢捎莦鞘蛸鞘今作箱○媌○敲鄗嗃○墽◎○聱嶅謷◎○麃○嘮◎○抛○訬鈔

○膠嘐摎獿◎○獿◎○茅蟊◎○虓笐○哮○勹包苞郇◎胞泡庖炮咆匏枹罞罦靤

○胮捊抱○啁○鵃○坳○窌○嘲○崤淆咬詨譟簝罺巢灢譟藻髾筲弰旓

綃婎嫛髇颮墝磝颲烋顤嵺轇僇顟罦庨涍抓爮颮鉋跑硇又作滷以上三十八字說文所無

〔脂類〕犛

〔之類〕掊

〔矦類〕蝥◎說文蟲部爲蝨之或文，蟲部重出者當刪。

〔魚類〕呶怓

蕭類四廣韻平聲六豪

高豪膏蒿篙○鄗◎號嚎◎饕叨○謔◎○嚻○刀叨鞾之俗文，今分收。鞀鞉鼗磬羔餻新附○

勞澇○毛髦旄毷◎芼氂○撓○洮挑桃咷逃○叜◎弢牧○臊鱢◎操○繅○敖熬

嫯嶅謷潡◎獒◎翿鼇○夲◎皋嗥蓩◎槔翱○咎鼛櫜○牢○醪○嫪株○滔韜慆㴞◎

騊◎搯◎○絛○綢裯錭◎○裪匋騊陶萄䛬◎○㮴今作艘○慅◎慅騷搔○𡨋今作㝮○㨶◎檮濤𩡼今作𩏹○曹槽䐣◎螬褿◎糟遭傮◎𢢝◎漕○䥯○𤺊◎獿◎瓇◎○猱○㺜○尻○槄謟𧉈裪綯鞫淘醄颾溞猱䬞螬嶆嘈艚嵦今作𡽾濠毫毷螃簩撈䑬舠忉舠螯璈

𢧵以上三十字說文所無

〔矦類〕楸臑

〔侵類〕獶◎○槮

〔談類〕駐，見周禮春官巾車釋文音獵◎

蕭類五 廣韻平聲十八尤

𢟪◎憂㱘櫌◎優鄾瀀◎○麀䴇○逎遒庮槱梄◎琊◎䶉◎留橊◎抽搊鷚騮瘤鎦◎劉◎瀏○瞜飂◎膠劉鏐瘳摎○汓泅游○流㳅◎○䜴當爲䍁省聲，說文轉寫脫䍁字之半及省字耳◎秋楸萩◎湫𥞊啾𡰪◎愁◎○𪁙鶖○酋䲡◎䱒◎緧◎今作鞧，作鍬，又作緧，又作𦈌◎趥◎鰌猶韻會引小徐本作猷◎猷今分爲二輶楢◎搖◎猶◎○攸悠𣄴◎鋚◎脩◎修脩䐹滫◎○𠮛◎油蚰紬○卣今作卣𠧘䚱◎𧄹◎鏧◎○雔◎讎犨嶕

嚼鷦◎售新附○羞○周輖◎婤◎椆◎惆綢稠鬍◎裯調啁○州詶◎○舟翔◎侜輈鵃○嚋噕◎

𣪁◎幬醻酬斁◎儔籌譸◎𨛬◎懤◎○矛蟊◎柔鍒鞣䐓腬蝚◎蹂厹之或文○收○鳩匑◎艽仇叴

𩰫◎肍◎訄◎○馗逵○搜獀◎鄋◎颼溲○蒐○𦢅◎○休庥庥今分收鵂庥鵂舊之或文○鬏今作

鬃，或作䰌。○囚○盩◎○裘求求今分收逑球璆俅絿𧖥◎蛷莍◎𨛫◎脙梂◎毬賕捄○浮烰

桴○罦罦枹○𧖴蜉○脜◎廣韻作脜○𡧩抗皖今收抗字，又誤从宂，按從穴者，穴為東類之聲，對轉入幽也。○

櫾◎𨗨◎䌛今作繇圝◎囮之或文○𪌉劉飀橊遛旒飂𦖻由抽蚰鮋浟𩛩樛斿蝣莤洲賙𩴨

𩹉鶔揉廋鎪繇貅咻䫜銶粰琈以上三十二字說文所無

〔歌類〕囮圝○郵

〔之類〕尤訧沋◎肬◎默疣肬之或文○牛○丘邱○不紑芣罟今作罘○龜○謀○涪◎䯱◎

○鴀說文所無

〔侯類〕蓲○牟侔麰眸蟊蝥蛑○鄒騶齺◎媰◎○菆陬掫棷郰◎鯫◎黀◎緅新附○鍪鞪瞀

○搊篘謅以上四字說文所無

〔魚類〕瞴◎

〔侵類〕冘

蕭類六 廣韻平聲二十幽

𢆶◎幽蠨◯呦 𣢭 怮◯丩◎䊺◎朻◎虯觓◎◯驫◎◯瀌◯蟉樛璆 球之或文 繆◯彪淲◎◯髟◯

觩 說文所無

本類之字見於他類者補於左方

〔六脂〕屖◎𨆼◎𩑈〔十九侯〕叟◯曉 說文所無 〔十虞〕孚俘莩筟◎稃 粰 郛◯稒◯橾◎◯

𤞤◎◯鄜◎ 今作鄜 ◯𩶉 說文所無 〔十九臻〕虋◎〔二十二元〕槹 說文所無

本類對轉之字見於他類者補於左方

〔二東〕晛◎

蕭類七 廣韻上聲二十九篠

皎恔◎◯璬皦◎◯扚◎杓◎芍◎◯繚◯朓 从月 脁◎ 从肉 佻窕誂◎挑◯曉皢◎嬈◎鐃◎◯旚◎◯皛◯

褭○嫋○掉○嬥◎○筱 今作篠 篠○謏◎○鳥蔦◎○鄝◎蓼○了○杳○旵◎官◎窅◎○窅

○窈○湫○衦瞭僾梟 廣韻作嬈，非說文褭字。 湂鷡 以上六字說文所無

蕭類八 廣韻上聲三十小

小○杪◎趙悄○兆◎絩旐䍜◎鮡◎垗◎○肁◎肇 今作肈 ○昭沼紹袑卲◎○夭芺◎○繞嬈遶○

摽縹◎瞟◎慓標膘◎䚦◎蔈◎麃藨◎○矯蟜敿◎撟嬌蹻○表○繰◎剿○摷◎勦◎○憭◎僚燎墝◎

繚◎○䫜 今作藐 ○少◎邜◎杪秒眇鄵◎篎◎○淼 新附 ○擾◎㹛◎○𠬪◎○莩 今作殍 ○瀌○嫽○

愀駣鰾篻醥褾㟽佋溔譑鱎釥訬麨渺緲 以上十六字說文所無

〔脂類〕鷕

蕭類九 廣韻上聲三十一巧

巧○飽鮑○卯昴○茆○攪○瀥◎○疛◎○爪○叉◎瑵○拗○橚◎○絞狡烄◎佼齩

筊姣○撓○豤◎○媌○獠○鉸泖狕 以上三字說文所無

〔侯類〕䰗 今作炒

蕭類十 廣韻上聲三十二晧

晧今作皓　浩祰◎造（艁）艁今分收　○夰昦今作昊　○暤今作皡　○顥灝○臭◎○勼◎𠣠◎抱捊之或文

○老○討○道䆃導◎○稻○嫂㛮○埽○擣𢷏◎禱○禂◎○𩰫○早草○艸◎○棗

○𥻨◎𥽂◎○好○冒◎媢○寶○𠦒◎鴇○保葆緥今作褓　宲◎○蚤（蚤）○丂◎攷◎考○栲◎○

襖燠○鎬滈鰝◎鄗縞槀稾薧○轑橑潦潦今作潦　橑○澇○匘今作腦　嫍◎○燥懆澡

璪繰○璅藻（藻）繅○倒○杲○芼◎○夭芺𦰏◎○駣惱碯𠳋菒㮴栳恅皁堡套袴

以上十二字說文所無

〔之類〕冃◎

〔侯類〕𥢊

〔真類〕媪○蝹說文所無

蕭類十一 廣韻上聲四十四有

酉今偏旁皆書酉之古文丣爲丣，遂與寅卯之卯相混。醜酒槱庮柳茆䣙留（㽞）瀏○咎倃◎𪊌◎𪁀◎鮥綹○

丑紐狃鈕胐◎邷◎粈◎鈕◎粈◎沑◎莥○手杽◎（今作杻）○肘疛◎紂酎◎○朽○九厹（蹂）○韭○

◎百首○守○帚○阜䳬◎○缶銂◎○糗○煣（今作㮘）輮◎猱◎蹂（厹之或文，今分收。）○臼舅䑕◎

臭◎○牖○莠琇（今作琇）誘（羑之或文）○卣（廣韻作卣）歐◎○受授◎綬○壽○滫○溲○䋴懰杻

恎醜（以上四字說文所無）

〔之類〕有友右○久玖姷◎灸◎羨（羑誘詣）○負萯○婦○不◎否○鴀（說文所無）

〔侯類〕㧫

蕭類十二（廣韻上聲四十六黝）

黝泑◎蚴◎嫰◎○糾赳○欲◎○蟉○朻（說文所無）

〔五旨〕軌宄氿匭（䈞之古文今分收）○簋（匭）○晷厬◎〔四十五厚〕𣗥◎○㨨◎○叟傁○牡

〔九㝅〕咻（說文所無）〔十姥〕姥〔二十八獮〕闂◎

蕭類十三（廣韻去聲三十四嘯）

藋嬥糶耀◎○眺覜趒銚○弔○釣尥◎○竅◎噭竅擊徼○尿○掉○料○獠○

窔〇䫿◎獟嬈〇嘯歗驌〇篙◎蔦〇莜◎篠〇調〇叫訆嘂〇徼嘹䠥以上三字說文所無

蕭類十四廣韻去聲三十五笑

笑〇肖陗哨鞘〇召◎詔邵卲◎劭照〇燿〇鷂搖〇覞◎〇覾◎〇約〇嶠〇勡剽

漂僄慓摽驃要葽〇尞◎繚◎燎鷯〇爍㸊〇嚼燋〇燒繞〇眺〇廟〇少篎〇噍

譙誚醮潐◎𪒠◎〇篍◎〇旭◎〇趭僬耀曜艞轎榛俵妙以上九字說文所無

〔魚類〕⿰虛亢說文所無，廣韻作⿰虛九，注云，⿰鹵亢⿰虛九，此必⿰鹵亢字之訛，若作⿰虛九，無讀牛召切之理也。

蕭類十五廣韻去聲三十六效

效校恔〇鷯◎教〇罩䲨◎踔淖婥◎趠〇罩◎〇豹䶌〇爆〇嗃敲〇皃貌額〇稍郁◎〇

櫂〇橈〇樂〇鬧〇鈔〇窖〇斆學今分為二義覺〇孝〇奅◎窌〇拗新附〇麭◎皰〇膠

〇笊㔍㔏酵較珓傚礉㦤磝以上十字說文所無

蕭類十六廣韻上聲三十七號

号◎號號◎琥◎〇悼〇盜〇到菿◎〇縞膏蓩今作蓩〇傲嫯◎贅◎鰲〇眊芼旄秏今作耗〇

勞癆◎澇○喿◎譟趮操○暴瀑㬥◎○虣○翿今作翢燾禱○蹈○導○告誥郜祰◎造

艁靠○㝁○冃◎○冒瑁媢𣞐萺◎眊◎○嫪○報○漕○埽○竈○好○𢽺◎○奥澳

隩燠墺○帽慥糙芼懊鰎倒犒躁噪氉櫜以上十二字說文所無

〔侯類〕臑◎○鑿

蕭類十七 廣韻去愈四十九宥

救○𣪘◎廄今書作廏遨◎匓◎○究○猶輶○冑從肉胄從月宙詘◎怞◎岫鼬柚油袖褎之或文，今分收。

○標畱䄏◎溜霤廇鎦瘤籀○守狩○嘼◎獸○首○收○臭殠◎齅○椆○舊○瘦

○褎袖○毠○造今作簉○畜○翏◎䎆◎僇◎鷚廖飂○窌○秀琇廣韻作璓○繡○狖○

宿○就鷲僦○狃○售○壽○授綬○輮䡯蹂厹之或文○酎○鍑椱◎復復◎覆○櫾

○詸伷懤呪繇塯憀糅以上八字說文所無

〔脂類〕蜼

〔之類〕又疚◎右宥𥁕◎姷◎趙◎囿珛◎蒥◎祐◎忧◎頄◎疣○灾◎灸匛柩○富輻副葍○伏○

佑侑酭疚以上四字說文所無

〔矦類〕晝○咮○噣◎○漱鏉◎○仆○緅○附◎○驟○皺愊以上二字說文所無

蕭類十八廣韻去聲五十一幼

幼○謬繆

本類之字見於他類者補於左方

〔六至〕采◎穗〔十八隊〕瑁〔十九代〕瑇〔十遇〕鑄○籲〔五十候〕戊茂○貿鄮

○袌楙懋○透○鬻護說文所無〔九御〕飫

本類對轉之字見於他類者補於左方

〔五十八陷〕蘸新附

蕭類十九廣韻入聲一屋

牿◎○宿縮摍◎夙○莤○六尗◎坴◎竈◎茻◎廣韻作弃陸稑穋鵱◎睦歗嗽○戮勠僇蓼○軸

舳柚苖◎○竹筑竺簹今作鞫鵴今作鵴竆◎匑今作掬鞠◎今作麴匔蘜篘○匊菊趜◎鵴◎蝌◎鞠

鞠鞫○逐○尗(今作菽)叔𡸣◎俶埱◎琡◎淑踧椒蹙摵𢼸◎○璹◎○肉朒育(毓)䓝◎淯𦃉◎鬻◎(今誤省鬻爲粥，以代此字。)○毓(育之或文，當爲流省聲，今分收。)○祝柷○藋◎○歠◎○衄(今或作衂)○蹴○
粥◎○儵倏(俗誤从火)儵◎鯈◎○畜蓄鄐◎嬸◎慉○臕◎鱳◎濼◎○熇○暴驫◎爆◎瀑○肅潚◎鷫◎○
目○繆○复◎腹複復馥蝮輹蕧◎𥨍◎覆○薁𥳭◎澳墺◎燠○孰塾(新附)○㣿◎穆○碡翿
鱐𥗴蹜蓿毱踘噈顣苜𦡞毣熟澓稪蓫(以上十五字說文所無)
〔脂類〕蝝◎○鬻○宓(今作虙)○粥(說文所無，此俗體當删。)
〔歌類〕禿○誘鵚(以上二字說文所無)
〔之類〕畐◎福葍蝠幅輻匐楅副○郁囿○牧○伏茯(紱之或文)○𠬝◎服箙菔○恧○
戫◎𩡧(今作彧)○坶◎(詩大雅大明牧野，水經注引作坶野。)○琿◎○偪鶝洑栿謖𤳖(以上七字說文所無)
〔侯類〕屋○獨髑韣斣。○穀縠◎轂穀觳𣫜◎瞉◎○谷㺝○斛○哭○䊭◎○豖◎啄○
速誎◎梀涑樕鬻(餗)鱻◎蔌◎○彔◎祿逯◎睩娽○鹿漉簏麗麓○族鏃蔟○㞞◎○轐◎僕
檏(今作樸)纀濮○卜攴◎○木沐霂○賣◎儥◎黷讟讀殰櫝牘瀆犢𨘻◎𨽍◎𨏥◎嬻◎匵◎贖◎○

椓◎𢄼◎𢴤◎鵽○剭槲蔌觫轆艍螰摝琭碌盝瘯簇扑醭齪今作𨂽以上十五字說文所無

〔魚類〕碩◎

〔談類〕昱喅◎焴

蕭類二十廣韻入聲二沃

毒◎薵◎禱◎○𥳒◎篤○督裻○告梏𨸝◎焅◎酷鵠牿嚳○浂今作沃鋈○襮○嚛◎○熇○

隺◎𦞦◎𤒹◎潅◎○覓◎○𧅫說文所無

〔侯類〕豰◎○美◎僕○瞉◎○褥說文所無

蕭類二十一廣韻入聲十八藥

藥爍◎鑠爍○躍鸐趯◎○龠籥爚蘥◎䟑◎闟◎瀹◎○勺礿葯◎灼酌䶂◎妁汋約杓芍○敫

繳○𡵂◎○屩蹻○焯䮔綽逴○𥛒◎○弱嫋蒻𦢊◎溺◎○虐瘧謔○削娋◎○爵爝嚼

嚼之或文○燋○鑰蝓鸙瀹礿葯𥜽嚼以上八字說文所無

〔脂類〕雀

〔矦類〕猉

〔魚類〕略○斫○蟟○㕣卻臄谻◎卻御◎螂◎㴉腳○若蕃今作蠹，廣韻注云，亦作蓄。箬諾◎婼

○叒◎○㲋今作雋○辵◎○斮碏趞◎䟶◎踖○易◎猲◎○噱醵○矆◎韄韄之或文籆◎䉃，今作籰。○

矍玃今韻又重收钁字钁攫趯◎躩彏◎玃○縛○礏◎櫡◎躇◎今作踏○䂬䢰鵲散猎錯懪著獲

以上九字說文所無

〔陽類〕掠

本類之字見於他類者補於左方

〔二十一麥〕𩓥○搋◎○摵說文所無〔二十三錫〕激檄鷔◎○轢礫櫟瓅◎蹸◎○旳今作的

馰◎玓◎靮◎仢◎○弔迅◎○翟糴○倜◎○惕◎○迪笛邮◎妯◎油◎○滌䐑◎○戚宋今作寂惄◎啾◎

惐◎蔵◎○蚤◎○倜○皪覈獥葯籊幘慼鏚說文所無〔十六屑〕頁◎〔二十五德〕冒○䎱

〔三燭〕旭○勖○臼◎舃◎○琪◎○亍◎〔四覺〕學斅之篆文嚳◎礐◎嶨◎礐鷽覺鸒◎○榷㩁搉

○糕今作穛○雹軳◎○硞○鰒○較◎駮○濁○箹◎肑約◎皃貌貌◎藐．邈新附○𦥯◎箾○

卓倬䓬◎趠◎踔〇眊〇暴〇齩（今作䶂）駮〇嗀◎塙（今作碻）翯墧◎〇擢濯蠗◎〇犖〇觴◎〇

颮䶌較䍟鶚踔爆懪鸐㶿櫂趵（說文所無）〔十九鐸〕鄗嗃〇㬥◎〇樂擽（𤻲）〇䝤◎〇臛

（今作耀）鸐騅◎〇躒謞（說文所無）〔二十七合〕䨻◎〔二十八盍〕囂◎

侯類一（廣韻平聲十九侯）

侯餱鄇猴獿◎喉鯸◎鍭緱〇區謳甌鷗褔◎歐漚藲◎摳彄〇婁樓髏摟螻廔◎鞻◎漊◎塿◎

謱◎寠簍蔞膢僂〇涑〇溝篝韝（今作鞲）〇陬◎掫◎緅◎（新附）棷◎諏鯫〇媮䩭◎腧匬◎緰◎〇頭

䝏◎郖●〇兜篼〇䪷◎（廣韻作䫜）〇齵〇句鉤㰳◎軥〇獳◎〇篌睺嘔劅貗軁韝慺偷鍮褠

駒（以上十三字說文所無）

〔之類〕箁◎〇抔（說文所無）

〔蕭類〕捊◎（抱）裒（褎之俗字）〇叟〇曉（說文所無，廣韵又作嘔。）

〔魚類〕投殳〇骰

本類之字見於他類者補於左方

〔四宵〕褕〔五肴〕蝥蟲之或文〔六豪〕楙○臑〔十八尤〕牟侔麰眸○鄒騶齺媰○
菆郰鄹䮰○鍪鬏瞀○掫犓謅說文所無〔九魚〕練〔十虞〕禺嵎湡堣偶隅愚齵鰅
髃喁○芻犓趨雛○須𩓚頿○朱珠咮絑株誅邾鼄蛛䇓殊銖洙茱姝袾○軀
驅毆軀嶇樞貙○俞逾踰窬覦愉揄瑜羭蝓榆渝毹歈鄃輸腧牏瘉隃○臾腴
楰諛萸○蔞鄹膢漊○符紨泭怤柎○廚○俱○欨昫朐鴝今作鸜鼩狗絇邭斪
䩱枸跔拘駒痀劬姁○需繻嬬儒懦襦濡醹○鍝蝺鸆今誤作鸝嚅鴸跦瓶侏趎鬚
腧堬闟睮瓴喻蕍湪㥚嘔氀跗鴝苻鍑艑䅳娵躕蟵說文所無

本類對轉之字見於他類者補於左方

〔一東〕戎〔三鍾〕顒○邁〔四江〕肯

侯類二一廣韻上聲四十五厚

𠓗厚○後○后郈茩㖃詬垢○斗枓○妵䳇○鋀○偶耦髃蕅今作藕○涹○穀
○塿簍漊藪籔○嗾○毆歐○走○口釦鉤叩扣○鏂甌○趣取緅○苟玽狗

耇㺃◎笱枸已見夔韻○蚪陡䵭斪嶁𥨊甊擻吼以上十字說文所無
〔之類〕母亦入侯類詩蝃蝀協兩母侯魚通協也。拇鴟晦畝娒◎○某○音◎歐培瓿䣊◎部◎蔀剖詩大雅生
民（不坼不副），史記楚世家集解引作不，坼不剖。掊詩大雅蕩（曾是掊克），正義云，定本作倍。○蔀說文所無
〔蕭類〕楙◎○㨹◎○叟瞍○牡由魚類轉入蕭類
〔三十四果〕菻〔三十一巧〕鬻今作炒〔三十二晧〕務〔四十四有〕掫〔三十七
號〕臑◎〔九麌〕府㾈◎拊腐○主麈宔◎罜◎柱○姁◎昫欨今作煦楙◎蒟煦○豎○庾斞
楰○㼌◎窳○貐瘉○傴䙔◎○寠今作窶數縷僂◎樓◎屢謱蔞○乳○聚○須◎繻◎○樹
○醹擩◎○弣腑俯愈炷拄說文所無〔十姥〕鼓〔二十四緩〕短〔四十八感〕歜

本類對轉之字見於他類者補於左方

〔一腫〕軵○竦○豰今作冢○悚駷說文所無〔三講〕講○鉤○耩傋說文所無

侯類三廣韻去聲十遇

禺◎遇寓○嫗驅○壴◎尌◎樹澍○屬○侸◎裋◎○注狌◎駐○付髥◎坿祔駙鮒附○屛

○屨數屢○隃輸諭○裕○赴趴仆○敄○蟊○足○具○冣堅趣娶○咮○
戍○句酌（今作酗）昫姁煦蒟○孺擩○敄嵍鶩婺鶩霚（今作霧）務鍪○遌○鏂住註
炷鞋鉒霔蚹跗响訃（以上十一字說文所無）
〔蕭類〕鑄○籲
〔魚類〕鬴傅膊簙○朐瞿界鸜懼○芋○雨○賦○覷

侯類四（廣韻去聲五十候）

候㑇鍭○后逅詬姤○後○厚○寇滱○鷇彀瞉毃○豆逗䕱脰梪○酘○鬥
○鬭○槈（鎒，今又作耨。）○嗾蔟○奏湊○冃○走○漚○冓遘構媾購覯○屚漏
○瘻鏤僂○扣○句佝敂雊軥○霧（之或文）瞀萩瞀楙婺○竇讀○鱫獳擩○睺
堠篌蔻餖瀫䞲腠楱吼愗譳（以上十二字說文所無）
〔之類〕娒（今作姆）○錇
〔蕭類〕戊茂○貿鄮○袤楙懋○透○鬻謏（以上二字說文所無）

〔魚類〕䤈 說文所無

〔東類〕[豸尨] 說文所無，當從尨聲，對轉入侯。

〔陽類〕㔷◎ 丙聲，對轉入魚。陃 對轉入魚

本類之字見於他類者補於左方

〔十三祭〕⿰忄豆◎〔四十九宥〕晝〇噣◎〇漱鏉◎〇縐〇驟〇皺⿰忄豆 說文所無 〔九御〕驅◎

〔十一暮〕[舟辡] 說文所無

本類對轉之字見於他類者補於左方

〔一送〕霿

侯類五 廣韻入聲三燭

蜀襡◎觸歜燭⿺走蜀◎◎屬躅孎◎斸欘◎〇局挶〇玉頊囯◎〇獄〇㬥◎曓◎暴◎〇辱蓐鄏縟

溽〇束〇欲浴鵒⿰犭谷鋊◎⿱谷皿◎俗〇錄綠親◎菉◎趢逯渌 濾之或文 〇曲苗〇瘃〇足促〇

[黍殳]◎幞〇粟〇藚◎續瀆〇跼蠋矚慾醁騄簶 以上六字說文所無

〔蕭類〕旭○勖○臼◎舃◎○𦵹◎○亍◎

〔魚類〕擢◎

〔東類〕䇭對轉入侯

侯類六 廣韻入聲四覺

角桷确◎○玨㱿○斛◎○嶽舌鷟頣◎○㙁◎○浞捉○鷟○娕◉欶○數○斲嫛◉○琢

豰◉椓涿啄◎○剢○樸墣撲今作撲○朴◎○㱿瑴縠㲉㱿◎○濁鐲歜◎噣○渥握偓楃

喔○齱○𥄉○鋜娖捔埆䛼璞㝅幄齷䃉豿以上十一字說文所無

〔脂類〕騂說文所無

〔蕭類〕學斅之篆文𦥯◎㶖◎澩◎鷽◎鸒覺鷽◉○榷㩴◎搉㴗◎○穛今作穛○雹靤◉○硞○鰒

○較◉駮○樂○濼○箹◎ 的 汋◎約兒◎懇◎藐邈○𣫍◎箹○卓倬䓍◎逴◎逴踔○眊○暑

爆○㕙今作趵駁○毃◎墧◎今作礭翯墧◎○擢濯燿◎○犖○搦鰯◎○颮䑴較䙵鶾暲腂

懪鸐䙵㯕趵以上十二字說文所無

〔魚類〕朔槊新附，今作矟。○齗○齽◎

〔陽類〕牄◎

本類之字見於他類者補於左方

〔二十三錫〕覿〔二十四職〕敕〔一屋〕屋○獨髑斣◎○縠瀫轂穀㲉◎瞉◎○谷○斛○哭○䉤◎○豕◎○速誎◎棟涑樕䜽餗蹗◎遬◎○彔◎祿睩娽○鹿漉簏麗麓○族鏃蔟◎○屋◎○轐◎僕樸今作樸纀濮○卜攴◎○木沐霂○賣◎儥◎黷讟讀殰櫝牘瀆犢遺◎隫◎韇◎嬻◎匵◎○琭◎䅘◎鬻◎鶩○剭斛蔌餗䡞艒蠦摝睩琭硥盝瘯簇朴醭齪今作躖說文所無〔二沃〕殺◎○業◎僕○縠◎○褥說文所無〔十八藥〕浞〔十九鐸〕虆鑿

魚類一廣韻平聲九魚

魚鰲◎瀂今作漁○初○書諸豬屠◎豬瀦藷儲躇今作躇○舒余◎畬餘畬◎艅餘筡徐◎徐◎除涂篨蒢滁○予紓妤○居据琚椐裾腒涺◎鋸◎鉚之或文○尻◎○車○驉◎渠鱷○虛歔嘘鱸虡◎蘧◎璩醵蘧籧鐻虞之或文臚膚廬驢○舁◎輿○與旟鸒◎今說文無此字，廣韻集韻類篇王，

應麟詩攷引有之，段玉裁據以改馬部鸒字。歟◎嬩◎懇（今作懙）礜璵籅◎○疋延◎齟◎疏胥蝑䱬◎揟◎楈◎糈諝

㥠◎湑梳蔬○且咀㞐◎沮苴疽岨（今作砠）趄胆（今作蛆）䳜䢸◎坥◎狙伹◎鉏（今作鋤）豠◎蒩◎菹䔹◎

耡○𢱍（或文[illegible]）𢱍○䙦◎○閭○如𨛏◎茹帤挐○䇕◎袪阹魼◎𣐃◎胠○[illegible]（鴽鴽。今作）絮（今作

袽）○齬衙○於（烏之或文）菸◎淤○[illegible]維狳蜍瑹[illegible]鶋蕖磲藇攄藘[illegible]唹箊墟驉[illegible][illegible]

櫧礑蠩櫚藺[illegible]洳拏鋙呿祛（以上三十字說文所無）

〔矦類〕綀

魚類二一（廣韻平聲十虞）

虞娛○無蕪璑◎膴憮无◎（奇字無）○毋○巫◎誣○于竽盂雩（[illegible]）玗◎袁衧訏吁盱荂

（荂，今作花。）忓邘紆迂扜◎迂◎芋◎杅謣◎釪（[illegible]之或文）○[illegible]◎瞿奭◎斞（今誤作[illegible]）衢臞躣◎氍◎欋◎灈◎趯鑺（今作

戵）氍◎○夫鈇麩衭◎鮇◎邞◎枎◎蚨扶芙○庯◎豧◎尃◎[illegible]◎敷○膚（臚之籀文，今與臚異音義。）○几◎鳧

殳㚄◎杸○鸆麌澞[illegible]吁㖓欔懯颫趺[illegible]玞陓（以上十三字說文所無）

〔蕭類〕孚俘稃（粰）莩筟◎郛罦（[illegible]之或文）桴○枹○捄○禂裯○橾◎○[illegible]◎○鄒◎（今作郰）○

粰䱐二字說文所無

〔侯類〕禺嵎湡◎堣◎㥥◎隅愚齵鰅髃喁○芻犓◎騶趨雛媰○須嬃顉◎○朱珠咮絑◎

株誅邾鼄蛛䈔◎殊銖洙茱◎姝袾◎○區軀驅敺鰸◎嶇◎樞貙○俞逾踰◎窬覦愉揄褕

瑜羭蝓榆渝毹歈鄃◎輸牏◎瘉隃○臾腴楰諛萸○婁蔞膢鄋◎鏤漊○符紨◎泭

怤柎○諏○廚○倶○句欨昫◎朐鴝今作鸜鼩豿絇邭◎斪◎𪚰◎枸跔拘駒痀劬姁軥

○需繻嬬◎儒懦襦濡獳臑醹○甌○鏂蝺鸆今作鷵嚅鴸跦瓶侏趎鬚艅堬闟瞗

甌喻蕍溲㥚嶇嘔慺毹鴝苻鼓艄穊娵蹢櫥以上三十二字說文所無

魚類三廣韻平聲十一模

模摹謨嫫膜○酺匍◎逋誧餔痡鋪捕◎蒲○鴣◎黏◎姑辜酤蛄鴣沽枯殆◎胡餬瑚湖

鶘◎醐嫭◎○壺○狐弧苽今作菰呱◎觚孤柧罛泒◎箛○乎呼虖評◎枰◎嘑◎歑◎○㕦◎○徒

○屠瘏都闍鄌◎䆷○駼荼𢇇涂◎郐◎酴◎捈◎筡◎馀◎駼稌塗○圖○𪓉◎○奴帑砮笯○

幠膴◎○虍◎虘◎虛蠦盧鑪壚籚蘆顱櫨鸕攎◎驢◎艫纑𩮝◎瀘魖◎○吾郚菩◎浯◎梧齬○

吴○租退（徂）殂◎葅○穌蘇○烏（於）於（今分收）歍◎鳿○弙◎杅汙洿◎刳瓠○惡○麤◎麤

○晡𨂂蒱糊鶘葫箶橭𨪌瓡菟途拏鵌鋘瑦䴁鑪矑瓐轤瓐麻酥𥁞侉鮬（以上二十七字說文所無）

〔之類〕母（今韻據禮記內則淳母，鄭注母讀曰模，收入模韻，非是，宋本禮記作淳毋，毋作母者，乃誤本也。）

魚類四（廣韻平聲九麻）

奢（奓）觰◎闍譇◎鄌○蟆○車○𨛠◎賖畬斜○牙芽枒衺呀雅（今作鴉）釾邪𦬒◎○遮○

罝祖柤苴担樝◎齇謯◎㶖◎𧇧◎○汙夸誇侉◎荂（琴之或文）華譁○瓜窊𡘥◎○䉉◎○挐◎

○苿◎○葭麚豭蝦鰕◎鍜瑕騢蝦◎瘕遐霞椵碬鰕◎家㤎○叐◎○巴豝鈀吧◎杷葩○

鋣啞○吾衙○秅◎（廣韻作秺）○婼○硨齖谺岈颬𢘍𦯡𦳊耶琊揶爺椰𥬟余瘵𥦗

茶（今作梌）塗𦾇畬驊鞾樺姱鋘挐犌煆𩓹蕸蚆舥笆芭耙爬琶䆭椏𥕐𠜂丫查（今作樝）

虘戲皻䅳蒩溠𥄕吒（以上五十二字說文所無）

〔支類〕說◎○畫（今作蛙）洼窐◎哇娃涯（新附）漥

〔脂類〕哶說文所無，今誤作哶，玉篇云，羊鳴也，當从芈聲。

〔歌類〕麻◯差溠𧨳今作嗟◯叉杈◯蛇它之或文鉈◯咼◎騧媧蝸緺◯加嘉痂茄枷珈迦◎◯沙魦今作鯊◯髽◯䅊今作檛◯哆◎𡜎奢之或文奓◯𡜎◎◯些◯摩靡䃺鎈艖膳蒫磋划笳駕𩋀迦跏花古音在魚類，即𠌶字，今作花，乃入歌類。𣪷裟𧇡桬紗髿𨍣㐤撾䰖䴨

以上二十六字說文所無

〔元類〕猚◎對轉入歌

本類之字見於他類者補於左方

〔五支〕虘◎戲◯巇巇𡾊說文所無〔七歌〕虘◎䣜◎〔八戈〕韡〔五肴〕呶恕〔十八尤〕嘸◎〔十九侯〕投吺◯殸〔二十七銜〕芟

魚類五廣韻上聲八語

語敔衙齬圄◯圉◯旅膂呂之或文，今分收。旅◎今說文在新附，左傳僖二十八年釋文引，有之。鬻煮渚暑楮柠褚緒陼◎◯呂膂梠侶莒筥◯宁羜宁貯紵佇貯◎眝◎䘢◎◯予芧今作苧柔◎杼抒

紓序屐◎〇与◎與趣◎舉舉鱮嶼〇女汝籹〇鼠〇黍〇許杵禦御今作敔，籞。鋤◎語〇

處◎虞今作豦，虡。鐻今分收籧〇楚䟽礎䟞◎糈諝稰◎湑〇鄦◎〇巨距鉅苣岠◎柜䢥秬粔◎

新附詎〇所斷今作㡿〇阻俎咀祖沮苴䶥〇敘漵〇去〇茹〇篴祣簇穭萸欅唔

蠩著稰䣭拒怇炬岠駏澽跙癙墅以上十五字說文所無

魚類六 廣韻上聲九麌

俁噳〇羽◎郱◎霸詡栩珝◎〇禹瑀鄅楀◎萬◎䀿◎䨞齲踽〇雨〇宇寓〇父斧甫莆黼

簠郙脯輔䩉◎釜俌〇武〇䑵◎舞嫵憮廡潕撫㧿膴䑁〇䡔◎椝巨之或文，今作矩。〇麌

祤䑴䃼噂以上五字說文所無

〔之類〕鷗今作鴟侮〇㷥◎〇綷◎剖

〔蕭類〕咻說文所無

〔侯類〕府㕊拊腐〇主麈宔◎竪◎柱〇姁◎㖩◎欨今作㰲◎䅓枸蒟煦〇豎〇庾斞楰〇

瓜◎窳〇窬◎瘉〇枓◎〇傴◎樞◎〇窶今作窶數縷僂◎漊◎樓◎屢窶謱蔞籔〇乳〇取聚〇

盨◎繻◎〇樹〇醹擩◎〇弣腑俯愈炷拄𡾰以上七字說文所無

〔真類〕頫◎〇頫◎俛，會意字，韵會引作兆聲，非，玉篇音靡卷反，或文从免聲，上林賦李善注引聲類，頫，古文俯字，則音誤入矣，尚在李登前也。

〔陽類〕攺◎

魚類七 廣韻上聲十姥

土吐杜〇斁◎〇稌〇虜虜◎鐪◎艣◎虎琥〇鄌◎〇鹵〇睹覩堵陼◎賭〇古罟盬詁盬◎苦酤怙祜岵居楛〇鼓瞽〇蠱〇賈〇兜◎〇五伍〇午滸〇粗◎祖珇組葅◎〇瑦◎趨◎鄔隖〇謳◎〇弩怒砮〇戶扈雇盬◎〇普譜〇浦補圃溥〇芐〇鄠◎婆◎〇魯蓾◎蓾櫓樐〇股羖〇肚滷鵝蘆估牯昈仵簿努滬以上十一字說文所無

〔脂類〕暋

〔之類〕部

〔蕭類〕姥

〔侯類〕鼓

〔陽類〕莽〇鏻說文所無

魚類八廣韻上聲三十五馬

馬〇者赭〇野壄〇庌雅〇疋〇賈檟〇叚◉碬椵◉徦◉瘕假〇斝〇啞〇下〇夏

廈〇寫〇且姐〇社〇捨〇把靶◎〇寡〇若〇逝◎〇奼〇厊瀉蛆◎惹痄䰟撦鎊

以上八字說文所無

〔支類〕觟◎䔢◎〇竨◉

〔脂類〕丫◎〇棶說文所無盇俗盎字

〔歌類〕也炧〇灑〇閜〇踝稞◉⿰魚果◎髁〇⿰丮凡◉〇冎〇瓦〇鮺今作鮓槎◉〇哆〇屮◎〇

跒喎輠謏集韻㚇同叜，則當在侵類，廣韻與莈字同紐，則从言从囟从夋省，以爲脂元對轉也，以上四字說文所無。

〔之類〕治

本類對轉之字見於他類者補於左方

〔三十七蕩〕䮘〇䄡

魚類九（廣韻去聲九御）

御（馭）馭（今分收）〇慮鑢勴嘘據遽勮醵鐻（廣之或文）處〇鋸倨踞椐〇狙助怚詛沮覰嘘耡〇去麮胠〇署箸翥曙〇如恕絮茹㴸（今作泇）〇女㜵〇疏〇庶〇瘀淤〇與廣礜鸒礐歟〇豫預屐〇除悆〇楚〇語〇詎〇𧅚呿㰦椒𪊨杼蕷濪悇瘀蕻穥著（以上十二字說文所無）

〔蕭類〕飫

〔侯類〕嘔

魚類十（廣韻去聲十一暮）

暮慕募墓慔〇度渡〇路輅賂露潞鷺璐簬〇蠹（螙）〇殬斁〇奼（今作姹）秅詫〇兔〇吐〇故固痁酤沽苦梏錮蔮婟䜥〇誤〇寤牾（今作忤）晤悟寤〇護蘳頀頀〇汙絝胯瓠〇笠（互）枑罟〇謼〇妒雇顧〇訴（遡愬）泝（遡）〇素〇胙阼祚作〇䶑

○怒笯◎○布拸悑（怖）捕哺圃鋪餔酺○惡○厝措醋○庫○步◎荹◎踄◎○鍍莵痡

涸捂嫭護沍㑎嗉塑錯戽（以上十三字說文所無）

〔之類〕蓸◎

〔矦類〕艀（說文所無）

魚類十一（廣韻上聲四十禡）

禡罵𤸱◎䣕◎○鬕◎○假暇嫁稼幏◎○襾◎價○亞○晋◎○鍏壩◎（𪁴）○唬◎○訝迓○吒

（今作咤）奼○乍詐詐◎○蜡借藉○射䠶謝榭○夏○下○夜○卸○謩◎○柘○蔗

樜◎蟅◎嗻◎鷓◎○豙○舍捨◎○赦○靶帊杷○霸○怕○崋（今亦作華）跨胯䠸◎摦◎○鱯◎檴◎

（樛之或文）○謑◎○婭稏砑詫瀉弝杷嗄欛灞樺䤖（醡字之訛，以上十二字說文所無。）

〔脂類〕貰○垻（說文所無）

〔歌類〕駕（恪）○溠◎○匕化魤◎傀◎○罷○架（說文所無）

本類之字見於他類者補於左方

〔五寘〕戲○嚱（說文所無）〔三十八箇〕箇〔三十五笑〕㰟〔十遇〕䩡傅賻䌫○眀瞿

界鸜懼○芋○雨○賦○覷〔五十候〕敂

本類對轉之字見於他類者補於左方

〔五十侯〕㔸陋

魚類十二（廣韻入聲十九鐸）

鐸澤襗擇○度剫○莫幕膜鏌瘼鄚漠嗼蟇○各閣胳絡洛駱鵅雺簬輅鉻雒

鴼烙酪䮽格貉落愙（今作恪）○魠託亳侂○袥橐拓檯○咢蚲嗇㯞（今作柝）鄂遻咢

○昨酢怍柞飵笮秨作迮筰莋○昔錯遣厝○狛粕魄○膊䪙博髆搏鎛嚩䴲

䪙薄簙（今作㩴）鑮○䨣○堊蝁惡○跱○叡（壑）○郝○萮諾○靃虈（今作藿）○亭郭

崞椁霩漷鞹○臒蠖穫鑊濩○皋○索○涸○踱㵹鐸摸寞瞙珞硌飥活愕諤

萼鍔崿鶚鰐齶（今作㗁）堮噩泊䈴霍（靃之俗寫，今分爲二字。）擢曜岝䋏欂襩礴廓（以上三十一字）

（說文所無）

〔蕭類〕夠◎〇膗今作臛鶴騅◎〇鄗嗃熇〇暴襮◎〇樂爍濼〇躒謞以上二字說文所無

〔侯類〕爨鑿

〔陽類〕彉今作彍

魚類十三廣韻入聲二十陌

莫貘驀蓦◎〇詻◎額今作額垎◎格貉今作貊觡挌◎茖◎骼客〇㝑◎〇百佰◎洦◎拍今作拍〇白

帛◎鮊◎伯迫敀◎柏怕◎魄〇霸〇乇◎宅虴◎〇紿郤◎擲◎〇戟〇諎唶齰齚〇丮◎〇蒦◎韄

獲◎擭◎韄◎廣韻作韄〇𡭴◎隙虩◎〇劇〇柞〇樽◎〇屰◎逆㡿今作坼縌◎〇赫〇假◎〇擇澤〇

磔〇啞〇陌舶瓸珀𢶉窄咋嚇䛂諎以上十一字說文所無

〔支類〕屐〇迟◎〇㦧當是从鬩聲，轉寫爲鬩，說文所無。

〔脂類〕虢灂◎〇㕞◎

〔宵類〕翟

魚類十四廣韻入聲二十二昔

昔（腊）腊（今分收）惜借踖耤藉籍鄐◎○睪◎𢍰◎圛◎嶧驛斁繹懌譯釋◎釋○亦弈奕帟迹○液掖○䠶（射）○赤螫○尺○㡿（今作斥）○石碩祏䄷◎鼫跖◎拓◎（摭）○隻○炙○蹠席蓆○夕穸○碧○舄○厝潟磶醳襗腋汐◎（以上七字說文所無）

〔支類〕脊蹐鰿◎膌◎○趚◎刺磧積適蹢◎䴞◎擿○益嗌齸謚◎○易瘍◎睗◎賜◎埸鬄◎○官◎○寔◎○辟闢壁（今作躄）襞𨈭◎甓僻○役疫豛◎坄◎○彳◎○湢◎○蜴塉瘠擗霹癖（以上六字說文所無）

〔脂類〕鯽（鰂之或文）

〔之類〕奭○飾◎○選◎○襫（說文所無）

〔耕類〕擲（廣韻同擿，則對轉入支也。）躑（廣韻同蹢，二字說文所無。）

〔元類〕覛◎

本類之字見於他類者補於左方

〔二十一麥〕稓◎潜◎簎◎○迮◎笮◎○捇◎○挌◎○索○䂹◎○愬○劃（說文所無）〔二十三錫〕

䶂◎〇狘逖〇荻說文所無〔十二霽〕壻〔十月〕闕〔十五鎋〕帕〔二十四職〕奭〔二
屋〕頊◎〔十八藥〕略〇斫〇蝷〇谷㕁臄谻卻御◎螂◎㥚◎腳〇若箬婼〇叒◎〇㔾今作
㚖〇𧺩◎〇斮碏䟄◎踖◎〇猲◎〇噱醵〇矆◎籆◎䉐今作籰〇矍玃钁攫趯◎躩彏◎貜〇縛〇
磶◎棤◎蹐◎今作踖〇䂮郆鵲皵猎䱜戄著𣩎說文所無〔三燭〕擢◎〔四覺〕朔㮶新附今作揱〇
籊◎〔三十三業〕胠◎

今韻析卷三

陽部

耕類一（廣韻平聲十三耕）

耕○牼莖娙硜（磬之古文）○娦○聲○罃鶯䁝㜲○䫆罌罃（今作罌）嚶鸚櫻○爭箏淨

䇤錚琤淨○丁朾○崝○怦抨○姘絣○崢儜䰙譻怦伻砰（以上八字說文所無）

〔真類〕砰摼○岷○訇○瞷鍧鏗（以上三字說文所無）

〔蒸類〕薨○宏谹閎紘（紭）紭（今分收）弦泓○轟○弸輣繃○噌○橙○㘓呟泓瞪（以上四字說文所無）

〔陽類〕棖○萌

耕類二（廣韻平聲十四清）

清情精菁鯖蜻○晶○旌姓○盈楹○營謍縈褮嫈㷀瑩蘂謍○嬰纓○貞楨

禎湞◎隕◎〇呈桯 赬 輕經◎程酲裎檉〇正延 征 延◎鉦紅◎鋥◎〇聲〇成誠盛郕宬◎城

〇名洺〇頃傾頎◎〇幷栟〇贏籯籝瀛〇晴睛鯖濪 廣韻作瀠 嵤瓔攖珵蟶巊偵 以上十一字說文所無

〔支類〕錫，對轉入耕，今誤作錫，毛詩周頌有瞽箋賣錫，釋文，夕清反，周禮小師釋文，辭盈反。

〔真類〕令〇趨◎〇觲 今作觪 垟◎ 廣韻作垶 騂 今作騂 〇惸 說文所無

〔元類〕瓊藑〇鸒◎〇睘◎嬛

耕類三 廣韻平聲十五青

青〇廷聽巠◎涇經桱◎剄◎陘鋞◎蛵◎䞓◎娙桯庭莛筳霆綎娗蜓〇郱◎荆◎ 說文，罰辠也，从开之刑，到也，異義，今以為一字。 鉶 今作銒 型 今作型 〇丁玎釘阠◎靪◎亭芋◎汀町停〇甹◎娉俜粤◎甹◎

𢓨◎〇馨〇鮏 今作鯹 胜◎星猩◎醒腥〇䋼◎〇霝◎靈䨩櫺蠕酃䨩◎鑐◎蘦◎孁◎䨩◎〇盜◎寧寍◎

〇冂 坰 扃駉絅冥螟鄍◎覭◎溟嫇蓂瞑〇銘〇䳟◎萍〇熒滎營◎縈◎〇艴◎鉼 今作瓶 缾

蛢◎荓◎郱◎齝◎屛蓱◎〇硎侀𨃢靪廳綎仃楟葶渟惺篁醽䗴瞑螢縈瀯 以上十八字說文所無

〔真類〕苓玲囹鈴伶泠瓴蛉◎柃◎聆軨𨏩 零笭◎鴒◎翎齡○舲鴒二字說文所無

〔元類〕刑邢形鉶四字皆入耕類轉

〔陽類〕駫◎

本類之字見於他類者補於左方

〔十六咍〕猜〔一先〕駢骿○胼說文所無〔二仙〕平〔十二庚〕榮瑩縈○苹泙枰坪○驚檄○鳴○生笙牲甥○甍◎○荆○擎評蠑鼪檠猛說文所無

本類對轉之字見於他類者補於左方

〔一先〕蠲

耕類四 廣韻上聲三十九耿

耿○幸

〔真類〕黽

耕類五 廣韻上聲四十靜

靜埩◎竫◎○靖彰◎請靚○整○逞裎程◎郢◎痙頸○騁梬◎○頃穎潁○璥◎○縈◎高◎廣○井○廮癭郻◎○省渻◎○餅庰◎屏併○𧝄◎○惺箵睛以上三字說文所無

〔支類〕窪◎

〔眞類〕領嶺○⿰革蚩◎說文讀若騁蜃，蓋言讀若蜃也，廣韻又入二十八獮，蚩亦入二十八獮，獮韻多眞類字，可證，段玉裁以爲騁蜃字，不可連，按漢人語今不可曉者多矣，抑或騁字訛誤，按左傳成十七年，公孫嬰齊卒于貍脤，穀梁作貍蜃，，貍與騁字形略相似，其貍蜃之訛耶。

耕類六廣韻上聲四十一迥

迥泂炯詗○熲○炅◎○茗酩○頂打◎酊訂◎町○𧝄○濘○㞩◎今書作壬挺鋌娗梃艇莛珽侹頲悜◎脛剄○鼎○䇫◎嫇溟○謦漀◎○緈婞○醒○餇溟奵脡涬以上五字說文所無

〔支類〕烓◎對轉入耕○鞞◎對轉入耕

〔陽類〕竝

本類之字見於他類者補於左方

〔二十二銑〕蜓〔三十八梗〕警儆◎憼◎檄○省楷◎媘◎○眚○瘖說文所無

本類對轉之字見於他類者補於左方

〔三十八梗〕廮◎

耕類七廣韻去聲四十四諍

諍○迸

〔陽類〕硬

耕類八廣韻去聲四十五勁

勁輕聖○凊婧◎倩靚請瀩◎○正政証○性姓○蜻◎○聘娉○詗○頸◎淨瀞◎○姘◎

阱穽寂◎○晟盛○幷併庰◎偋◎○鄭○偵遉以上二字說文所無

〔真類〕令

〔元類〕敻

耕類九廣韻去聲四十六徑

聽廷徑經脛窒◎鑿◎庭○寧濘○腥◎醒○定錠○磬罄○釘訂◎○瀩◎○鎣◎瑩○矴

飣顁艴暝瀅以上六字說文不無

〔眞類〕佞

本類之字見於他類者補於左方

〔三十二霰〕瞑㝠◎○精○瞑○倩綻說文所無〔四十三映〕敬檄今作檠儆○坪◎○嵤

縈○評說文所無

本類之字韻書以入他類入韻者附錄於下

〔二十三錫〕汨幎今作冪蓂◎塓〔二十二昔〕擲躑說文所無

真類一廣韻平聲十七眞

真禎◎塡瞋謓◎瞋◎○亜今作堙禋闉湮甄甄◎○筠○因茵鞇駰姻捆◎洇◎○辛新親薪

竊◎○臣邸◎莅◎嚚○人儿◎奇字人仁眕珍○申伸紳呻胂◎魁◎身神㞶◎㑗◎陳○賓儐薲

今作蘋嬪䫌矉𨶜蠙玭之重文○粦今作燐鄰粼驎鱗瞵獜嶙轔○墐鄞○芹犷今作狺迸◎

○鬒◎○塵○聿◎津𦨈盡◎廣韻作濜○闉◎璡○秦○寅夤黃◎○紉○頻顰◎櫇◎○銀珢◎垠

圻○闇閩○囷箘麇麏○𧆞◎○巾○縜○囷◎○民珉罠笢○緡䳰◎錉◎捪◎崏今作岷

○旻忞㥶◎○邠豳貧攽◎份彬，今又別收斌。虨◎○豩◎○辰宸麎䢅◎唇◎䟴晨◎晨晨今書作晨，與

農之或文晨混。娠振鷐◎○轃○贇◎○𢿡諲甄柛礗齋濱驎𥢰璘潾磷螓臏嚬瀕齗齗

旼泯侲帪桭𥠖以上十九字說文所無

〔支類〕顰卑聲，按易頻復，鄭作卑，省上頻，王弼虞翻侯果本，省下卑，皆以頻嚬釋之，毛詩大雅桑柔國步斯頻，說文引作斯矉

，三家異文也，莊子及通俗文復假矉爲顰，又或作嚬，於是讀符眞反矣。

〔脂類〕玭◎○汃◎

真類二（廣韻平聲十八諄）

𦎫◎今𦎫字亯字，皆書作享。醇鶉淳犉◎諄錞○屯窀肫◎杶櫄奄◎純萅今書作春○馴巡紃輴◎廣韻

又作輴○䡅◎循○旬珣恂郇洵㡄◎荀詢峋姰◎𣗬◎橁◎眴旬之或文○勻均鈞𢙇◎○瞤◎○侖◎

淪倫輪蜦掄綸棆◎○遵○䫃◎䓯◎○夋◎逡竣䞭◎皴䟝○䐜◎脣漘○椿䲠昀袀䑳鶞

踆𧺆迍以上九字說文所無

〔元類〕䵶◎○𨘌◎由脂對轉入元○僎◎○尊今作蒓

真類三廣韻平聲十九臻

臻蓁溱榛轃◎○亲◎痵◎○駪詵姺侁兟○甡○扟◎阠◎○燊◎○莘說文所無

〔幽類〕𧖴◎

〔元類〕𥁕◎

〔蒸類〕潧◎

真類四廣韻平聲二十文

文彣◎馼◎○聞闅○𧒴蟁蚊○雲云云今分收澐妘沄芸䞫◎○熅縕○壹◎○分䴅◎汾氛

雰雰今分收翂魵棼枌䫶帉紛衯芬芬棻◎廣韻作棻○君羣帬裠宭䞪◎○熏薰纁醺

勳勛○軍葷皸○䵹◎○麇○員愪◎湏䅙今作耘䢵鄖䎾○賁蕡幩濆豶轒墳羵饙饋餴

○焚○鳻雯紋橒紜氲蒀蝹豶翁肦焄嚑獯臐豮䴅贇以上十八字說文所無

〔元類〕輓◎

真類五廣韻平聲二十一欣

斤欣忻◎訢◎昕芹齗◎虓◎狾今作猑所◎菦◎齗○齦垠○殷慇○誾○堇瘽廑勤鄞○筋

○炊◎○𩃬濦今作澺○齗炘僅懃穫磤蔎以上七字說文所無

真類六廣韻平聲二十三魂

魂沄○渾䡣楎◎墰◎輝◎幝褌倱◎緷鶤◎獐◎○昆琨崐○蚰◎○昷◎溫轀緼薀今作蘊○門

捫○璊玧樠毥○盆䔒○惃◎○昏惛婚閽殙◎䳕◎○孫蓀○飧○尊繜蹲鐏○惇

䵯敦焞啍○涒◎○豚○臀籛◎○屯軘庉純邨今作村○梱◎○䫀◎廣韻作䫀○坤○陯◎論

掄惀◎崘○溷棞◎掍◎○奔賁噴濆歕◎○存○鯤䳬亹䔲鷷嶟瑥蜳暾驐墩燉芚飩

湓棔㖧輪以上十八字說文所無

〔元類〕㥏◎今說文訛作㥈，从要聲，讀若水溫羉，依廣韻二十八翰，正作㥏，蓋从夒聲，由脂類對轉入元類，讀若䨓，故廣韻又入

十五灰，讀乃回切，惟字誤作櫌耳，顏師古漢書注，讀乃高反，則承訛久矣。○髡髡，此亦由脂類對轉，入元類也。○𪏆說文所無

，當爲从厤聲，由歌類對轉入元類。

〔脂類〕歠◎罤◎⿱艹罤◎廣韻作蕛，三字對轉入眞。

真類七廣韻平聲二十四痕

痕䫀根跟垠○恩○吞○拫說文所無

〔脂類〕衮◎

真類八廣韻下平聲一先

先○千汧◎阡芊谸秊今作年⿰年阝◎○韆○天祆○臤◎堅賢○煙○咽○憐○零○田

畋鈿○闐嗔◎塡賓◎顛瘨蹎槇◎⿺走眞◎滇○玄牽○蹁◎諞◎編蝙◎猵◎牑◎○淵鼘䳂◎𨘋◎○蠙

○⿰石天仟佃沺磌䮩巓韗眠⿰弓淵以上十字說文所無

〔支類〕鑴詩小雅天保吉蠲，韓詩作吉圭，呂覽臨飲食必蠲絜，高注，蠲讀爲圭，對轉入耕，故螢一名蠲，揚雄大鴻臚箴協蠲人，太常箴協神蠲宜，太史令箴協殷難蠲，乃對轉入耕。與眞通協也，韻書入先韻誤。

〔耕類〕駢骿軿○胼說文所無

〔元類〕肩○躚今作蹮○前媊歬湔葥○戔箋○弦說文作弜，與玄異，今作弦，遂相混。胘伭

𢏚弦䞭婱𢝊○蓮○燕酀○𧽊鬓邊籩○縣○幵豣鳽麉𪚑雃汧妍研枅訮○

肙弲削鋗蜎焆稍涓䣛駽○濺籛鶣蚿絃舷彃岍䳍痟褼以上十一字說文所無

〔侵類〕弖

本類之字見於他類者補於左方

〔十三耕〕硻摼○蟁○訇○䁅鍧鏗說文所無〔十四清〕令○趟○觲今作觪垟騂今作騂

○惸說文所無〔十五青〕苓玲囹鈴伶泠瓴蛉柃聆軨轜笭魿翎齡○舲鴒說文所無

〔二十二元〕○掀○壎今作塤〔二十六桓〕鶩○㒼瞞鬗慲○鞔○狻酸䨘○灢

說文所無〔二十七刪〕頒○狠○媥瘺說文所無〔二十八山〕艱○掔堅○轃○繅○禋

○慳鏗說文所無〔二仙〕逮葏○扁篇偏翩媥甂瘺楄○便緶鯾鯿箯鞭○緜○蝒

○穿○川○沿鉛船○璿○悛脧○圓○楩棉撋說文所無〔十七登〕蔥〔十二庚〕

䚡○䙅（說文所無）〔二十五添〕添

本類對轉之字見於他類者補於左方

〔六脂〕葰（今作荽）〔八微〕頎旂沂圻○揮煇〔十五灰〕玟◎鏊◎○脧◎〔八戈〕梭

真類九（廣韻上聲十六軫）

㐱（鬒）軫胗（疹）眕紾診袗（裖）眕畛◎○稹○䀕○頣◎趣◎胥緊○忍荵◎○引靷紖殄◎（今書作矧）弞◎○蹸◎○髕（臏）○吲◎釿◎○窘䐃◎○螼（蚓）○夂◎○敃◎笢泯愍○閔潣◎○敯◎䵶◎○困菌箘○荀◎○抎◎○螼◎○嘽◎○㐱◎○賑欣◎裖◎（今作賑）蜃晨◎○盡○稛（今說文廣韻皆誤作稛，依韻會引困聲，正作稛。）○隕霣磒◎顛◎○哂嶙縝憫殞䡅（以上六字說文所無）

〔脂類〕牝（尚書牧誓（牝雞司晨），釋文，頻引反，徐又扶死反。）

〔之類〕敏（詩大雅生民（履帝武敏），爾雅舍人本作武畝，釋文音密謹反，皆訓也，禮記中庸注，敏，或爲謀，左傳僖二十八年協敏謀，皆在之類也。）

〔蒸類〕朕眹

真類十 廣韻上聲十七準

埻◎○尹䫃◎輴◎○筍㨚◎○純蠢惷偆○脗◎○盾楯揗◎○允粇◎鈗◎鈗◎阭吮◎○騅 隼 [illegible]◎

準○踳犹

〔元類〕䉼 說文所無

真類十一 廣韻上聲十八吻

粉 說文所無 黺◎扮◎坋䬐◎忿○㥵◎○惲韗◎○趣●○蘊○会●○膹●憤墳○吻 脗 刎○抆弅 以上二字

真類十二 廣韻上聲十九隱

㥯◎隱濦◎檃◎○乚◎○堇菫◎謹瑾◎○赾◎近听○齔○槿

〔元類〕蠦

〔蒸類〕卺巹◎

真類十三 廣韻上聲二十一混

混焜緄輥棍◎○稛◎○刌忖◎○本笨◎○噂劗◎鱒墫◎蕁僔◎○穩○笣◎庉黗◎○丨◎○睔◎

○壼○閫◎○遯○悃今說文作悃，依廣韻正作悃◎梱○袞今說文誤作公聲，當爲㕣字之訛◎○盾○揗

腯◎○鯀鰥◎○撙沌閽捆

〔元類〕梡◎○畚

真類十四廣韻上聲二十二很

很詪◎狠齦◎懇墾

真類十五廣韻上聲二十七銑

銑洗跣毨姺○豯○典籅籅今分收琠◎敟◎腆惧錪◎○殄○扁○眄○泫鉉炫◎○筅

蹎浧匾惼碥艑以上七字說文所無

〔支類〕𣪠◎

〔耕類〕蜓

〔元類〕垷蜆晛哯◎晛靦○愐◎○撚○犬○㬎◎顯㬎今作㬎○尟◎○蕈◎閺◎○宴蝘◎暥◎

○蔄樠○棄◎鬄◎跰○𥌒◎○吠唰○辮○槤○繯◎獧今作猏○埍◎○𧥺○峴筧琄買

又作羂以上四字說文所無

本類之字見於他類者補於左方

〔三十二晧〕媼○鰛說文所無〔九麌〕頨◎○頫◎俛〔四十靜〕領嶺〔二十阮〕晚輓◎挽◎

○娩說文所無〔二十三旱〕𥊺〔二十四緩〕滿懣〔二十六產〕限眼○晚○睯◎〔二十八獮〕演戭○趁○堅◎○戩○丏◎沔○𢄼◎褊揙◎諞○㕣◎○𤭢◎○舛○勉鮸◎冕

俛頫之或文○沇◎○兖𦰩兔說文所無〔四十二拯〕殑◎○硄冼說文所無〔四十七寑〕痒〔三十八梗〕冷𨛍◎〔五十一忝〕忝

本類對轉之字見於他類者補於左方

〔七尾〕亹說文所無〔十一薺〕洗〔十四賄〕浼○埻◎錞

〔四十靜〕䪌◎〔二十八獮〕蚩◎

真類十六 廣韻去聲二十一震

震侲振踬娠賑蜃○信○刄訊迅汛○囟（脺）○拒菣○趁袗診○刄仭軔牣訒

杒𦐇㤛○胤○酳濥○引䏰釰靷○粦遴𩕳瞵躪○閵閔𩆨閵藺進璡○吝麐

○覾儐殯鬢○儭𨻻（今作陣）○慎鎮瑱填○近𨒪○晉縉搢○釁（廣韻又作衅）○僅覲

殣饉墐瑾○親瀙櫬寴○齔○印○𠲧○疢○朮○酳○㶳（今作燼）賮藎璶○㭐

憖○認𨡓恡磷驎轥（亦作轔）躙擯襯儭瑨（以上十一字說文所無）

〔脂類〕𧀼

〔元類〕韗

真類十七（廣韻二十二去聲稕）

稕諄諄○濬○徇侚殉○舜蕣○瞚（今作瞬）○䀢○閏潤○順○盾揗○䏝○浚

鵔陖棱俊（今作儁）晙駿餕（新附）晙㕙（峻）○殉徇𩑹䫇（以上四字說文所無）

真類十八（廣韻二十三去聲問）

問聞○紊汶○運餫韗鄆緷暈○訓○糞瀵○奮○醞慍縕藴○攈○郡○分

坋忿○員覠◎瘨◎圓◎䪵○鐼◎僨○絻抆坌（以上三字說文所無）

〔元類〕叁◎拚

真類十九（廣韻去聲二十四焮）

斤靳近○墐。○㥯◎櫽◎隱○焮㒊（說文所無）

〔脂類〕脪◎（說文所無）

真類二十（廣韻去聲二十六慁）

圂◎慁溷○頓鈍○敦○遜愻◎○困○搵◎○饂◎○悶○懣◎○鐏◎○睴◎○遯○遁◎○

寸○坋○論○栫◎○噴歕◎○焌◎捘◎

〔脂類〕饋◎○褪（說文所無）

〔元類〕巽潠○顨◎○俒◎○㜛（今作嫩）

真類二十一（廣韻去聲二十七恨）

艮恨䫀◎

本類之字見於他類者補於左方

〔四十五勁〕令〔四十六徑〕佞〔二十五願〕娩◎嬔◎〔二十八翰〕暵〔三十一襇〕盼扮〔三十二霰〕瑢◎先◎絢旬眴◎眩袨炫牽◎電◎殿驠澱◎甸佃◎堅◎汎◎薦韉瀳◎𡧍眄麪◎贙◎荐◎洒鈿敓洊跈說文所無〔三十三線〕鄄◎釧◎穿◎便◎徧〔四十三映〕命〔五十六㮇〕忝㮇

本類對轉之字見於他類者補於左方

〔六至〕欭◎〔八未〕贋說文所無〔十二霽〕◎沴〔十八隊〕錞今作鐓憝

〔三十二霰〕茜

本類之字韻書以入他類入韻者附錄於下

〔六術〕焌◎〔七櫛〕蝨〔十一沒〕腯◎殟◎嗢〔十四黠〕偺說文所無〔十六屑〕飻今作餮

◎咽

元類一　廣韵平聲二十二元

元沅黿蚖芫邧阮○原嫄蒝◎○爰蝯今作猨援媛諼煖◎暖○垣趄◎洹䱶◎貆咺○棩◎

樊䉬◎蠜䙪◎𤅈◎煩蹞○番蹞燔繙鐇◎䪛璠播◎䡊◎獢◎轓旛翻蕃幡瀿◎藩籓◎○袢○反

○吅◎讙◎○䛁鴛宛怨眢輐○冤蒬◎鞔鞔○言琂◎○騫䙭○軒𧺆◎靬○韃犍○巘

饘鍵飦○邍◎○袁轅園䆪◎○䋣今作繁蘩○餰◎○藼萱薏○甗○援◎○杬源騵䝠𡿨榞

攀笲蹯膰墦轓潘烜喧暄鶢蜿菅湲棭攑當是會意字，段玉裁改攑為攀，謂攑攀同音，同義，乃今古文異，

字，攑从手，不當更有从手从攑之字，蓋後人所造，，不合六書，也，以上二十二字，説文所無。

〔幽類〕樸説文所無，樛蒲采名，本作梟，無讀入元類之音，加木旁或加手旁，，讀入元類，俗體俗音，，不當入韵書者。

〔真類〕掀○壎今作塤

元類二 廣韵平聲二十五寒

寒○韓翰鶾◎榦乾鄿◎○看○干肝竿奸玕忓迀◎邗◎汗豻豻刊栞◎○單鄲簞襌殫

匰◎癉嘽◎貚彈撣○丹○安侒◎鞌○奴◎餐湌飡◎廣韵又作餕○珊姍○壇儃◎檀驙○戔◎

殘帴◎○闌蘭瀾漣讕籣灡◎○躝◎○難灘灘攤嘆○跚欄攔欗以上四字説文所無

〔歌類〕迻

〔談類〕邯

元類三 廣韻平聲二十六桓

桓貆狟查絙洹○完刓冠莞皖○丸紈芄汍○萑雈○豲○寏 院 ○耑端觽褍

剬湍貒鍴○欑鑽○官涫棺倌婠○毌○歡驩貛讙酄鸛觀○盌智剜○欒鸞

巒𥢬歠臠鑾孿 廣韻作孌 ○鬗○般槃 盤 瘢鞶鬆幣擊磐䰉○潘蟠磻○芇○華○

繙 剸 ○瓛○團摶篿漙○莧嚚寬髖○緐○胖○弁 覍之或文 ○曼鰻鏝謾槾○岏

綄峘㹕穳巑攢灤䜌磐拌饅漫慲 以上十四字說文所無

〔真類〕敦鶩○蔄瞞樠鬗㥶○鞔○狻酸䨘○𩅼 說文所無

元類四 廣韻平聲二十七刪

刪姍○潸○訕○絆關○彎蠻○鍰○㬇○戌○患○班○辨○般𦩞鬆○顏

○姦菅○菅○攀○販○姅○頑○豻○跧○環還鬟闤寰轘擐圜○趨獌○

灣鵉廣韻與鸞異澴鐶擐鬘喧斑扳嚬以上十字說文所無
〔脂類〕樊◎對轉入眞○鱞對轉入眞
〔眞類〕頒○狠◎○媥瘺以上二字說文所無

元類五廣韻平聲二十八山

山邖◎○虥◎○閑○閒嫺瞯憪騆◎癇◎鷳◎鬜◎○覵◎顅◎○湲○靬○孱潺○虦◎○蕑鷳
爛以上三字說文所無
〔眞類〕艱○臤◎掔◎堅◎○轃◎○綸○𥟉○殷○慳黫以上二字說文所無

元類六廣韻平聲二仙

𢍺◎僊今作仙遷𨝐◎○屳○羴羶鮮○鱻○錢諓○煎鬋○肰◎然繎◎嘫◎○饘氈鸇鱣
邅◎驙澶儃○旃旜○𨑳◎𩱷◎○孱潺○辿◎○扇○單蟬嬋禪燀𣞶𧾩◎𧓎◎○廛躔纏
○焉漹◎蔫鄢嫣○連㦁◎鏈◎謰◎鰱◎○聯𨣆◎○宀◎○臱◎櫋矈◎𡪸◎○蝒◎○全荃詮銓佺
絟恮◎跧牷輇◎○泉○亘◎宣瑄○鐫◎今譌與鑴同○蝝緣櫞○旋嫙◎淀琁璿之或文，今作璇。

○嬽◎○次今作涎○鐉◎譔◎○顓遄篅歂◎檆◎○湲○辛◎○乾○虔鄽◎趚◎○鍵○愆僁

○褰騫攐今作搴○卷拳觠◎䊸◎捲◎鬈○䜌◎攣孌◎○延筳郔◎埏挻◎狿◎鋋唌◎梴脡◎○捐

悁娟圓◎○叀專嫥◎篿傳䵐儇嬛譞䞘◎蠉◎檈還懁圜◎檈◎○喓○蘿◎○廯秈邅嘕漣

揎弮㳬踡蜷棬痊駩筌犍騝顴猭韆驙莚狿綖蜒堧瑌廣韻作瑌，今訛作壖。甎遷以上二十八字說文所無

〔支類〕鑴

〔之類〕鳶今說文無此字，毛詩四月疏、旱麓疏引有之，嚴可均云，當从鳥弋聲，詩四月，鳶鮪協音，曲禮（前有塵埃），埃鳶協音，字又作鳶，見禮記中庸，左傳昭十五年，爾雅釋鳥釋文，又漢五行志地理志梅福傳，鳶字七見，五經文字，鳶或作鳶，弋鳥戈皆之類音也，張協七命（鳶鮮弦軒緜煙旋協音，始轉讀悅專反，按左傳昭十五年（以鼓子鳶觀歸），國語晉語作以鼓子苑，支來，是西漢時鳶音已有誤同苑者，說文鷻下，引詩作匪鷻匪鳶，三家異文，不必以此句爲協，後人因又誤以鳶入元類●

〔耕類〕平

〔真類〕逮◎萍◎○甄○扁篇偏翩媥◎甂◎瘺◎楄○純○便緶鯾鯿箯鞭○緜○蝒◎○

穿○川○沿鉛船○瑢○悛朘竣○員圓○榠棉掆欶（以上四字說文所無）

本類之字見於他類者補於左方

〔五支〕霹○篡〔十四清〕瓊蔓○睘〔十八諄〕蠡○僎○尊（今作蒓）〔十九臻〕岫

〔一先〕肩○躚（今作蹮）○前媊歬湔葥○箋○弦胘伭慈弦趆娹怰○蓮○燕鄢

○邊鬓邊籩○縣○幵研鴉麗蘢雅汧妍研拼訮○肙弲削鋗蜎焆稍涓酮駽

○濺箋鶬蚿絃舷彈岍鶬痟襌（說文所無）

本類對轉之字見於他類者補於左方

〔七歌〕鬟〔八戈〕覵（今作覵）○蟠鄱○嶓（說文所無）〔十八諄〕趣〔二十三魂〕鬖○髡

○譽

元類七（廣韻上聲二十阮）

阮邧○鰻（鰋）偃鷗褗蝘○朳○鄢○楗鍵○蹇○反阪皈返飯○棬綣陷圈○

宛苑宛娶菀婉琬晼○咺愃○覞暖頫○宴○巘○遠○堰鼴揵踠蜿晼烜巘

以上八字說文所無

〔真類〕晚輓◎今又作挽挩◎〇娩說文所無

元類八 廣韻上聲二十三旱

旱奸◎旰◎衎罕稈悍〇坦但䑣◎袒亶膻◎〇散饊糤〇撣◎〇扶◎〇厂◎〇侃〇誕蜑〇

𤺊瓚䉶今作管以上四字說文所無

〔脂類〕嬾

〔真類〕𧄼

元類九 廣韻上聲二十四緩

緩㬇〇𤁣浣今訛作澣〇盌◎盌〇算匴◎纂〇管琯琯今分收輨◎䩪◎悹館〇脘筦◎〇盥〇

卵〇纘酇儹◎䙴◎〇伴〇斷躖◎〇㬇◎渜◎〇篹纂痯粄以上四字說文所無

〔脂類〕歀款今作款〇窾說文所無

〔侯類〕短宋玉登徒子好色賦協短赤白，以侯魚通協，魏武帝秋胡行，協久短老道考，以之侯蕭通協。

〔真類〕滿懣

〔東類〕曈

元類十（廣韻上聲二十五潸）

潸○綰○版昄◎眅◎販○赧㬙◎○僩憪○齗◎睅○㹽◎○鯇◎莞○彎○戁○鈑蝂㹽

睆撰（以上五字說文所無）

元類十一（廣韻上聲二十六產）

產犍◎滻鏟◎○僩簡橌◎瀾◎䭠◎○柬○僝轏◎○羼○棧醆琖㟞（今作嶘）○嵼揀剗輚琖

弗（以上六字說文所無）

〔真類〕限眼○晚○昬◎

元類十二（廣韻上聲二十八獮）

鮮獮○衍○踐諓𢓭◎𨹟◎餞淺錢棧俴○㠭◎展蟨◎○單樿◎闡燀幝繟◎墠鱓僤○善

僐◎膳◎𩔈◎嫸◎○䁴◎𨭛◎蟺◎○𡰯◎輾○縥◎○𧴪◎遣○捲◎蹇◎𧽊攓（今作搴）○翦剪◎鬋揃○𠎝◎

橪◎○輂鄿◎○件○鍵犍○辡◎辯辨辦◎○緬湎愐䩄◎○雋臇◎𩻕◎○臠孌○嬌◎○卷

圈◎○篆瑑○𢍏◎○巽◎𨇙選僎◎譔○蕆○於◎○匽◎○喘腨◎歂䏿◎○熯◎○甗○膞◎剸

譽之或文膞◎縳◎摶◎鱄◎塼◎轉睘◎○䋎蜎◎○耎蝡碝萸◎緛◎媆◎愞○𤣗今作獮○蘚䚢輾𤞟譬

墡璉䡪峸勔㺫撰鄟輭讞巘繾𧩙以上十八字說文所無

〔脂類〕㥜◎弭由之類轉入脂

〔蕭類〕𨷸◎疑或是從緜門聲，轉寫誤倒。

〔真類〕演戭○趁○堅◎○戠○丏◎沔○䁕○扁◎褊揙◎諞○㕣◎○鬒◎○舛○勉鮸◎

冕俛類之或文○沇◎吮○𧌒◎說文從少聲，讀若騁，由脂對轉入真也，以䜌讀若騁疊證之，當為轉寫者脫疊字，蓋與䜌同音也。

○兖蕣免以上三字說文所無

本類之字見於他類者補於左方

〔四紙〕揣○蘧新附〔十七準〕篔說文所無〔十九隱〕蠕〔二十一混〕梡◎○畚〔二十

七銑〕垷蜆睍哯◎晛覎○愐◎○撚○犬○㬎◎顯𩔰○赳◎○䔰◎閺◎○宴蝘◎暥◎○繭

襴○藆◎蘻◎跰○𨼟◎○𡿨（畎甽）○辮○楩◎○繯◎獧（今作狷）○埍◎○䙴○峴筧琄罥（說文所無）

本類對轉之字見於他類者補於左方

〔三十三哿〕癉

元類十三（廣韻去聲二十五願）

願愿傆◎謜◎○誽◎怨㤪◎（腱）晼○婉◎○販飯○劵桊◎韏◎圈○勸○眷◎○建健楗◎○傿◎

嫣◎○郾○㫮◎𩓞◎○楥（今作楦）○孌◎○歎◎○妶◎○曼蔓獌◎鄤◎○緐◎○甗◎獻○憲𢖍◎○

遠○萬𥊍◎○綣堰

〔真類〕娩◎○嬔◎

元類十四（廣韻去聲二十八翰）

倝◎翰韓◎鶾◎乾◎鶾◎榦蘚◎○扞釬汗閈䯉◎旰骭衦◎盰岸豻罕靬◎衎旱◎悍睅䩐◎𢧠◎䮯○

看○肒◎○炭○荌◎洝◎案◎按案晏○旦鴠悬◎疸◎○憚僤◎彈癉◎○瀾讕爛○粲奻◎璨

燦○𣞤◎𪓋◎散○䉈◎○贊饡◎濽◎嫸◎酇瓚◎○侃○難鸛◎灘◎雗漢歎嘆◎○矸垾漧斡瀚

嗲讚攤以上八字說文所無

〔真類〕囈

元類十五廣韻去聲二十九換

奐換渙喚煥〇逭館悹〇玩翫忨冠垸〇韓瀚〇緩〇鑽〇貫〇雚灌爟烜觀

曤懽鑵瓘〇盥〇爨〇段鍛鍛緞鍛〇匫亂敿〇斷〇彖隊〇筭〇祘蒜〇半

絆姅料袢判泮胖畔〇叛〇便鄤稬〇幔縵鏝鏝今作墁謾〇壂墼〇祼〇漶惋

腕癰椽碫泮漫鑵以上九字說文所無

〔脂類〕竄〇攛說文所無

元類十六廣韻去聲三十諫

諫〇鴈雁贋鐽〇晏晏鴳曣〇汕疝訕〇姍姍〇澗〇骭豻〇綰倌〇患〇官

〇豢〇摜遦〇孿〇篡〇丱卵之或文〇亂〇棧戲〇慢嫚謾縵〇擐轘〇栅慣串

[illegible]槵輚蝬襻[illegible]以上九字說文所無

元類十七 廣韻去聲三十一襉

閒鐧●○莧○瓣辮●辨○米◎○幻○袒今作綻組●○襇覵粯以上三字說文所無

〔真類〕盼扮

元類十八 廣韻去聲三十二霰

霰廣韻又作霰○讌◎○縣○衒街衒◎○練鍊楝湅◎煉◎潄●○見俔晛硯蜆○嬿●○宴○

燕嬿䜩◎驠◎○片○[illegible]○趼研豣◎汧○睊○獧◎懁◎繯●○揀涀健醼嚥胥以上六字說文所無

〔耕類〕精倩○瞑○奠[illegible]◎○蒨淀以上二字說文所無

〔真類〕茜○㹒◎○先○絢旬眴○眩袨炫牽○電○殿[illegible]◎澱○甸佃○瑱填○

堅◎苠○汳◎○薦䗶◎瀳◎○㝑◎眄麪○[illegible]○荐栫◎○洊鈿[illegible]洊[illegible]以上五字說文所無

〔侵類〕唸◎詩大雅板（民之方殿屎），說文引作民之方唸吚，後人遂讀唸為殿，以入霰韻。

元類十九 廣韻去聲三十三線

綫線賤衡◎餞諓○戰禪○顫擅嬗◎○善繕鄯膳○彥諺○唁○遣譴○瑗媛援

○院○面偭○諯○掾緣鷂瑑○䙅○葥鬋箭煎○扇傓蝙煽○羿今作关眷廣韻

又作䏴桊帣弮劵倦○鄁○彲○變孌○篹簨饌潠○弱譔選○顛○羨邅○譴

○緜○弁昪拚開○汳廣韻作汴○旋漩鏇縼○衍○纏○甗○絹狷○硟○叀傳

轉○僢僢○繾濺奍戀卞忭莚綖輾剸囀堰豫以上十三字說文所無

〔脂類〕𥪞

〔真類〕鄄○釧○櫏○穿○便○徧

本類之字見於他類者補於左方

〔五寘〕惴〔四十五勁〕𩒬〔二十一震〕鶇〔二十三問〕𡰝〔二十六慁〕巽潠○

𡚁○倇○嫨今作嫩

本類對轉之字見於他類者補於左方

〔三十九過〕譒播○慄涴以上二字說文所無

本類之字韻書以入他類入韻者附錄於下

〔六術〕趫◎〔八物〕菀○黦今作⿰黑元〔十月〕軏今作軏○訐○钀〔十二曷〕怛炟◎⿰黑旦◎妲◎

笪○屵◎○頞○⿰車獻○⿰木獻◎齾○呾囋說文所無〔十三末〕捾◎○斡○⿰氵算◎〔十四黠〕帴◎○揠

○鬜〔十五鎋〕纂◎〔十六屑〕⿰車見◎〔十七薛〕舌○⿰氵獻今作⿰黑獻○靼◎○焆◎〔三十帖〕⿰奠瓦◎

今韵析卷四

蒸類一 廣韻平聲十六蒸

承丞䒱脀烝蒸◎○徵瀓懲○澄○夌陵䔖◎淩綾庱蔆遴○滕凌塍勝○淜掤○◎仌冰凝馮凝今分收○蠅繩○乘騬○升昇○仍艿訒◎扔◎扔卤◎，說文从乃省卤聲，籒作卤，不省，，讀若仍，當是从卤省乃聲，轉寫誤倒，也，今作迺。○凭○興○爯◎偁稱○繒鄫噌○兢○烝餧殑崚倰憑澠繩譝㴸礽癥僜磳嶒驓橧殑砯以上十九字說文所無

〔元類〕陾亦由之類對轉入蒸類

〔侵類〕灉鷹膺應○矜○蠅譍以上二字說文所無

蒸類二 廣韻平聲十七登

登簦鐙◎豋毲◎䇔○棱○朋鳳之古文鵬亦鳳之古文◎倗堋崩○肱弘䡏○瞢薨儚◎○騰滕縢螣膡䲢䲍今作騰○恆揯緪䱴◎○曾層增憎矰罾熷◎譄僧○甑今作登鼟輘鬙鬅

噌鬅漰竑軭顚薨藤𤸯以上十四字說文所無

〔之類〕能

〔元類〕蕄爾雅釋訓（存存萌萌在也），釋文云，萌字或作蕄，今說文心部有從簡省聲之蕄，說解云，存也，此從艸首，訛。

〔陽類〕䲵◎

本類之字見於他類者補於左方

〔十三耕〕甍○宏㝿◎閎竑◎泓紘紭紭今分收○轟○弸◎輣綳○橙○㖸吰浤瞪說文所無〔十九臻〕潧◎〔一東〕鄸◎○夢懜薨◎○懵說文所無○雄○弓穹〔十一唐〕蘉〔十二庚〕棚輣綳◎

蒸類三廣韻上聲四十二拯

抍◎撜○庱○拯說文所無，抍下，徐鉉曰，今別作拯，非是。

〔真類〕殑◎○硄洸以上二字說文所無

蒸類四廣韻上聲四十三等

肯

〔之類〕等對轉入蒸

本類之字見於他類者補於左方

〔十六軫〕眹朕〔十九隱〕巹𧯷◎〔四十七寑〕栚◎朕〔一董〕慒〔二腫〕䴵◎麥

蒸類五廣韻去聲四十七證

證〇烝〇孕〇㑞◎賸榺◎勝〇乘〇興嬹◎〇䬟◎掕◎〇凭〇稱〇凝冰之俗文〇甑𩰫◎〇

媵剩以上二字說文所無

〔侵類〕譍◎應

蒸類六廣韻去聲四十八嶝

隥鄧蹬鐙橙〇懜〇堋〇栕◎〇贈蹭◎〇嶝磴凳墱亘經傳用亙，今訛爲亘，與从回之亘同體，以上五字，說文所無。

本類之字見於他類者補於左方

〔五十二沁〕朕◎〔一送〕送○瞢㝱今作夢

本類之字韵書以入他類入韵者附錄於下

〔二十五德〕螣

侵類一 廣韵平聲二冬

冬苳◎䨔◎○㲴◎○痋◎𦑆◎鉵◎○鼕◎○宗琮悰賨淙○彤○農盥膿○雺鬆碚颹震儂

以上六字說文所無

〔蕭類〕懵對轉入侵

〔東類〕鬆說文所無

侵類二 廣韵平聲二十一侵

侵駸埐◎祲綅蓡今作蔘○肜◎廣韵又收入一東，作彤，古舟形作月，朝朕俞前等字，皆从舟，隸皆變作月，有所本也。

縟今作尋䙵◎潯鄩◎○葴◎箴鍼䶢◎鐔蟫鱏○兂簪㜝◎鬵灊鐕◎䃀◎鬵◎○林琳淋霖痳◎綝

郴禁罧◎森○臨瀶◎○罙◎深琛㴱◎○今衿◎禽芩琴◎黔◎黚衾吟紟霠金岑梣◎涔金捦

今作擒𠤷◎鈙◎廣韻作𢻹埁◎欽崟唫裣今作襟琴陰㱃◎○斟湛諶煁◎䣥◎○冘◎沈鈂◎宊◎廣韻作𡧛又

訦◎忱霃○壬耕類𡈼旁，隸變作壬，與此相混。任紝○𡈼◎此从𡈼，不从壬也。婬◎淫○心○音瘖喑

歆○乑◎眾◎○宂◎○参蔘◎槮滲○霪愔鵀妊檎嶔嵾燖以上八字說文所無

〔談類〕厰◎○枮今作椹砧今作碪又

侵類三廣韻平聲二十二覃

覃鄿潭橝蟫鐔驔醰○蕁○◎曇○南○男○諳闇○含貪◎玲◎戡○䨄◎鵨鐔盦

龕今說文从合，六書故引唐本及九經字樣从今。頷淦○函今作函涵顄◎霤◎涵◎○葴◎嵐○蠶鐕○探○

歛◎○耽眈酖○覘◎媅◎湛堪戡○婪惏◎○参驂傪謲◎篸慘○譚䢩潭壜䈄䤣蜬妉

唅䛺黔蛿嵁毵䡪諵以上十六字說文所無

〔談類〕拑◎柑○𢆶淦嫨○庵菴馣甂䨏今作嵡唅甜以上七字說文所無

侵類四廣韻平聲二十六咸

咸諴麙鹹緘椷鹹◎㰹◎䶢◎○黚◎玪今作瑊黔◎○猞◎○喦碞○毚讒儳◎鄒◎嚵◎纔攙○函

○黬𪕮鴿䈄欃饞摻 以上七字說文所無

〔談類〕𢷾◎𩠐◎○攕◎○礹◎○𣚸 今作杉 ○詁 說文所無

侵類五 廣韻平聲二十七銜

銜○𪗇鑱○彡◎衫 新附 ○縿○巉 說文所無

〔魚類〕芟 按左傳隱六年，芟夷蘊崇之，說文癶部引作𤼵夷，𤼵，當從癶亦聲，癶讀若撥，音在脂類，此字若以短音入談類，當是𤼵字。

〔蕭類〕髟

〔談類〕嗛◎䶠◎○暫○巖巗○緂◎○孅◎○嵌○監𥌃◎○獑 說文所無

侵類六 廣韻平聲二十九凡

凡颿○帆 說文所無

〔談類〕芝◎

本類之字見於他類者補於左方

〔一先〕㽜◎〔十六蒸〕雁（鷹）膺應○矜○蠅䳟（說文所無）〔一東〕中忠衷苹◎盅忡沖○

熊○躳（躬）窮宮营（芎）䓖䆗◎○終𦖋泈◎螽（蝝）○崇○洚隆癃○霳（今作靈）潀○芃風

汎楓○蟲爞融○种㹒瀜䌰渢漴㤝珫𩅧𥨶（說文所無）〔三鍾〕醲襛濃○穠（說文所無）

〔四江〕夅◎洚栙◎降○逄（說文所無）〔二十三談〕三○燂◎○鬖（說文所無）〔二十四鹽〕閻㶣◎

爓◎○葠◎○潛○鈐雂◎妗◎○熸撏（說文所無）〔二十五添〕忺杴（說文所無）〔二十八嚴〕欦◎

本類對轉之字見於他類者補於左方

〔六豪〕獶◎○槮〔一東〕戎娀駥◎○狨茙絨㲨（說文所無）○充

侵類七（廣韻上聲四十七寑）

寑（今作寢）蓡◎梫◎𤞤◎○廩稟㐭◎廩（廣韻作凜）鄙◎○菻◎噤○甚葚戡◎踸○醰◎○飪妊◎紝◎衽栠◎

恁荏○稔諗淰唫趛◎錦歛（今作欽）○𢆉◎○頓枕沈𣪠◎抌◎訦○宷（審）瀋○瞫蕈◎○品

○䫐澿臉懍㝲鋟嬸（以上六字說文所無）

〔真類〕痒

〔蒸類〕椞朕

侵類八廣韵上聲四十八感

感顑㨔今作撼糫嘾禫醰○竷[illegible]贛○窞惂淊蜭欿[illegible]今作萏○䏙黕紞眈盬○罯

闇灊○湳○魿嗿鐔媕頷○黮糂廣韵作糝又歁○禱○朁憯○坎○𢎘東菡顄○

顲○慘黲嵾槮○顣䃭轗顑贉荅髧䘌轁昝朁下，徐鉉云，今俗有昝字，蓋朁之訛。䫩以上十二字說文所無

〔侯類〕歐

〔談類〕黭○頷○唵○[illegible]

侵類九廣韵上聲五十五范

犯范笵範○帆○姂○菭錽以上二字說文所無

本類之字見於他類者補於左方

〔一董〕癑〔四十九敢〕啗○闞喊說文所無〔五十琰〕餤讇今作諂○芡○舚○凵

〔五十一忝〕嫜◎驔◎簟○㓕◎〔五十三豏〕黯○湛○減○㺑○憾瀺摻嘾（說文所無）

〔五十四檻〕巉（說文所無）

侵類十（廣韻去聲二宋）

綜

〔蕭類〕統（對轉入侵）霿（霧之或文，對轉入東。）

〔侯類〕宋（小徐繫傳從木聲，對轉入侵。）

侵類十一（廣韻去聲五十二沁）

沁○祲浸○任紝衽妊賃○滲○鴆沈枕○矜（今作矜）紟吟歙（今作飲）蔭○槑禁噤

○窨喑○闖○譖○臨○甚○深○雟傑類揕㑄㾕（以上六字說文所無）

〔蒸類〕朕◎

〔談類〕讖

侵類十二（廣韻去聲五十三勘）

勘○䶃◎○琀淦○暗闇◎○撢◎醰◎○參○撍莟憾灨磡以上五字說文所無

〔談類〕紺

侵類十三 廣韻去聲五十八陷

臽◎陷⿰月臽◎○韽○儳

〔蕭類〕蘸說文新附說解，但云从艸未詳，則从醮，乃醮聲也。

〔談類〕賺

侵類十四 廣韻去聲六十梵

梵汎颿今作帆◎○氾○欠

〔談類〕泛◎○劒○媕◎淹

本類之字見於他類者補於左方

〔四十七證〕譍◎應〔三十二霰〕唸◎〔一送〕衆○鳳諷○中仲衷○⿱竹夆◎贛贑◎⿸厂贛○

⿰阝虫說文所無〔四絳〕絳降洚戇◎○淙○漴說文所無〔五十四闞〕三○啗〔五十五豔〕爓

○潛〔五十六㮇〕念酓○簟○僭○餡○西○綅埝趝朁說文所無〔五十七釅〕玪

○荾钗說文所無〔五十九鑑〕鑱讒

本類之字韻書以入他類入韻者附錄於下

〔二十六緝〕湆○斟〔二十七合〕噆○盦〔三十帖〕斂捻○錜說文所無〔三十一

洽〕瞮○招

東類一廣韻平聲一東

東涷凍蝀童僮潼瞳犝罿穜嚨龍襲櫳礱聾籠龓龔襱襩龐瓏聾曨朧瀧○同

銅桐恫侗詷筒鮦衕○公翁篛螉鰫崧○工功攻堆訌粠仜虹紅翃玒空涳鴻

○冡騌幪䑃蒙艨饛濛矇朦○嵕葼椶䎫稯堫㚇騣艐○豵今作蹤蹤○逢蓬蓬

苳今分收○豐酆豐豐○悤璁總㦗驄聰鍯蔥繱○通俑筩○洪烘烘○叢叢○

疃撞艟氃朣艟絧峒酮戙豐灃篷玒釭洚艨曚鉷葓轗貜蝬鬉緵艐䆲菘髼锋

墶悾倥椌嵩篵以上三十六字說文所無

〔蕭類〕充對轉入東，從充之字同。○覓◎今說文作覓，小徐繫傳，冂聲，嚴可均據一切經音義卷九卷十二，正作從冂聲，依改。○雺霚之籀文，對轉入東。髳鬏之或文，對轉入東。○琉悗罞以上三字說文所無

〔侯類〕戎對轉入東，亦對轉入侵。娀◎䮴二字對轉入侵。○狨茙絨㧏以上四字說文所無

〔蒸類〕馮◎鄬○瞢夢懜薨◎○雄○弓穹○懵

〔侵類〕中忠衷芔◎盅沖忡○船躬竆宮营营◎𣪘藭竆◎○熊○終鼨洚◎螽螽○崇

○洚隆癃𨺗○霚今作鬉潨○芃風汎楓○彤○蟲爞融○种𤞹瀜終灋漴䨓窿

以上八字說文所無

東類二

廣韻平聲三鍾

重鍾緟◎鐘蠶◎憧轊衝橦龍龔瓏◎龍䡫◎○松◎頌◎松蜙◎蚣蚣今分收○丰夆◎捀◎摓◎峯逢𨔝今作蜂漨今作烽鏠今作鋒縫○庸鏞◎鄘傭𩯥◎墉鏞鱅慵○𩔲◎○从◎從縱瘲◎𣟴鏦

𨂂廣韻作蹤，今作蹤。○邕雝𩿧今作饔灉灉廱○邛䢶◎蛩銎○共恭供○凶匈胷兇洶

詾今作訩胷匈之或文作胷，今并二文作胷。○禺◎○封葑○𢡁◎𢡁𢡁◎茸髶◎醋◎鞾今作鞾○舂惷○

容宊鎔溶𤭮◎蓉鰫◎○蝩衝蹱𠟍穜攏忪彸𨋤淞凇㭬戱瞛雍邕之隸體今分收嗈壅瑢

褣榕與松之或文異輍筇茾䢼𣐛蛩跫蛬恟拲𤟟摏踳𩦁𩦁以上三十五字說文所無

〔侯類〕禺顒鰅◎喁○𨘢

〔侵類〕醲襛濃○穠說文所無

東類三 廣韻平聲四江

江扛釭杠◎瓨釭椌◎腔○舩◎○尨牻◎哤厖駹浝◎𡍫◎○囪窗◎○邦○雙𢤱今作愯○

橦撞幢瀧龐○䚒◎惷椿○鏦○𡑞今又作鑁○矼豇䆿䁱悾茳娏䵨蛖䪼梆垹艭𩍐

䡖䠻摐瑽漎𣥞峣諦以上二十二字說文所無

〔侯類〕肻◎

〔侵類〕夅◎洚◎梣◎降○淙○逄說文所無

本類之字見於他類者補於左方

〔二一冬〕鬆

東類四 廣韻上聲一董

董動𥳑○滃○玤琫菶啈𠦬蓬之或文○總熜◎○洞侗挏㓊◎○空澒○蠓幪今作幪○

𣫞◎○孔○𩪠○桶○蓊塕鬆㧾穗傯硐曚懂攏樅𤞤禾嗊㻞以上十五字說文所無

〔蒸類〕𢡘

〔侵類〕癑◎

東類五 廣韻上聲二腫

腫踵㣫◎種◎㣫◎重湩種𤻳[illegible]龍隴壠今作壟䆍◎○𡌘◎○宂𩐳◎○擁今作擁○甬涌踊◎踊

勇蛹俑桶◎○銅○奉○傛◎溶搈◎○巩𦑣◎㧬◎拲亦巩或文恐○収◎今作廾○拱栱拲珙○

慫◎聳○兇◎洶詾○茸𣝒◎𩋡◎○㲉◎○壅捧鮏蓊栱輁澒𤸷廣韻宂下列内字，注云，上同，是𪨶旁，乃宂字，當从宂聲也。恟毦見僞古文尚書，以上九字，說文所無。

〔侯類〕䡠○竦○㪣今作冢○悚駷以上二字說文所無

〔蒸類〕𪏹◎褎，按說文褎下引虞書，鳥獸褎毛，今文尚書也，隼下引作鳥獸犇毛，古文尚書也，朕在蒸類，隼在眞類，眞蒸聲近，可通假，僞古文作𧧈，函在脂類，不可通矣。

〔談類〕𩈑

東類六 廣韻上聲三講

港〇蚌玤〇項〇㭋棒 以上二字說文所無

〔侯類〕講 史記講和，即𤗊和，東侯對轉。〇𩉯〇耩傋 以上二字說文所無

〔之類〕棓◎〇稖 說文所無

本類之字見於他類者補於左方

〔二十四緩〕疃

東類七 廣韻去聲一送

棟凍涷蝀◎湩慟𪆬〇迵◎洞眮◎筒◎駧◎衕恫詷〇𤭛 今作甕 〇貢𤞑空控〇痛〇㚇稯

〇齈◎〇弄梇◎〇幪〇閧〇絧澒鞚凇憁緵哄蕻㖸

〔蕭類〕睊 新附，由蕭對轉入東。〇䞘◎ 由蕭對轉入東

〔侯類〕霿

〔蒸類〕送○瞢𤺋今作夢

〔侵類〕衆○鳳諷○中仲衷○箻◎贛竷◎贑○⿰阝虫說文所無，當係从蟲省聲。

東類八廣韵去聲三用

用誦○重種○訟頌○從縱瘲○共供○恐○惷○封葑○縫○雍壅俸以上三字說文所無

東類九廣韵去聲四絳

巷○閧○䢽◎○幢憧幢撞○虹○惷𧡼○胖穖眘艟戧

〔侵類〕絳降洚𩆨◎○淙○潨說文所無

本類之字韵書以入他類入韵者附錄於下

〔三燭〕菶

陽類一廣韵平聲十陽

昜◎陽暘楊颺瘍禓◎崵◎瑒◎煬湯腸場募◎揚（敭）敭（今分收）煬傷觴殤愓◎鐊（今作錫）○羊詳

洋翔庠祥痒◎羌姜鬤◎（廣韻作鬤）○亡忘良長㝵◎莣萇張粻◎倀○涼椋◎悢◎輬◎䣼◎飉◎○皀◎

鄉薌量糧○香（今作香）○章漳璋彰䵧鄣蔁◎障商啇◎○爿◎妝戕斨牄◎牆牂◎牀將莊

裝漿蔣䊢（今作蹡）◎戕◎蘠（今誤作薔，按管子地員其草兢與薔，房玄齡注，音薔，今薔薇字作薔，非是。）嬙○方（今作汸）汸

（今分收）肪枋邡鈁旊◎（廣韻作鴋）坊房防魴芳妨○慶○昌閶倡○畕◎畺（疆）繮橿僵◎韁◎疆◎

薑（今作薑）○襄◎鄹攘鑲穰蠰◎纕禳蘘◎瀼驤孃（今作娘）䑋◎○匚◎○相湘箱廂緗霜○办（創）

梁粱○望○嘗常（裳）裳（今分收）鱨償○鶬（今作鶬）○瑲槍蹌○狂（从㞷聲，今偏旁皆作王。）

軖◎匡（筐）筐（今分收）恇洭郎◎軭◎○王○央秧泱殃鴦○強◎勥○眻佯徉鴹蛘膷綡嫜

慞樟蔁鯧猖蠷礓勷鬤鄉瓖蚄螿鏘艕檣鍗孀驦搶劻眶鉠（以上三十一字說文所無）

陽類二（廣韻平聲十一唐）

唐◎鎕◎塘◎糖糠（康）康（今分收）歞◎嵻◎漮○堂棠當闛◎螳◎鄧◎鏜◎鼞鐺◎蟷璫○踼湯◎○芒肓

盳◎宊◎㐾萌喪邙郎稂鋃硠蜋琅狼莨◎稂浪筤蓢◎廊◎㢡◎䆡◎䡙◎駹荒巟○倉滄鶬蒼

䃉◎滄○岡剛綱㭃◎○亢頏頏今分收航◎笐◎䀪◎㰠今作航迒杭◎抗之或文，今分收。○桑○光

洸黃璜簧蟥◎潢○翌◎皇惶煌湟隍蝗鍠◎喤瑝◎篁䅣◎遑艎○堭◎韹◎廣韻誤作鑅汪○旁◎

雱雱今分收滂䨦◎膀䣊◎傍○㣲今作尪，偏旁多作尢。○行○䍿牀臧藏○襄○卬◎茚◎𨚍◎

昂䭹㭿○甋搪瑭餹螗磄溏傏糖碭稂踉榔䉶襠艡鎕塘餳徨凰鱑䞭僙轒胱

彷螃磅霶汒砊忙茫朚桁吭茺䞶牂以上四十字說文所無

〔蒸類〕薐

陽類三廣韻平聲十二庚

庚賡續古文之○更○秔稉阬○羹○盲蝱盳◎䀮◎棖○卿○卯◎丣今作卯，與此相混。○明萌◎

甍◎盟○侊◎觵今作觥橫○鍠喤○亯古享烹亨皆用此字，今分三字三義，亯廢不用。○趽◎嗙◎榜騯◎䅭◎

搒○堂◎樘◎○鎗槍○英楧瑛○京勍黥○麠今作麖䲔鯨○兵○兄○迎○行衡

裄◎䏘◎珩○䀄◎䤯◎○彭䰃祊○鬅鑬䥷䬝趟瞠撐傖䨦𧄍鶬鵬振桁衡䰢亨烹以上十八字說文所無

〔耕類〕榮熒縈嶸○平苹泙枰坪○琤◎○驚檠今作檠○鳴○生笙牲甥猩○盚◎

○荆○[illegible]評[illegible]甠摯猛以上七字説文所無

〔真類〕訇◎○[illegible]◎○[illegible]説文所無

〔蒸類〕橙◎○棚輣繃◎

本類之字見於他類者補於左方

〔十三耕〕棖〔十五青〕駣〔十七登〕魧◎

陽類四 廣韻上聲三十六養

養蛘痒樣◎○象像橡勨潒[illegible]餳○獎䉃蔣◎○㒳兩兩脼蜽廣韻又作魎○鞅紻◎抰◎怏

○彊◎○弜◎○滰◎○仰○爽◎[illegible]◎○想○掌敞賞氅○爪◎○亯今作享○響蠁饗◎鄊◎○

丈杖○䄃○獷○壤◎纕◎攘穰饟○仿紡旊髣◎昉放○罔网之或文，今作網。罔网之或文，今作罔。蝄今作魎○[illegible]◎枉往○怳○長○上○迋○罭◎○緉䋄𦚪○瀁羕桊繈駚

㓦繈磢搶嚮敞惘輞倣仗橡

陽類五 廣韻上聲三十七蕩

愓◎簜◎崵蕩璗盪簜○潒◎像◎華嚴音義以爲愓之古文○顙○晃廣○榜○蟒◎莽○曩○沆㳌◎

㤶今作慷○黨郜◎攩◎矘◎儻○朗筤◎○坱泱盎○奘奘○蒼○磢蒡曭蟒漭髒灢吭

蚢讜黨讜欓榔駫今作駺榥滉幌睆䐠慌以上二十一字說文所無

〔魚類〕駔○帑

陽類六 廣韻上聲三十八梗

丙炳邴怲鈵◎窉今作窉梗哽綆鯁骾郠◎埂◎○景憬○永○皿盌◎猛蜢○囧○磺今作礦

穬◎獷○秉○杏莕荇○蛃影璟境艋黲奣哯當从巨聲，對轉入陽，以上八字，說文所無。

〔支類〕蠯，對轉入耕，周禮鼈人共蠯，釋文徐邈音父幸反。

〔耕類〕警儆◎憼◎檠○省㮐◎媘◎○眚○打○㾕說文所無

〔真類〕冷○鄳◎

本類之字見於他類者補於左方

〔三十三哿〕䖝〔四十一迥〕竝

本類對轉之字見於他類者補於左方

〔九麌〕攷〔十姥〕莽○䥈說文所無

陽類七 廣韻去聲四十一漾

羕恙養漾樣㬕○䁑煬颺瑒暘𥏫𣈙○諒䋑㾾○兩緉○妄忘長帳悵韔張䝧

○釀鄉量○狀壯將醬○讓饟釀讓○向珦餉尙償○邑○匠𧼯○墇障○訣

怏坱○唱倡○刱○愴滄創刅之或文○仰○訪妨舫放防○望謹望○況貺○王

迋○誑𤞞俇䍿今作旺○相○䪕○上○亮六書故引唐本說文有此字，从儿从高省。○瀁掠悢脹

漲暢仗瘴幛以上九字說文所無

陽類八 廣韻去聲四十二宕

碭宕湯踢蕩盪○閬浪○姎盎醠○䣊枊○葬○徬傍謗搒○黨當儻○桄廣

潢曠壙纊絖懬○行○亢抗杭炕犺伉邟閌忼頏笐今作桁○盎○喪○藏○吭

擋臟（以下三字說文所無）

陽類九（廣韵去聲四十三映）

映○竟鏡境◎○諳競◎○倞◎○慶○病病◎更柄邴怲○孟盟○橫潢◎○詠泳○行○搒◎榜○迎○獍（說文所無）

〔耕類〕敬儆憼（今作檠）○坪◎○瑩縈○評（說文所無）

〔真類〕命

本類之字見於他類者補於左方

〔四十四諍〕硬

本類之字韵書以入他類入聲者附錄於下

〔十九鐸〕彍（今作礦）〔二十一麥〕疒◎〔二十三錫〕焜◎〔四覺〕觕●

談類一（廣韵平聲二十三談）

談郯錟惔倓○儋瞻◎澹○甘苷泔磨◎酣邯○㽎◎○珊○憨蹔◎○藍籃檻蠟◎監濫◎

○餤痰瘀柑坩甝蚶甜擔憨以上十字說文所無

〔侵類〕三○燂◎○鬖說文所無

談類二一廣韻平聲二十四鹽

詹櫓闔◎瞻檐○廉蠊今作蠊鐮今作鎌磏◎䨠◎慊◎鎌◎熑◎溓◎濂簾薕○僉◎霰◎嬐◎譣◎憸薟蘞

籢今作匳○㦰◎殲◎韱◎纖孅籤瀸鑯◎櫼◎懺◎○㾆𦙷今作胥枏◎詀◎攙蚦○炎◎剡◎○閻

淹○漸◎蘄○拑◎黚◎箝○猒◎厭◎壓○鹽○炎◎覘◎銛○占◎蛅◎阽枯笘◎痁沾苫黏◎鉆覘

箈◎婆◎霑◎沾◎○砭○蟾噡䗪蟾唵醃尖暹纖帘噞以上十一字說文所無

〔支類〕㤿◎說文引詩曰，相時㤿民，詩無此語，此妄人所增也，今尚書盤庚相時憸民，及立政，兩言憸人，皆衛包所改，以說文論下引周書曰勿以憸人證之，知古文皆作譣，漢石經殘碑盤庚，作散民，今文也，孔安國得古文尚書，以今文音讀之，僉字蓋从亼从吅从从，吅亦聲，本與散同在元類，立政釋文本又作㤿，蓋宋開寶所改，僉册不同音，以㤿入鹽韻非是。

〔侵類〕閻潤◎燗◎廣韻又作焰○綅葠◎○蘻灊潛○鈐黔雂◎妗◎○鍼○熸撏以上二字說文所無

談類三二廣韻平聲二十五添

兼縑蒹鰜嫌慊◎謙稴◎鬑○甜恬○嚴巖○𪙓◎○黏◎沾聑◎鮎鲇拈○䃠鶼湉佔詀

以上五字說文所無

〔真類〕添

〔侵類〕忺杴 以上二字說文所無

談類四 廣韻平聲二十八嚴

〔侵類〕鈙◎○杴 說文所無

嚴巖

本類之字見於他類者補於左方

〔二十一侵〕厰◎○砧 今作礁 〔二十二覃〕拊◎○弇渰媕○庵菴醃䤄㿲 今作㩌 㖑 說文所無

〔三十六咸〕㺝◎䫡◎○攕◎○礹◎○䊰 今作杉 〔二十九凡〕芟◎

談類五 廣韻上聲四十九敢

淡◎啖 今作噉 惔◎蒯 荚 𦆞○膽黵◎憺澹○槧鏨○嵌○晻◎○揜○敢○覽擥○毯礵

欃瀐欃（以上五字說文所無）

〔侵類〕啗○紞○闇喊（以上二字說文所無）

談類六（廣韻上聲五十琰）

琰剡棪賧覢棪○撿斂蘞險獫顩噞儉檢瞼○魕溓隒○广○猒黶檿黡○冄

姌○染䎃㮯○夾陝㜸○閃○奄掩郺裺○弇渰揜媕○蔪蔪漸槧聻○銛○

貶○颭○㝵○瞼瀲襝葺潤崄（以上六字說文所無）

〔侵類〕餤讇（今作諂）○芡○譖○凵

談類七（廣韻上聲五十一忝）

歉嗛慊○點○玷㓠（以上二字說文所無）

〔真類〕忝

〔侵類〕嬋驔簟○淰

談類八（廣韻上聲五十二儼）

儼

談類九 廣韻上聲五十三豏

㺌槏歁◎○斬○醶◎○闞○図鹻䟦 以上三字說文所無

〔侵類〕淰○黯○湛○減○㺗○㦑喊瀺摻嵁 以上五字說文所無

談類十 廣韻上聲五十四檻

檻濫○黤○玁◎○轞艦 以上二字說文所無

〔侵類〕巉 說文所無

本類之字見於他類者補於左方

〔二腫〕覂〔四十八感〕黔◎○頷◎○晻○䨄

談類十一 廣韻去聲五十四闞

闞譀◎詀○澹憺○淡○暫蹔䟅◎○濫𨢿◎㜮◎○𧇊◎○擔甔𢢔爁𦇇瞰矙憨 以上八字說文所無

〔侵類〕咍○三

談類十二（廣韻去聲五十五豔）

豔○贍閹○厭壓○窆砭○驗醶◉斂𩆓獫○塹（今作壍）槧○俺○鹽○占粘苫覘◉

○掞撿憸噞㜸殮𧹞瀲孅𡢃蹭幨韂壛爁貼灩饜（以上十八字說文所無）

〔侵類〕爓○潛

談類十三（廣韻去聲五十六㮇）

坫鮎◎者刮◎痁沾○兼傔㡘歉◎○墊𥨴（今作𥩞）霑◎○栝◎○店𪉈𥗐阽（以上四字說文所無）

〔真類〕忝○㮇（說文所無）

〔侵類〕念畬唸○簟◎○僭○餡○㐁◎○総埝趝㬸（以上四字在說文所無）

談類十四（廣韻去聲五十七釅）

鹼◎劍○嫌○脅○釅㛪（以上二字說文所無）

〔侵類〕玪○欠○萲饮（以上二字說文所無）

談類十五 廣韻去聲五十九鑑

監鑑〇闞〇懺鑱以上二字說文所無

〔侵類〕鑱饞

本類之字見於他類者補於左方

〔五十二沁〕譖〔五十三勘〕紺〔五十八陷〕賺〔六十梵〕泛〇劍〇淹俺

談類十六 廣韻入聲二十六緝

咠緝葺斟輯揖湒戢濈〇十什汁廿〇拾給翕潝歙郄溚〇習槢鰼騽謵熠〇

執慹蓻蟄縶𦊿之或文，今分收。〇𦊿〇襲〇龖集

鏶嗛𦆭〇邑悒挹浥裛〇及汲伋

級芨彶㤂今作急吸鈒岌〇立粒笠䳌泣〇咠〇皀鴡〇䠞〇㞐髲〇隰濕塌溼

〇褶䨲濼苙豈䱒蕺霵唈笈以上十字說文所無

〔之類〕入亼〇澀〇㴸

〔脂類〕㿿〇澘說文所無

〔侵類〕湆○斟

談類十七（廣韻入聲二十七合）

合部迨詥匌閤鴿龕（今作䧻）佮韐荅䓘姶欱踏榙○帢趿鞈鈒馺疲○颯拉柆庅

○帀○沓誻涾硲搭錔㛚䃂○䶀○譶○狧○雜○帀（今作匝）○溘○鞥○鞳○

㬎濕○答嗒䮴踏鞜黭唈蹹（以上八字說文所無）

〔之類〕䌌

〔脂類〕眔遝誻㯚○納軜䰲○㴔（當即今說文㵫字，柔，俗作㴔字，當作溙也。）○㗳衲（以上二字說文所無）

〔幽類〕龤

〔侵類〕噆○盦

談類十八（廣韻入聲二十八盍）

盇（今作盍）闔䧻嗑蓋榼磕䗘○㞔○臘○㬐蹋毾榻闒蹋䜚○塔○䲳○䶨○蠟

搭鞳搨（以上四字說文所無）

〔幽類〕譗

談類十九 廣韻入聲二十九葉

枼葉𥳑鍱牒偞○妾接椄菨淁鯜○䀹○楫○聶躡㒤懾㬹今作欇 讘攝○歙○

涉○巤鬣獵擸儠邋○裛○㚔讋○聿○耴𢂫輒鉯䮜敒○喦○慴摺謵○讋

○霅○婢○极○曄爗今作燁 皣○饁○熀○厭擪○疌捷緁萐箑婕倢○姑○

𡑙○灄鑷敲欇欇躐紲緤衱笈霎魘鑷踕睫楪以上十六字說文所無

〔之類〕夆

〔脂類〕籋○獡說文所無

談類二十 廣韻入聲三十帖

帖𩋘貼○聾○劦協勰愶○挾俠綊頰鋏莢唊蛺梜匧今作篋 㾜悏婡浹㥦今作愜 ○

疊亡从三田新改 ○褺𧽲○燮𤒹燮○㭸○聑○牒諜𩊚屧今作屟 堞今作𡐧 褋今作襍 ○蜨

今作蝶 ○氎鷝褶躞喋蹀惵鰈跕怗

〔脂類〕荼說文所無

〔元類〕甈◎

〔侵類〕歛◎捻○錜說文所無

談類二十一廣韻入聲三十一洽

洽祫恰袷韐今作帢跲袷鞈欱○㲻陜今作狹郟鞅◎梜◎翜◎○臿◎插鍤𡲢◎歃○扱○囟◎○

霎○㨹◎箑萐○眨◎○硤峽筴𪆔牐喢鼭劄圔

〔元類〕澊◎

〔侵類〕瞸◎○招

談類二十二廣韻入聲三十二狎

甲◎狎匣窜◎鴨閘◎柙呷○夾◎㡹◎○祫◎○霅○壓○翣○㵋押胛鉀啑渫喋以上七字說文所無

〔脂類〕擖

談類二十三（廣韻入聲三十三業）

業鄴○協脅歙○劫鉣怯○腌（今作鮑）罨俺○裛○㡋愶𠽢𧌒（以上四字說文所無）

〔魚類〕胠

談類二十四（廣韻入聲三十四乏）

乏姂○灋（今作法）

本類之字見於他類者補於左方

〔二十三錫〕焱〔入物〕欻○㰲（說文所無）〔二十四職〕翊翌〔一屋〕昱喅煜